이야기 교회사

교양인을 위한 13가지 기독교 신앙 이야기

이야기 교회사

교양인을 위한 13가지 기독교 신앙 이야기

이성덕 지음

살림

서문

I.

처음 기독교 신앙생활을 시작할 때에는 궁금한 것도 많고 호기심도 많았지만, 시간이 지나 어느덧 기성 교인이 되면 더 이상 물음을 하기보다는 '무조건 믿는 것'이 신앙의 미덕이 되어 습관적인 신앙인으로 만족하는 경우가 많습니다. 나아가 '이해를 구하는 신앙'이나 '성찰적인 신앙'을 불신앙의 조짐으로 간주하는 경우가 종종 있습니다. 물론 신앙이 근본적으로 단순한 인간의 노력이나 지식의 산물이 아니라 하나님의 선물임에 틀림이 없으며, 신앙에는 인간의 이해를 넘어서는 '신비의 영역'이 있는 것도 사실입니다.

그럼에도 불구하고 우리의 기독교회와 기독교 신앙은 역사의 과정 속에서 탄생하였으며, 기독교인들은 이러한 역사적인 전통에서 자유로울 수가 없습니다. 우리의 기독교적 정체성은 이러한 전통 속에서 형성된 것입니다. 따라서 우리 기독교인에게는 이 전통을 잘 알아서 소중하게 생각하고 계승할 사명이 있습니다. 그러나 전통을 계승한다는 것이 단지 과거의 것을 그대로 오늘에 재현하는 것은 아닐 것입니다. 전통이라는 것도 하나님의 말씀과 전승을 각자의 시대에 맞게 소통 가능한 언어와 사상과 제도로 재해석하여 현재화하려는 치열한 노력 속에서 탄생된 것이기 때문입니다. 전통의 올바른 계승이란 바로 이러한 정신을 우리의 시대에 맞게 창조적으로 적용하는 것이라고 생각합니다.

전통을 창조적으로 해석하여 계승하는 일은 전통의 변질이 아니라 인간의 역사(歷史) 안에서, 또한 이를 넘어 열려진 미래로 우리를 이끄시는 살아 계신 하나님의 창조 사역에 동참하는 성실한 자세라고 볼 수 있습니다. 어떤 특정한 시대와 특정한 인물의 사상이나 제도가 절대불변의 진리가 될 수 없습니다. 그렇게 될 때 교회와 신앙은 화석화되거나 우상화되며, 비록 선한 동기라 할지라도 본의 아니게 "하나님의 계명은 버리고 사람의 전통을 지키는"(막 7:8) 어리석음을 범하게 될 것입니다.

전통은 배우고 제대로 알아야 하지만, 이 인간의 전통이 우리를 새롭게 하시는 하나님의 역사(役事)를 가로막는 방해물이 되어서는 안 된다는 것이 종교개혁자들의 기본 생각이었습니다. "교회는 항상 개혁되어져야 한다"(*ecclesia semper reformanda*)는 종교개혁자들의 모토가 이를 잘 말해 주고 있습니다. 저는 하나님의 역사가 우연적으로 전개되지도 않으며 그렇다고 모든 것이 일방적인 결정론적으로 규정된다기보다는 하나님의 주도적인 사랑과 인내의 설득과 이에 대한 인간의 자유롭고 책임 있는 응답 속에서 창조되어 간다고 믿습니다.

역사적인 기독교회는 유대교를 모태로 팔레스타인에서 탄생하여 그레코-

로만(Greco-Roman) 세계에 뿌리를 내렸습니다. 기독교회의 가장 중요한 정경인 신약성경이 그 당시의 주류 언어인 그리스어로 쓰여 있다는 사실이 이를 단적으로 잘 증명하고 있습니다. 박해를 받던 소수의 종교인 기독교가 로마제국의 국교가 된 것은 기독교 역사에서 획기적인 사건이었습니다. 이로써 기독교는 팔레스타인의 좁은 공간을 벗어나 그야말로 세계종교로 부상하게 되었습니다. 초기 기독교는 이러한 문화적, 종교적, 정치적 공간에서 자신을 형성하여 나아갔습니다. 이 과정은 전통의 계승과 단절의 변증법을 통해 새로움을 창조해 나아가는 해산(解産)의 과정이었습니다. 이러한 과정은 이미 신약성경 안에서도 나타나고 있음을 볼 수 있습니다. 율법, 특히 할례의 시행을 둘러싸고 팔레스타인을 중심으로 한 전통주의자와 이방인 기독교인 사이에 나타난 갈등이 이를 잘 대변하고 있습니다. 이러한 긴장과 갈등과 고통은 하나님이 여시는 새로운 시대에 대한 믿음과 소망을 통하여 극복되어 갔습니다.

이 책에서 다루는 주제들의 역사적 기원은 대부분 유대교와 그레코-로만을 배경으로 하고 있습니다. 성경의 저자들과 초대 교회의 교부들은 이러한 주어진 배경을 복음을 위하여 창조적으로 활용하였습니다. 신앙고백적으로 말하면, 이러한 배경은 그리스도의 복음을 위하여 예비된 것이라고 말할 수 있습니다. 서구 기독교회는 이러한 토양에 뿌리내리고 성장하여 열매를 맺게 된 것입니다. 그러나 그동안 세계를 지배한 서구 기독교의 토양 자체를 복음 자체와 동일시할 필요는 없습니다. 우리가 서구 기독교의 역사를 통해 배울 점은 바로 자신의 토양에 복음의 씨앗을 뿌리고 열매 맺게 한 그들의 창조적인 노력과 지혜일 것입니다. 오늘날 한반도에 살고 있는 우리 한국 기독교인들에게 주어진 과제는 주님의 은총을 받은 우리의 토양 속에 복음의 씨앗을 뿌려 우리 나름대로 맛과 향기를 지닌 열매를 풍성하게 맺게 하는 것이라고 말할 수 있습니다.

II.

이 책은 필자가 출판사로부터 '가볍지 않으면서도 쉽게 읽히는' 교회의 역사 속에서 본 기독교 신앙의 이야기를 집필해 달라는 부탁을 받은 것이 계기가 되어 이 세상에 나오게 되었습니다. 그래서 책의 제목도 『이야기 교회사 : 교양인을 위한 13가지 기독교 신앙 이야기』가 되었습니다. 저 역시 오랫동안 신학은 몇몇 신학자들의 게토에서 이루어지는 생경한 언어의 유희가 되어서는 안 된다는 생각을 해 왔고, 부족하지만 나름대로 신학과 교회 현장을 잇는 노력을 하여 왔습니다. 이번에도 저는 일반 기독교인이 신앙생활을 하면서 많이 듣고 행하여 '누구나 잘 아는 것처럼 생각하지만 실제로는 잘 모르는' 주제나 신앙의 행위를 진지하게 성찰할 수 있는 자료로 사용되기를 바라는 마음으로 출판사의 제안에 흔쾌히 응하게 되었습니다. 많은 주제 가운데 기독교 신앙과 교회생활에서 쉽게 접할 수 있는 13개의 주제를 뽑아 이것들이 현재 교회에서 이해되고 실천되고 있는 상황과 그 문제점을 제기하고, 그 다음으로 각 주제의 성경적인 근거를 살펴보고, 이것들의 교회사적인 기원과 전개 과정을 살펴보았습니다. 마지막으로 오늘날 이러한 각 주제가 지니는 의미는 무엇인지를 성찰하였습니다. 말하자면 기독교의 과거와 현재를 씨줄과 날줄로 삼아 성찰적인 기독교 신앙 이야기로 엮어낸 셈입니다.

집필하면서 느낀 어려움은 '가볍지 않으면서' (즉 어느 정도 깊이와 전문성을 띠면서) '쉽게 읽히는' (즉 대중적이면서도 흥미 있어야 하는), 어찌 보면 양립하기 어려운 두 요소를 만족시켜야 하는 부담감이었습니다. 특별히 성경의 본문을 다룰 때 역사 비평적인 부분은 어느 정도로 다루어야 할지 고민스러웠습니다. 꼭 필요한 경우가 아닌 경우에는 정경은 그대로 두고 의미를 해석하는 쪽으로 방향을 잡았습니다. 전문적인 논문도 아닌데 각주는 어느 정도 달아야 하는 지도 문제였습니다. 국내 번역서가 부족한 현실에서 대부분 전문적인 독일어와 영어로 된 책을 사용한 필자로서 일반 독자들이 구입할 수 있는 꼭 필요한 한글 번역 책이 아니면 참고문헌을 달지 않기로 하였습니다. 이 점은 출판사의 의도에 부합하는 것이기도 합니다.

개별적인 연구서 이외에 역사적인 사실이나 일반적이고도 표준적인 해석을 참고하기 위하여 독일어권과 영어권의 다음과 같은 권위 있는 신학 백과사전을 활용하였음을 밝혀두는 바입니다. *Theologische Realenzyklopädie* (Berlin/York: Walter de Gruyter, 1977ff.); *Religion in der Geschichte und Gegenwart*, 4. Aufl. (Tübingen: Mohr Siebeck, 1998ff.); *Evangelisches Kirchenlexikon*(Göttingen: Vandenhoeck & Ruprecht, 1986ff.); *The Anchor Bible Dictionary*(New York/ London/ Toronto/ Sydney/ Auckland: Doubleday, 1992); *The Oxford Dictionary of the Christian Church*(Oxford: Oxford University Press, 1997).

이 책은 저자의 안식년의 작은 결실이기도 합니다. 먼저 이러한 기회를 베풀어 준 배재대학교와 자유로운 연구 환경을 허락해 준 미국 로스앤젤레스(LA)의 클레어몬트 신학대학(Claremont School of Theology)에 감사하지 않을 수 없습니다. 그리고 이러한 책을 기획하신 살림출판사 심만수 사장님과 전임 김대섭 편집장님, 보다 독자들에게 쉽게 다가가도록 여러 가지로 고민하시고 아름답게 책으로 꾸며 주신 김병규 편집장님과 편집 담당자에게도 감사의 말씀을 전합니다. 또한 부족한 저를 위해 쉼 없이 기도해 주시는 부모님, 언제나 곁에서 삶의 기쁨과 슬픔을 함께 나누는 사랑하는 아내 혜정과 아들 요셉에게 이 자리를 빌어 고마운 마음을 전합니다. 무엇보다 이 모든 것을 가능케 하시는 사랑의 하나님께 영광을 돌립니다.

2007년 7월

미국 클레어몬트에서
저자 이성덕

Contents

서문　4

제1부 성경과 신조

1. 성경은 어떻게 형성되었을까?　14
2. 사도신경은 어떻게 형성되었을까?　39

제2부 교회절기와 예식

3. 부활절의 기원과 부활의 의미는 무엇일까?　68
4. 성탄절은 어떻게 생겨났을까?　91
5. 왜 세례를 받아야 하는 걸까?　112
6. 성만찬의 의미는 무엇일까?　139
7. 주일인가, 안식일인가?　159

제3부 신앙과 교회생활

    8. 주기도문의 유래와 의미는 무엇일까?   184
    9. 구약의 십계명을 어떻게 이해해야 할까?   206
    10. 십일조는 반드시 해야 하는 걸까?   230
    11. 교회의 직분은 교회의 계급인가?   255
    12. 성상(聖像), 어떻게 받아들여야 할까?   283
    13. 왜 이렇게 교파/교회가 많은 걸까?   308

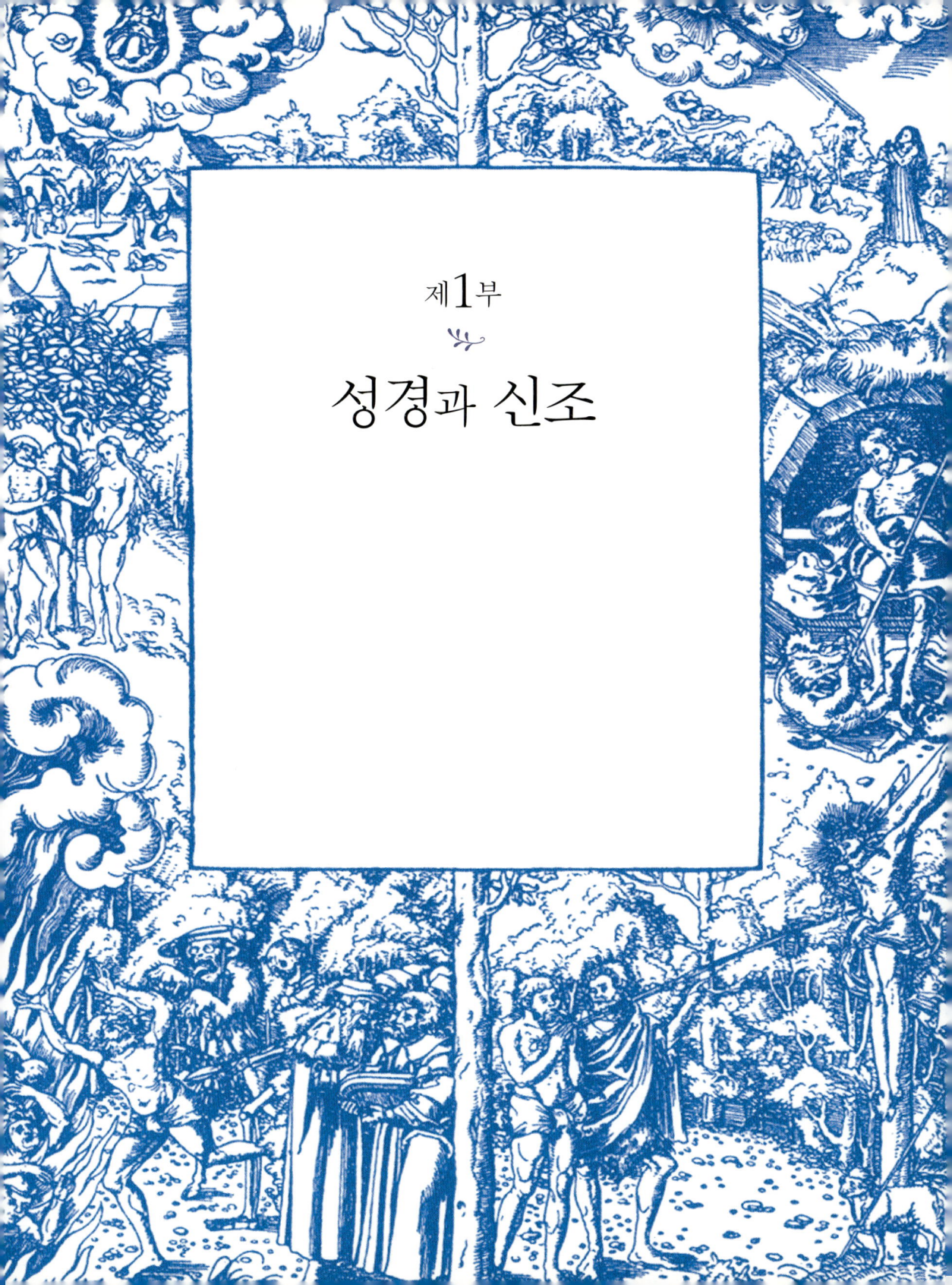

제1부

성경과 신조

성경은
어떻게 형성되었을까?

성경에 대한 의문들

 성경(聖經)[1]은 이 세상에서 출판된 책 가운데 가장 많은 언어로 번역되었고, 가장 많이 읽히는 책입니다. 그리고 가장 권위 있는 책의 대명사로 사용되기도 합니다. 그러나 성경만큼 이해하기 어려운 책도 없다고 합니다. 어려서부터 성경을 일점일획도 틀림없는 하나님의 말씀으로 믿고 살아온 순박한 신앙인조차 비판적인 성찰을 하게 되는 나이가 되면 성경이 액면 그대로 믿기 어렵다는 것을 느끼게 됩니다. 이러한 어려움은 비단 일반 신앙인뿐만 아니라 믿음을 강조하는 설교자 역시 느끼고 있는 것처럼 보입니다. 이들은 겉으로는 한 글자 한 글자를 다 하나님의 계시의 말씀이라고 주장합니다. 하지만 실제로는 성경을 자신이 의도하는 바 또는 이해관계에 따라 어떤 때에는 문자적으로 받아들이기도 하고 어떤 때에는 시대착오적인 것이라고 무시하기도 합니다.

성경에 기록된 이야기는 '지금 이곳'과는 너무나 먼 '그때 그곳'의 이야기인 것이 사실입니다. 지금 우리가 살고 있는 세계와는 그 만큼 시간적, 공간적 거리가 있습니다. 따라서 근대 과학 이전의 세계상을 전제로 하고 있는 신화적 이야기는 우리의 지성(知性)을 희생(犧牲)하지 않고는 액면 그대로 받아들이기 어려운 경우가 있습니다. 어떤 사람은 이러한 정당한 의심을 '믿음이 없는 탓'이라거나 '시험에 든 탓'이라고 돌리기도 합니다.

Gerrit Dou 작,
「성경 읽는 노파」
(1630년)

성경의 내용도 그렇지만, 우리가 가지고 있는 성경의 형식적인 면에서도 이해하기 어려운 부분이 있습니다. 한 예를 들도록 하겠습니다. 주일학교 선생님이 학생들에게 다음 주일까지 자기가 가장 좋아하는 성경 한 구절을 외워서 오라는 숙제를 내주었습니다. 다음 주일날 한 개구쟁이 학생이 선생님을 보자마자 "선생님, 제가 제일 좋아하는 성경 한 구절을 외워서 왔습니다"라고 자신 있게 외치더랍니다. 그래서 선생님이 무엇이냐고 물었더니 대뜸 "없음"이라고 답하더랍니다. 혹시 여러분 가운데에도 성경을 읽다가 성경에서 가장 짧은 구절인 '(없음)'이라고 쓰인 곳을 본 적이 있는지요? 그리고 성경을 읽다가 "어떤 사본에는……"이라는 각주가 달려 있는 구절을 본 적은 없는지요? 도대체 이것은 무슨 뜻이며, 어떻게 이런 일이 일어났을까요? 그리고 천주교회와 개신교회가 사용하는 성경의 권수가 다른데 이것은 어떻게 된 일일까요? 의문은 또 있습니다. 최근에 「유다복음서」가 발견되어 많은 논란이 되고 있는데, 그렇다면 우리가 가지고 있는 성경 말고 다른 성경이 또 있다는 말입니까?

물론 성경에 대한 이러한 질문들을 하지 않고도 성경을 읽고 은혜를 받을

1. 성경은 어떻게 형성되었을까?

「유다복음서」일부

수 있습니다. 그러나 성경을 많이 읽고 은혜를 받는 것도 중요하지만, 성경을 올바로 읽고 바로 깨닫는 것이 더욱 중요합니다. 교회의 역사는 바로 성경의 해석과 적용의 역사라고 할 수 있습니다. 성경을 올바로 해석하거나 적용하지 못함으로써 기독교회가 적지 않은 역사적인 과오를 범하였음을 우리는 잘 알고 있습니다. 성경을 해석하기 전에 성경은 어떤 성격의 책이며, 어떤 생성 과정을 겪었는지를 아는 것이 중요합니다. 아무리 좋은 약도 잘 알고 써야 약이지 잘못 알고 쓰면 독이 된다고 합니다. 성경도 마찬가지라고 생각합니다. 성경(구약과 신약)을 제대로 알고 올바르게 쓰면 사람을 살리는 '생명의 약'이 되지만, 잘못 알고 엉뚱하게 쓰면 사람을 억압하고 죽이는 '마약'이나 '독약'이 됩니다.

하나님의 말씀, 인간의 언어

성경은 흔히 '하나님의 말씀'이라고 합니다. 그래서 성경은 하나님의 손에 의하여 직접 쓰인 책으로 오해하는 경우가 있습니다. 마치 성경을 오늘날 사용하는 말로 하면 '하늘로부터 온 팩스'나 '하늘로부터 다운로드 받은 문서'처럼 생각하는 경우도 있습니다. 그래서 성경은 신비한 책이며, 절대적인 신적 권위를 가진 책이므로 일점일획이라도 틀림이 없다고 믿는 사람들이 있습니다.

그러나 성경은 하나님이 직접 쓰신 책도, 하나님이 직접 불러 주신 것을 마치 필경사가 받아쓰듯이 한 자 한 자 받아쓴 책도 아닐 뿐만 아니라 팩스나 다운로드해서 받은 문서가 아닙니다. 그렇다고 인간이 상상하여 지어낸 허구적인 산물도 아닙니다. 성경은 살아 계신 하나님과 그의 역사(役事)를 체험한 사람들의 고백이자 증언이며, 하나님과의 만남에 대한 기록입니다.

성경은 그 배경에 역사적인 사실을 깔고 있지만 단순한 사실(事實)의 수집은 아니며, 오늘날의 과학자들이 관찰하고 실험하여 보고서를 쓰듯이 쓴 책은 더더욱 아닙니다. 성경은 신앙의 공동체와 그에 속한 저자들이 체험한 '하나님의 사건'을 자신들의 역사적 한계 속에서 자신의 언어로 해석한 일종의 '해석된 역사'입니다. 또한 성경은 '하나님의 사건'을 체험한 인간이 제한된 인간의 언어로 형상화한 다양한 형식의 문학이기도 합니다. 문학의 언어가 그렇듯이 '말할 수 없는 하나님의 신비'를 인간의 언어로 담고 있는 성경은 때로는 은유적, 때로는 상징적 성격을 띠게 됩니다.

Albrecht Dürer 작, 「거룩한 네 명의 사람」 (1526년)

성경이 처음부터 문자로 기록된 것은 아닙니다. 먼저 역사적 사건들(이를테면 구약의 출애굽 사건과 신약의 예수의 고난과 부활 사건)이 있었고, 그 다음에 이들 사건을 통하여 하나님을 체험하고 그 체험한 것을 입으로 전하는 구전(口傳)의 단계가 있습니다. 그리고 이 구전을 기록하는 단계가 있습니다. 이 기록도 처음부터 오늘날의 완성된 성경의 형태로 이루어진 것이 아닙니다. 다양한 단편(斷片)의 형태로 전해 내려오다가 이것들이 수집되고, 저자 내지는 공동체의 신학적 의도에 따라 편집되어 오늘날의 형태가 된 것입니다. 지금 우리 앞에 있는 한 권의 성경 속에는 수천 년의 역사와 함께 다양한 체험과 해석이 녹아 있는 것이라고 할 수 있습니다.

이쯤에서 우리는 다음과 같은 질문을 던질 수 있습니다: "성경은 이러한 전승과 기록의 과정에서 인간의 고의적인 조작의 가능성은 없는가?" 먼저 말씀드릴 것은 위에서 말한 바와 같이 성경은 단순히 인간에 의하여 자의적으로 지어낸 허구적 산물이 아니라는 점입니다. 성경의 저자들은 역사적 사건을 통하여 자신을 사로잡은 원초적인 하나님 체험을 해석한 것입니다. 따라서 성경의 저자들은 예언자처럼 자신의 글이 "하나님의 영의 감동"(딤후 3:16)으로 쓰인 것으로 확신하였습니다. 이것은 비단 저자뿐 만이 아니라 신앙의 공동체에 의하여 그렇게 받아들여졌습니다. 성경에서 보게 되는 같은 사건에 대한, 때로 상충되는 설명이나 묘사를 하나로 조화시키거나 은폐 내지 삭제하지 않고 있는 그대로 전승하였다는 것이 오히려 성경의 저자와 전승자들의 진정성을 말해줍니다.[2] 이런 점에서 성경의 형성 과정은 조작이나 변질이 아니라 현재적인 성령의 역사에 대한 고백과 창조적인 해석과 수용의 과정이라고 할 수 있습니다.

히브리 성경 또는 '타나크'

신약성경을 읽다보면 '성경'에 대한 언급이 많이 나오는 것을 볼 수 있습니다. 예수님도 "성경"(the scriptures; 마 21:42, 막 14:49, 요 5:39) 또는 "모세의 율법과 선지자의 글과 시편"(눅 24:44)이라고 불렀고, 사도 바울도 "성경"(롬 1:2, 딤후 3:15)이라고 언급하였습니다.

Duccio di Buoninsegna 작, 「선지자 이사야, 예수 탄생, 선지자 에스겔」 (1308-11년)

그렇다면 예수님이나 사도 바울이 말하는 '성경'은 무엇을 가리키는 것일까요? 우리가 지금 가지고 있는 구약과 신약성경을 말하고 있나요? 여기에서 '성경'은 예수님의 또 다른 언급인 "모세의 율법과 선지자의 글과 시편"이란 표현에서 나타나듯이 구약성경을 말합니다. 예수님뿐만 아니라 유대교에서 분리되기 이전의 원시 기독교인들에게조차도 성경은 오직 구약을 의미하였습니다. 우리가 조심해야 할 것은, 옛 약속을 뜻하는 구약(舊約, Old Testament)이라는 명칭은 순전히 우리 기독교인에 의하여 붙여진 이름이라는 사실입니다. 예수 그리스도에 의해 새롭게 수립된 약속, 즉 신약(新約, New Testament)을 믿는 기독교인의 입장에서 볼 때 구약인 것이지 여전히 메시아를 기다리고 있는 유대인의 입장에서는 폐기되지 않은 하나님의 약속입니다. 그래서 학자들은 보다 중립적인 입장에서 구약이라는 말보다 히브리 성경 또는 '타나크'(TaNaK)라는 명칭을 선호합니다. '타나크'는 히브리 성경을 구성하는 오경(Torah), 예언서(Nebiim), 성문서(Ketubim)의 첫 히브리 철자를 모아서 만든 말입니다. 유대인들이 히브리 성경 가운데 가장 중요하게 생각한 것은 오경(창세기, 출애굽기, 레위기, 민수기, 신명기)입니다. 사마리아인과 사두개파는 오직 기록된 오경만을 경전으로 인정합니다. 아브라함의 아들인 이스마엘 후손의 종교인 이슬람교에서

1. 성경은 어떻게 형성되었을까?

19

도 오경을 중요하게 생각합니다.

히브리 성경을 기독교가 어떻게 받아들일 것인가 하는 문제를 놓고 심각하게 고민한 사람은 초대 교회에서 이단자로 낙인찍힌 마르키온(Marcion)이었습니다. 그는 히브리 성경을 기독교에 있어서 아주 무가치한 것으로 여겼습니다. 왜냐하면 히브리 성경의 창조주 하나님은 예수 그리스도의 아버지와 전혀 다른 사람으로 인식되었고, 히브리 성경의 율법은 더 이상 무효하므로 폐기하여야 한다고 생각하였기 때문입니다. 이러한 입장은 근대의 자유주의 신학자 아돌프 하르나크(Adolf von Harnack) 같은 사람들에게도 이어졌습니다. 이러한 반 히브리 성경적 입장은 기독교의 반유대주의(Anti-semitism)와 연결되어 홀로코스트라는 반인륜적 대재앙을 초래하는 데 일조하였습니다. 이에 대하여 나치에 저항하다가 순교한 디트리히 본회퍼(Dietrich Bonhoeffer)는 "너무 빠르게 그리고 아주 직접적으로 신약성서적이 되고자 하는 사람은 내 생각에 기독교인이 아니다"라고 말하였습니다. 오늘날 많은 학자의 연구 결과 히브리 성경과 신약성경의 상관성은 더욱 밀접하게 되었습니다.

히브리 성경의 정경화 과정

정경(canon)은 갈대를 의미하는 히브리어 '카네'(קָנֶה)를 헬라어 '카논'(κανών)으로 번역하여 사용함으로써 유래된 용어입니다. 카논은 '곧은 막대기', '법칙', '규범' 등의 의미를 지니고 있습니다. 따라서 정경은 믿음과 실천에 있어서 충분하고도 유일한 표준이 됨을 뜻합니다. 히브리 성경 중 오경은 주전 12세기에서부터 포로기에 걸쳐 기록되었습니다. 여기에는 물론 초기의 구전 전승이 상당 부분 포함되어 있습니다. 이것들이 기원전 5세기 경 이스라엘 민족이 바빌로니아 포로 생활에서 풀려난 후 에스라의 주도 아래 최종적으로 편집이 완료되어 경전으로 확정된 것으로 추정됩니다. 예언서는 일반적으로 주전 8세기에서부터 페르시아 시대에 걸쳐 기록되었으며, 시몬이 대제사장으로 있을 때인 주전 3세기 경에 경전으로 인정된 것으로 여겨집니다. 성문서는 「시편」이나 예언서와 같이 일찍부터 경전으로 여겨진 것도 있지만 기원후 90년 얌니아(Jamnia) 회의에서 오경, 예언서와 같이 경전으로 최종 확정되었습니다. 그 동안 경전성 논란이 있었던 「에스겔」, 「잠언」, 「아가」, 「전도서」, 「에스더」가 이때 최종적으로 경전에 포함되었습니다.

2세기 히브리 성경 사본의 십계명 부분

얌니아 회의는 기원후 70년 로마군대에 의하여 예루살렘이 무참히 파괴된 뒤 요하난 벤 자카이를 중심으로 한 유대교 랍비들이 유대교의 정체성을 확립하고 갱신을 모색하기 위하여 얌니아라는 곳에서 가진 회의를 말합니다. 이 회의에서 랍비들은 유대교로부터 분리되어 가던 기독교와 자신들을 구별 짓기 위하여 초기 기독교인들이 사용하던 70인 역(LXX)[3]을 버리고 자신들만의 새로운 히브리 정경 24권을 확정하게 되었습니다. 이때 70인 역에 들어 있던 오늘날 외경(外經)이라고 불리는 책들은 빠지게 되었습니다. 뿐만 아니라 상

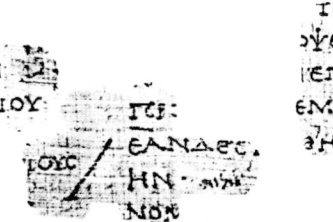

70인 역 사본 조각

하로 나뉘어져 있던 「사무엘」, 「열왕기」, 「역대기」가 각각 한 권의 책으로 묶여지고, 「에스라」와 「느헤미아」로 나뉘어져 있던 것이 「에스라-느헤미아」로 하나가 되었습니다. 별도로 나뉘어져 있던 열두 권의 소예언서는 「열두 책」이란 이름 아래 하나로 묶었습니다. 그래서 70인 역에는 39권이었던 것이 히브리 정경에서는 24권이 되었습니다. 후에 루터를 위시한 종교개혁자들은 번역 대본으로는 히브리 정경을 따르지만, 성경의 분책(分册)이나 배열(配列)은 70인 역을 따르게 됩니다.

신약성경의 탄생

히브리 성경이 유대교와 기독교, 그리고 후에 생긴 이슬람교가 공유하는 부분이 있는 뿌리 경전이라면, 신약성경은 기독교만의 고유한 경전입니다. 신약성경은 예수의 부활 사건과 성령강림 사건의 산물입니다. '하나님의 나라'를 위하여 애쓰시다가 로마 제국과 이에 결탁한 유대의 지배자와 종교지도자들에 의하여 비참하게 십자가에 달리셨던 예수님을 하나님이 다시 살리시고 온 세상의 구원자와 심판자로 세우셨다는 새로운 깨달음과 고백 속에서 그리스도교 신앙이 탄생하였습니다. 성령강림은 부활하신 그리스도가 믿는 자 가운데에서 영으로 현존하고 계심을 확증하는 사건이었습니다. 이것은 '선포하는 자'이던 나사렛 예수가 이제 '선포되어지는 자'인 신앙의 그리스도가 되었음을 의미합니다. 이러한 고백과 증언의 글들이 유대교의 히브리 성경과는 다른 또 하나의 성경, 즉 신약성경이 되었습니다.

예수님 믿는 사람들을 핍박한 사울은 부활하신 그리스도를 체험한 이후 가장 열렬한 복음의 사도 바울이 되었습니다. 처음으로 쓰인 신약성경은 사도 바울이 쓴 편지들입니다. 이것들은 약 주후 50년대 초에서 60년대 초에 걸쳐 기록되었습니다. 물론 사도 바울은 자신의 글이 오늘날과 같은 성경이 되리라고 생각하고 쓴 것은 아니었습니다. 하지만 성령의 감동으로 쓴 그의 편지들은 일찍부터 신앙공동체에 의하여 거룩하고 영감 넘치는 책으로 널리 읽혀지기 시작하였습니다. 복음서는 이보다 나중에 기록되었습니다. 사도 바울의 편지들에는 예수님의 부활과 영광의 빛이 너무나 휘황하게 기술되어 있어서 지상에서의 예수님 삶은 오히려 가려져 있습니다. 이러한 사도 바울 서신들의 약점을 보완하는 것이 복음서입니다.

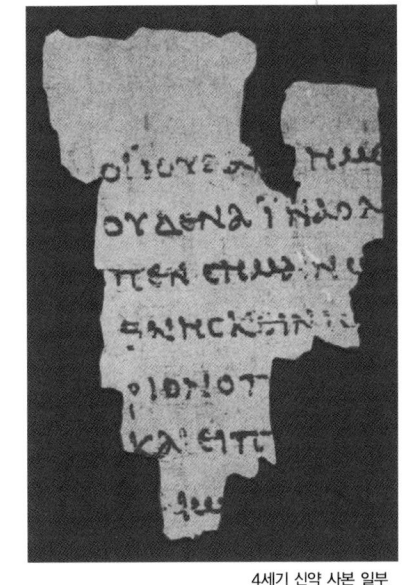

4세기 신약 사본 일부

사람들은 점점 지상에서의 예수님 삶에 관심을 가지게 되었습니다. 그래서 복음서 저자들은 예수님에 대한 구전 전승과 말씀 단편들을 모아 예수님의 삶을 재구성하게 되었습니다. 최초의 복음서로 여겨지는 「마가복음」은 로마 군단에 의하여 예루살렘 성전이 파괴된 주후 70년 경에 쓰였습니다. 복음서라는 문학양식은 전기(傳記)와 유사한 형식을 띠고 있기는 하지만 그렇다고 단순히 역사적 사실을 보도하는 전기는 아닙니다. 복음서 역시 부활의 빛에서 바라본 지상에서의 예수님 삶을 말하고 있습니다. 따라서 복음서에는 부활 이후의 그리스도 신앙과 부활 이전의 역사적인 예수님 삶이 함께 어우러져 있어서 이 양자를 선명하게 분리하기가 매우 어렵습니다.

또한 복음서는 예수님의 다양한 삶의 모습을 보도하기 위한 것이 아니라 「요한복음」의 저자가 말하는 바와 같이 "오직 이것을 기록함은 너희로 예수께서 하나님의 아들 그리스도이심을 믿게 하려 함이요, 또 너희로 믿고 그 이름을 힘입어 생명을 얻게"(요 20:31)하려는 구원론적 목적 아래 기록된 것이기 때문에 복음서를 통하여 역사적인 예수님의 삶을 온전히 복원해 내는 것도 거의 불가능해 보입니다. 특히 공생애 이전의 예수님 삶의 경우가 그렇습니다. 수많은 작가의 상상력에 의하여, 또는 정경으로서의 가치와 역사적 진정성이 없는 후대의 영지주의적 문서에 근거하여 예수님의 출생과 유년시절을 복원하려는 시도는 있었지만 이는 일종의 가십거리에 지나지 않습니다.

신약의 정경화 과정

　신약성경의 경전 범위가 분명하게 드러난 것은 1740년 안토니오 무라토리(Antonio Muratori)가 발견한 신약성경의 목록에서입니다. 170~180년경 로마에서 쓰인 것으로 보이는 이 목록은 발견자의 이름을 따서 무라토리 경이라고 불립니다. 여기에는 4복음서, 「사도행전」, 바울서신 13권, 「유다서」, 「요한1서」, 「요한2서」, 「요한계시록」, 「솔로몬의 지혜서」가 포함되어 있습니다. 신약 정경 형성에 결정적인 자극을 준 것은 마르키온이었습니다. 마르키온은 유대교의 히브리 성경은 기독교인에게 무가치한 것으로 여기고 모든 히브리 성경의 인용을 제거하고 탈색시킨 「누가복음」과 10개의 바울서신만으로 자신의 성경을 만들었습니다. 이후 오리게네스(Origenes)는 신약성경을 '아무런 논란 없이 인정된 책들' 과 '논란이 되고 있는 책들' 로 구분하였습니다. 전자에는 4복음서, 「사도행전」, 바울서신 13, 「베드로전서」, 「요한1서」, 「계시록」이 속하고, 후자에는 「베드로후서」, 「요한2서」, 「요한3서」,

「히브리서」, 「야고보서」, 「유다서」가 속하였습니다.

오늘날과 같은 신약 정경이 확립된 것은 주후 367년 아타나시우스(Athanasius)가 부활절 서신에서 「요한계시록」을 포함한 신약 27권을 정경으로 채택할 것을 제의한 것에서 기인합니다. 이것은 실로 신약 정경 형성사에 신기원을 이룬 것이었습니다. 이후 히포 회의(주후 393년)와 카르타고 회의(주후 397년)에서 아타나시우스의 제안을 만장일치로 확정하였습니다. 이때 각각의 책이 신약 정경으로 채택되는 데에는 저자가 사도이거나 또는 사도와 관계를 가진 자의 기록이어야 한다는 사도성(使徒性)의 원칙, 성령의 영감으로 기록된 것이어야 한다는 영감성(靈感性)의 원칙, 초대교회에서 보편적으로 받아들여진 것이어야 한다는 보편성(普遍性)의 원칙이 작용하였습니다.

최종적으로 정경에 포함된 것은 4개의 복음서(마태, 마가, 누가, 요한)와 바울서신 13(로마서, 고린도전서, 고린도후서, 갈라디아서, 에베소서, 빌립보서, 골로새서, 데살로니가전서, 데살로니가후서, 디모데전서, 디모데후서, 디도서, 빌레몬서), 역사서인 1권의 「사도행전」, 8개의 일반서신 또는 공동서신(히브리서, 야고보서, 베드로전서, 베드로후서, 요한1서, 요한2서, 요한3서, 유다서), 묵시문학인 1권의 「요한계시록」입니다.

외경(外經)과 위경(僞經)

외경은 헬라어로 '아포크리파'(Apokrypha)라고 하는데, 이는 '감춰진 것', '숨겨진 것'이라는 뜻입니다. 외경(外經)은 처음에 문학적 용어로 일반

대중에게 금지된 책을 뜻하였습니다. 외경은 주전 2세기 말부터 주후 1세기 사이에 쓰인 신구약 중간기의 역사적 산물입니다. 그러나 외경이란 말은 후에 히브리 성경의 그리스어 번역본인 70인 역(LXX)에는 포함되었으나, 기원후 90년 얌니아 종교회의에서 결정된 정경에는 들지 않은 책들을 일컫는 용어가 되었습니다. 이때 히브리 성경에서 제외된 책들, 즉 외경에는 「토빗」(Tobit), 「유딧」(Judith), 「솔로몬의 지혜서」(The Wisdom of Solomon), 「집회서」(Ecclesiaticus or the Wisdom of Jesus, the Son of Sirach), 「바룩」(Baruch), 「마카비 전후서」(1 and 2 Maccabees) 등이 있습니다.

13세기 불가타 성경

로마 가톨릭은 그리스어 번역본인 70인 역을 정경으로 공인하였습니다. 그 결과 외경이 구약성경 속으로 들어오게 되었습니다. 고대 라틴어 역본도 70인 역에 근거하여 번역되었습니다. 그래서 이 역본을 '라틴어 옷을 입은 70인 역'이라고 표현하기도 합니다. 이후 제롬(Jerome 또는 Hieronymus)은 70인 역에 근거하여 번역한 라틴어 역본의 문제점을 인식하여 직접 히브리 원문을 라틴어로 번역하였습니다. 390년에서 시작하여 405년에 끝난 제롬의 라틴어 번역본은 이미 서방교회에 확고하게 자리한 70인 역에 밀려 교회 안에 정착하기에는 많은 시간이 필요하였습니다. 결국 8세기에 이르러서야 '불가타'(Vulgata), 즉 라틴어 보통어 번역본으로 널리 사용되었습니다. 제롬의 불가타 역은 마침내 1546년 트리엔트 공의회에서 공인되었습니다. 불가타 역에서도 70인 역에 포함되었던 외경을 제2 경전으로 인정하였습니다.

이에 반해 스위스 개혁교회에서 편집한 취리히 성경(Zürich Bibel, 1527-1530)은 외경을 신약 다음에 부록으로 첨가하였습니다. 1534년에 끝난 루터의 성경은 히브리 성경을 직접 번역하였으며, 외경을 구약과 신약 사이에 부록으로 삽입하였습니다. 이때 루터는 그 서문에서 "외경은 경전과 동등하지 않지만 읽어서 유익한 책"이라고 언급하였습니다. 이후 개신교회에서는 외경에 대하여 점점 더욱 거리를 두게 되었고, 급기야 1647년 웨스터민스터 신학자 총회에서는 "외경은 영감으로 쓰인 책이 아니므로 경전이 될 수 없다. 따라서 외경은 교회 안에서 어떠한 권위도 가지지 못하며, 인정되거나 사용되어서는 안 된다"라고 선언하였습니다. 개신교회 가운데 외경을 실제로 사용하고 있는 교회는 영국의 성공회입니다. 그들의 성서일과에는 외경 구절이 적지 않게 인용되고 있습니다. 1977년 우리나라의 가톨릭과 개신교가 공동 번역한 『공동번역성서』에는 가톨릭 신자들을 위하여 외경이 들어가 있습니다.

1545년
루터 성경의 앞 장

외경 이외에 위경(僞經)이 있습니다. '위경' (Pseudepigrapha)은 '가짜 이름이 붙은 글들' 이란 뜻으로 책을 쓴 사람이 자기 이름을 밝히지 않고 남의 이름, 특히 구약성경에 나오는 권위 있는 사람들(이를테면 아브라함, 모세, 다윗, 솔로몬, 예레미야, 이사야, 에스라 등)을 저자로 내세운 책입니다. 위경은 초기 유대교(주전 250년-주후 200년)와 초기 기독교 안에서 생겨났습니다. 위경 가운데에는 유대인이 지었거나 편집한 책들이 있는가 하면, 처음에 유대인이 쓴 것을 나중에 기독교인이 기독론적 관점에서 확장했거나 다시 쓴 책들도 있습니다. 위경은 정경이나 외경과 달리 기독교 공동체에 의하여 하나님의 영감(靈感)의 책으로 인정받지 못한 책입니다. 신약 위경은 기원후 2세기에서부터 6세기에 이르는 동안 쓰였으며, 신약에 나오는 인물들을 저자로 내세워 「복음서」, 「사도행전」, 「서신」, 「묵시록」의 형태로 편집되었습니다. 신약 위경 속에는 「베드로복음」, 「도마복음」, 「안드레행전」, 「라오디게아서」, 「바울묵시록」 등이 포함됩니다. 이들은 대부분 당시 영지주의의 강한 영향 아래 형성되었습니다.[4]

정경의 원본(原本)과 사본(寫本)

우리는 종종 성경은 "일점일획도 틀림이 없는 정확무오한 하나님의 말씀"이란 말을 듣습니다. 이것을 문자 그대로 받아들인다면, 우리는 처음 기록된 그대로의 정경 원본이 하나도 남아 있지 않다는 사실에 당혹감을 느끼지 않을 수 없습니다. 더욱이 남아 있는 사본조차 똑같은 것이 하나도 없다는 사실에 더욱 낭패감을 느끼게 됩니다.

그러나 이것은 사실입니다. 원본은 오랜 세월을 거치는 동안 낡아 소멸되고 유대의 서기관이나 기독교회의 학자와 필경사들에 의해 필사(筆寫)된 사본만이 남아 있습니다. 사본이란 인쇄술이 발명되기 이전에 손으로 베껴 쓴 문서나 책을 말합니다. 지금 우리의 입장에서 사본이라고 부르지만, 당시에는 그것 자체가 성경이었습니다.

히브리 성경의 경우 주로 파피루스나 양피지에 두루마리 형식으로 기록되어 전수되었습니다. 히브리어 성서 본문은 지역에 따라 서로 다르게 성장하였으나, 후에 '공인된 본문'(textus receptus)이 된 '마소라 본문'(Massoretic Text)의 기초는 주후 70년 경에 놓여졌습니다. 이것은 통일된 본문을 갖기 원하는 유대인 공동체의 요구에 부응하는 것이었으며, 다른 한편 새롭게 탄생한 기독교에 대항하여 기독교인들이 사용하고 있던 그리스어 번역본인 70인 역 대신에 자신들만의 히브리 경전을 확정하는 것과 궤를 같이 하는 것이었습니다. 히브리어 성서 본문이 확정된 것은 주후 2세기 초에 이르러 랍비 아키바에 의한 것으로 추정됩니다.

'마소라 본문'
(Massoretic Text)

'마소라'는 히브리어로 '전달한다'라는 뜻인 '마사르'(masar)에서 유래한 말로, 마소라 학파를 지칭하기도 하고 그들이 만들어 낸 본문을 나타내기도 합니다. 주후 5세기 말부터 9세기에 걸쳐 활발하게 활동한 마소라 학파는 본래 자음만으로 되어 있던 히브리 성경에 모음 부호를 붙여 발음을 정확하게 전달할 수 있게 만들었을 뿐만 아니라 본문의 난외 또는 행과 행 사이에 주(註)와 설명을 첨가함으로써 본문의 정확성을 꾀하였습니다. 그러나 최종적으로 공인된 표준 본문이 나오기까지에는 상당한 시간이 필요하였으며 14세기에 이르러서야 '공인된 본문'이 확정되었습니다. 루터가 독일어로 성경을 번역할 때 참고한 히브리 성경은 이 '공인된 본문'을 담고 있는 1494년 브레스키아(Brescia)판 성경이었습니다.

1947년 사해 근처 쿰란 동굴에서 사본이 발견되기 전까지 가장 오래된 히브리 성경 사본은 이집트에서 발견된 기원전 150년 경의 '나쉬 파피루스'(Nash Papyrus)였습니다. 여기에는 히브리 성경 전체가 아니라 십계명과

1. 성경은 어떻게 형성되었을까?

'나쉬 파피루스
(Nash Papyrus)'

「신명기」만 기록되어 있습니다. 그리고 히브리 성경 전체를 담고 있는 현존하는 사본은 기원후 900년 경에 필사한 것이었습니다. 이런 상황에서 주전 3세기에서 주후 1세기에 걸쳐 기록된 것으로 추정되는 쿰란사본 (또는 사해사본)이 발견되었을 때 성서학자뿐만 아니라 일반 대중도 그 내용에 비상한 관심을 가졌습니다. 이 사본들 속에는 지금까지 발견된 최고(最古)의 히브리 성경 본문이 포함되어 있었으며, 이것들이 이제까지 '공인된 본문'과는 어떤 차이가 있는지 궁금하였기 때문입니다. 현저한 차이가 있다면 히브리 성경은 전면적으로 재편집하여야 하는 상황을 초래할 수도 있었습니다. 그러나 놀랍게도 약간의 차이는 있었지만 70인 역의 사본들보다 훨씬 일관성 있게 전승되었음이 입증되었습니다.

신약성경의 경우도 원본은 사라지고 없고, 현재 5천 5백여 개의 사본만이 남아 있습니다. 중세 시대와 근세 초기까지만 해도 세상에 알려진 사본은 그리 많지 않았습니다. 사본이 대량으로 발견된 것은 19세기 말부터입니다. 그리스어 사본뿐만 아니라 이미 2세기에 번역된 이집트의 콥틱어, 시리아어, 에티오피아어, 아르메니아어 성경의 사본도 많이 발견되었습니다. 물론 발견된 사본 가운데에는 정경 이외의 문서도 많이 있습니다.

1947년에 발견된
쿰란 동굴

신약성서 사본은 크게 재질에 따라 파피루스 사본과 양피지 사본으로 나뉩니다. 약 4세기 이후에 양피지가 파피루스를 대신하게 됩니다. 또한 필체에 따라 대문자 사본과 소문자 사본으로 나뉩니다. 초기 그리스어 사본에는 대문자로 쓰였으며, 7~8세기에 이르러 소문자 사본이 정착되기 시작하다가 9세기 이후에는 소문자가 완전히 대문자를 대체하기에 이르렀습니다. 처음 원본이 기록되고 필사되던 시대의 신약성경은 일반적으로 두루마리 형태였습니다. 그러나 주후 2세기 경부터 오늘날의 책과 유사한 코덱스(codex) 형태가 출현하기 시작하였습니다. 코덱스는 앞면에만 글씨를 쓸 수 있는 두루마리와는 달리 양면을 활용할 수 있어 많은 양을 적을 수 있으며, 휴대가 간편하여 들고 다니기가 쉬웠기 때문에 기독교인들에게 선호되었습니다. 코덱스는 구텐베르크에 의해 인쇄본(印刷本)이 나오기까지 가장 일반적인 성경의 기록 형식이었습니다.

코덱스 바티카누스
(Codex Vaticanus)

성경 본문은 어떻게 확정되었는가

　오늘날 남아 있는 사본들은 왜 서로 다른 것일까요? 아무리 똑같이 베끼려고 해도 필사 과정에서 실수하는 것 또한 인간이기 때문이라고 생각할 때 이는 어쩌면 당연한 결과라고 생각합니다. 이러한 고의적인 실수는 다음과 같은 경우에 발생합니다. 첫째로 단어와 단어 사이의 구분을 잘못하여 읽음으로써 생깁니다. 마치 '아버지가방에들어가시다' 의 경우에서 생길 수 있는 것과 같습니다. 둘째로 비슷한 글자를 혼동해서 생기기도 합니다. 그리스어는 비슷하게 생긴 글자나 작은 표시가 많습니다. 셋째로 동음이의어의 경우 혼동하기도 합니다. 넷째로 잘못하여 중복 기재하거나 중복되는 것을 뺀 경우도 있습니다.

다른 한편 의도적으로 변경하여 필사하는 경우도 있습니다. 배본의 본문이 문법에 맞지 않거나 표현이 어색한 경우, 본문 내용이 사실과 다를 때 또는 논리적으로 모순될 때 필사자가 올바르게 교정하는 경우가 그렇습니다. 신약성경 사본에서 이런 경우를 종종 보게 되는 것은, 히브리 성경의 필사자들이 성서를 베낄 때 틀린 내용이라고 의심되는 것까지도 '그대로' 베끼는 것을 원칙으로 한 반면에 그리스-로마 세계의 필사자들은 어느 정도 자유를 가지고 그 내용을 올바로 전달하는 것이 중요하다고 생각하였기 때문입니다. 그래서 대부분 사본들 간의 차이는 성경의 본질적인 내용이나 개념이 아니라 어순이나 전치사, 사소한 부사어귀 또는 사소한 일이긴 하지만 논리적인 모순을 해결하려는 시도 등에서 나타납니다.

여러 사본에 나타난 서로 다른 차이를 비교 평가하면서 원문에 가장 가까운 본문을 회복하는 작업을 본문 비평(Text Criticism)이라고 합니다. 이러한 작업이 어떤 것인지, 사본 이후 인쇄본의 탄생으로 인해 생긴 본문상의 변화는 어떤 것인지에 대하여 사례를 하나 들어 살펴보도록 하겠습니다.[5] 먼저 개역개정판으로 「사도행전」 15장 34절을 찾아보도록 하겠습니다. 무엇이라고 기록되어 있습니까? 놀랍게도 '(없음)' 입니다. 어떻게 이런 일이 일어났을까요?

여기에 붙은 각주를 따라가 보면, "어떤 사본에, 34. '실라는 그들과 함께 유하기를 작정하고' 가 있고 또 35 '바울과 바나바' 라 하였음" 이라고 기록되어 있습니다. 여기에서 '어떤 사본' 이란 성경 본문으로 채택되지 못한 열등한 사본을 말합니다. 우리말 번역 성경에는 각주로 나와 있지 않지만, 어떤 사본에는 "그러나 실라는 그들과 함께 머무르려고 하였다. 그래서 유다만 혼자 떠났다"로 되어 있고, 또 다른 사본에는 "그러나 실라는 그들과 함께 머무르려고 하였다. 그래서 유다만 혼자 예루살렘으로 떠났다"라고 기록되어 있습니다.

이에 반해 대다수의 사본, 특별히 원문에 가깝다고 여겨지는 고대 사본들에는 하나 같이 이 구절이 생략되어 있습니다. 그러나 우수한 사본이 발견되기 이전에 '공인된 본문'으로 여겨지던 사본에 근거를 두고 오늘날과 같은 장절로 구분하여 인쇄본으로 출판한 최초의 성경책인 스테파누스(Stephanus 또는 Robert Estiene, 1503-1559)의 『그리스 성경』 4판(1551년)에는 이 구절이 있었습니다. 현대의 본문 비평은 이 구절이 후대에 삽입되었다고 판명하였습니다. 그래서 결국 성서본문에서 빠지게 되었던 것입니다. 그러나 절 전체가 본문에서 빠지게 되었다고 해서 절 표시를 하나씩 앞으로 당길 수 없었기에 그 자리에 대신 절이 '없음'이라고 표기된 것입니다.

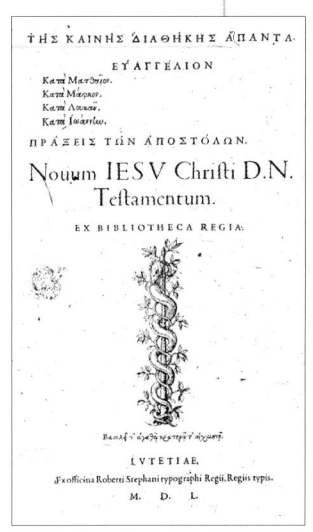

1550년에 출간된 스테파누스 성경 표지

문제는 어떤 사본에는 왜 이러한 구절이 첨가되었을까 하는 점입니다. 이것은 「사도행전」 15장 33절과 40절의 모순을 해결하려는 의도였음이 분명합니다. 33절에 보면 안디옥에 있던 유다와 실라는 자기를 보낸 사람들(예루살렘 사도들)에게로 돌아간 것으로 되어 있는데, 40절에 보면 사도 바울이 실라를 데리고 선교여행을 떠나는 장면이 나옵니다. 분명히 33절에 따르면 실라는 이미 예루살렘으로 떠난 뒤가 아닙니까? 이에 대한 답으로 34절이 첨가된 것입니다. 34절이 본래 원문에 있었는데 삭제할 이유는 없지 않습니까? 실제로 앞에서 말씀드렸듯이 오래된 보다 우수한 사본에서는 이 구절이 빠져 있습니다.

엄청난 사본의 발견과 본문 비평학의 발전으로 오늘날 우리가 보는 신약

| 티센도르프(Tischendorf) 동판화(1846년경) | 웨스트코트-호트 성경 본문 사진 | 네스틀레-알란트 27판(일명 NA 27) 마가복음 본문 사진 | BHS 3판 신명기 본문 사진 |

성경과 거의 같이 새롭게 재구성된 본문을 갖게 된 것은 기독교 역사에서 그리 오래된 것이 아닙니다. 19세기에 이르러 독일학자 티센도르프(Konstantin von Tischendorf, 1815-1874)에 의해서입니다. 이후 영국 학자들인 웨스트콧(B. F. Westcott, 1825-1901)과 호트(F. J. A. Hort, 1828-1892)에 의하여 더욱 우수한 본문을 지닌 신약성경이 출판되었습니다. 이 전통을 이어받은 네스틀레(Eberhard Nestle, 1851-1913)의 신약성경이 나옴으로써 새로운 '공인된 본문'의 시대가 열리게 되었습니다. 이 책은 1898년에 1판이 나온 이래 현재 27판(1993)에까지 이어지고 있습니다. 이 책은 1950년부터 알란트(Kurt Aland, 1915-1994)가 책임편집을 맡게 되면서 '네스틀레-알란트' 판으로 불리게 되었습니다. 이 책이 오늘날 가장 권위 있는 신약성경 본문으로 인정받고 있으며, 세계성서공회연합회가 출판한 그리스어 신약성경도 '네스틀레-알란트' 신약성경 27판의 편집자와 본문이 같습니다. 우리말 번역 성경도 바로 이 그리스어 신약성경을 번역한 것입니다. 히브리어 구약성경 본문의 경우는 1967/7년에 나온 '슈투트가르트 히브리 성경'(*Biblia Hebraica Stuttgartensia*)판이 가장 권위가 있습니다.

오늘날 우리에게 성경은 무엇인가

　지금까지 살펴본 대로 성경은 역사적 성장 과정을 거쳐 오늘날의 모습으로 우리 앞에 놓여 있습니다. 우리는 성경의 역사성을 생각하면서 "오늘날 우리 시대에 성경을 쓰는 것은 불가능한 일인가?"라는 질문을 던지지 않을 수 없습니다. 실제로 우리는 "우리 시대의 「사도행전」을 다시 쓰자!"라는 선교의 구호를 듣게 됩니다. 어차피 성경이 '살아 계신 하나님과 그의 역사(役事)를 체험한 사람들의 고백이자 증언이며, 하나님과의 만남의 기록'이라면, 오늘날 우리가 체험한 하나님의 사건을 오늘날의 언어로 고백하고 증언하는 것이 더욱 생생한 하나님과의 만남이 되지 않을까요? 실제로 교회사에는 이러한 주장에서 한 걸음 더 나아가 성경 자체를 거부하고 성령의 직접적인 계시를 더 중요하게 여기던 '성령주의자들'이 있었습니다. 그들은 종교개혁자들이 '오직 성경만으로'(Sola Scriptura)를 강조한 나머지 성경을 '종이문자 교황'으로 만들었다고 비판하였습니다. 인간의 언어로 매개되지 않는 '직통 계시'를 말씀 위에 두었던 것입니다. 그러나 종교개혁자들은 이러한 성령론자들이 주장하는 주관주의와 열광주의의 위험성을 지적하며 기록된 하나님의 말씀인 성경을 벗어나는 것에 대하여 이단으로 정죄하였습니다. 정경으로서의 성경은 교회 공동체의 결정이기도 하지만, 성경은 성경 자체가 지니고 있는 진리의 능력과 성령의 감동으로 인하여 경전으로서의 권위를 공동체적으로 인정받는 것이라고 할 수 있습니다.

　기독교회는 성경은 '성령의 감동으로 기록된 말씀으로 구원에 이르는 도리와 신앙과 실천의 충분하고도 유일한 표준'이 됨을 믿습니다. 그러나 기독교 신앙과 실천의 '충분하고도 유일한 표준'인 성경이 오늘날 우리에게 구체적으로 살아 있는 말씀이 되게 하려면 재해석이 필요합니다. 재해석이란 너무나 먼 '그때 그곳'의 이야기를 '지금 이곳'의 이야기로 옮겨놓는 작업입니다. 이것은 박제되고 화석화된 생명체에 살을 돋게 하고 피를 돌게 하는 일입니다. 이러한 작업이 없을 때 성경의 이야기는 우리와 관계없는 먼 이야기 또는 시대착오적 이야기로 치부될 수 있습니다. 성경을 재해석하는 작업은 마치 호두의 껍데기를 벗기고 알맹이를 발라내는 작업과 같습니다. 껍데기는 이를테면 유대 부족주의적 또는 가부장적인 역사, 문화, 제도, 관습 등과 같고, 알맹이는 하나님의 역사와 그 체험 자체, 그리스도의 구원 사건 등과 같습니다. 루터 역시 성경은 아기 예수를 담고 있는 구유이지 예수 그리스도 자체는 아니라고 하였습니다. 우리가 이 둘 사이를 구별하지 못할 때 의도와 상관없이 복음의 본질에서 멀어질 수 있습니다.

  마지막으로 성경이 오늘날 우리에게 의미 있게 하려면 단순한 해석에 머물러서는 안 됩니다. 삶의 치열한 현장에서 실천을 통하여 끊임없이 검증하여야 합니다. 성경의 해석이 진정한 자유와 정의와 해방과 평화와 생명의 보전을 가져오지 못하고 오히려 불의를 옹호하고 억압하고 생명을 죽이는 폭력과 지배 이데올로기로 작용한다면 참된 하나님 말씀의 해석이라고 볼 수 없을 것입니다. 왜냐하면 하나님 말씀은 세상을 치유하고 변화시킬 수 있는 능력을 지니고 있기 때문입니다.

미주

1) 성경(聖經) 또는 성서(聖書)란 말은 책을 뜻하는 그리스어 '비블로스'(βίβλος)란 말에서 유래하였습니다. 중국에서는 성징(聖經), 일본에서는 세이쇼(聖書)라는 말을 쓰는데 우리는 양쪽을 다 쓰고 있습니다. 굳이 구별한다면 성경은 경전적인 의미가 강하고, 성서는 내용에 초점을 둔 학문적인 용어로 사용되는 경향이 있습니다. 성경을 영어로 'The Holy Scripture'라고도 합니다. 이는 일반 문서를 뜻하는 라틴어 'Scriptura'에서 유래하는 말로, 일반문서와 구별하기 위하여 '거룩한'(Holy)이라는 관형사를 붙인 것입니다. 필자는 여기에서 성경이란 용어를 택하고 있습니다. 이는 현재 대한성서공회에서 나온 것이 '성경전서'(聖經全書)로 불리고 있기 때문이기도 하고, 이 글의 성격상 기독교 경전으로서의 성경의 형성 과정을 다루기 때문이기도 합니다.

2) 4복음서를 주의 깊게 읽다보면 같은 사건이나 내용을 다루는 본문인데도 서로 약간의 차이가 있음을 알게 됩니다. 이런 차이점이 사람들을 당혹스럽게 하고, 성경의 권위를 약화시키는 요소로 작용할 수 있습니다. 이러한 위험을 막기 위하여 주후 170년에서 175년 경에 타티안(Tatian)이라는 학자가 4복음서를 한 데 묶어 '통합복음서'로 만든 적이 있습니다. 말하자면 이미 각 교회의 권위 있는 말씀으로 읽혀지고 있던 마태, 마가, 누가, 요한의 4복음서 간 상충되는 요소들을 제거하여 깔끔하게 하나의 통일된 복음서로 만든 것입니다. 지금은 원본이 남아 있지 않은 『디아테사론』(Diatessaron)이라는 책이 바로 그것입니다. 그러나 초대 기독교 공동체는 이러한 그럴싸한 해법을 채택하지 않았습니다. 인위적으로 통합하고 폐기함으로써 만들어낸 통일성보다는 때로 상충되는 요소들이 만들어 내는 다양성을 택한 것입니다. 여기에 인간의 이성을 넘어서는 그리스도에 대한 체험과 고백의 다양성을 드러내려는 초대 교회의 진정성이 있다고 할 수 있습니다.

3) 70인 역은 히브리 성경의 그리스어 번역본을 이르는 말입니다. 일명 '셉투아긴타'(Septuaginta)라고 합니다. 70(LXX)이란 숫자는 이집트의 프톨레마이오스 2세가 유대인의 토라를 그리스어로 번역하기 위하여 예루살렘의 대제사장에게 번역자를 요청하여서 알렉산드리아에 오게 된 학자들이 72명이었다는 데에서 기인합니다. 정확하게는 72인이지만 편의상 70인이라고 부르게 되었습니다. 이스라엘 12지파를 대표하는 이들이 72일에 걸쳐 토라를 완역하였다고 합니다. 그러나 이것은 전설에 불과합니다. 분명한 것은 이 번역본이 그리스어를 사용하는 유대인들을 위한 성서였다는 사실입니다. 히브리 성경 전체가 번역된 것은 기원전 1세기로 추정됩니다. 초기 기독교인들은 주로 이 그리스 번역본을 사용하였습니다.

4) 영지주의(靈智主義, Gnosticism)는 초기 기독교에 깊은 영향을 끼쳤던 일종의 혼합주의적 종교 운동이라고 할 수 있습니다. '영지'(Gnosis)는 신적인 직관이나 지혜를 말합니다. 육체의 감옥에 갇혀 자신들의 신적 본질을 망각하는 인간은 이 '영지'를 통해 참된 신과 같은 영적인 존재가 될 수 있습니다. 구원이란 바로 이러한 온전한 영적인 존재로의 회복을 의미합니다. 영지주의는 육체와 물질을 저급한 것으로, 이것을 만든 조물주를 열등한 것으로 보는 철저한 이원론을 철학적 기반으로 합니다. 따라서 예수의 육체적인 고난이나 죽음, 몸의 부활은 이들에게 별 의미가 없습니다. 중요한 것은 그리스도가 영혼들에게 가져다주는 신적인 인식과 깨우침입니다. 영지주의에

대하여는 주로 교부들의 반영지주의적 글에서 단편적으로 알 수 있었으나 1946년 이집트의 나그 함마디(Nag Hammadi)에서 곱틱어로 된 대량의 영지주의 문서가 발견됨으로써 영지주의와 초대 기독교회의 관계를 더 잘 알 수 있게 되었습니다. 약 4세기 초에 생산된 것으로 여겨지는 이 사본들에는 「신실한 지혜」, 「도마복음」, 「빌립보복음」 등과 같은 것이 있습니다. 최근에 발견되어 논란이 되고 있는 「유다복음」도 이러한 유에 속하는 위경입니다.

5) 이에 대하여는 민경식, "쉽게 풀어 쓴 신약성서 사본이야기(3): 왜 절이 빠져 있는가?", 「기독교사상」, 2006년 4월호(서울: 대한기독교서회, 2006), 122-124를 참고하십시오.

사도신경은 어떻게 형성되었을까?

신조 또는 신경이란 무엇인가?

교회에 처음 출석한 사람들이 예배 시간에서 당황하는 일 가운데 하나가, 모두가 눈 감고 무엇인가를 암송하는 시간에 혼자 어색하게 서 있는 일일 것입니다. 그 당혹스런 순간 가운데 하나가 바로 주기도문과 더불어 사도신경을 암송하는 시간입니다. 간혹 신학적 이유로 공식 예배에서 사도신경을 사용하지 않는 교회도 있기는 하지만 대부분의 교회에서는 사도신경을 공동의 신앙고백으로 사용하고 있습니다. 예배 때에 사도신경을 암송하는 것은 개인 각자의 신앙을 고백하는 것이기도 하지만 근본적으로는 교회 공동체의 신앙을 고백하는 것입니다. 교회에 오래 다

사도신경의 첫 구절이 형상화된 그림(스페인)

닌 사람에게는 사도신경이 오랫동안 반복 암송되어 때로 죽은 공식처럼 느껴지기도 합니다. 그러나 사도신경 한 구절 한 구절에는 이 한 글자 한 구절을 고백하고 지켜내기 위해 피와 눈물을 쏟아온 오래된 신앙의 선조들의 믿음과 소망이 배어 있는, 기독교의 가장 오래된 중요한 고백과 증언임을 생각하면 사도신경이 다른 울림으로 우리에게 다가올 것입니다.

옛말에 "구슬이 서 말이라도 꿰어야 보배"란 말이 있습니다. 성경이 기독교 신앙의 원천이자 기준임에는 틀림이 없지만, 이것은 마치 꿰지 않은 구슬 더미와 같습니다. 이 방대한 구슬 더미로부터 가장 빛나고 값진 구슬을 골라 엮어 보배로 만든 것이 바로 신조 또는 신경이라고 할 수 있습니다. 루터는 사도신경을 "마치 벌이 아름답고 달콤한 수많은 꽃들로부터 꿀을 모은 것"처럼 성경의 가장 중요한 것을 집약한 것으로 묘사하였습니다. 이미 앞 장에서 말한 바와 같이 성경은 살아 계신 하나님과 그의 역사(役事)를 체험한 사람들의 고백이자 증언이며, 하나님과의 만남에 관한 기록입니다. 이 방대한 기록을 압축하여 기독교 신앙의 요체로 보여주는 것이 신조입니다.

사도신경의 내용을 묘사하는 그리스도의 십자가형 그림이 그려진 루터의 요리문답교육서

그러나 잊지 말아야 할 것은 기독교 신앙의 사건과 체험을 신조나 교리로 환원시킬 수 없다는 점입니다. 이것은 추상화를 통해 살아 있는 신앙의 생명력을 화석화 시킬 위험이 있기 때문입니다. 더욱이 절대적인 법적 기준으로 작용할 때, 교회의 역사가 보여주듯이 때로 정신적 폭력의 기제로 작용할 수 있습니다. 반면에 신조를 전적으로 거부하는 신비주의적 경향은 신앙을 지나치게 개인주의로 내면화하여

신앙고백의 공동체성과 역사성을 무시하는 결과를 초래할 수 있습니다.

사도신경을 라틴어로 '심볼룸 아포스톨로룸'(symbolum apostolorum)이라고 하는데, 이는 사도들의 신조(信條)를 뜻합니다. 보통 교회사에서는 신경이란 말보다 신조 또는 신앙고백서라는 말을 더 많이 사용합니다. 신조는 라틴어로 '크레도'(Credo)라고 합니다. 이는 '나는 믿습니다' 라는 뜻입니다. 이에 반해 신경(信經)으로 번역된 '심볼룸'(symbolum)은 '상징 또는 징표'를 뜻합니다. 이 용어가 사도신경에서는 신조와 같은 의미로 사용되고 있습니다. '심볼룸'이란 말이 '신조' 또는 '신앙고백'이라는 의미로 쓰이게 된 것은 그리스 신비종교의 용법에서 유래한 것으로 추측됩니다. 원래 그리스어에서 유래하는 이 말은 하나였던 물건의 나누어진 반쪽을 의미하는 것으로, 신원의 확인 표지로 사용되었습니다. 따라서 신경이란 용어는 기독교 공동체에서 신앙인 간의 확인과 일치, 결사의 표지를 뜻한다고 말할 수 있습니다.

사도신경은 왜 필요하게 되었을까요? 먼저 기독교 공동체 내부의 요인을 들 수 있습니다. 여기에서는 기독교 신앙의 정체성 확립과 공식적인 신앙고백의 필요성, 기독교 신앙교육이 문제가 됩니다. 기독교 신앙이 포기할 수 없는 핵심 내용은 무엇인가, 기독교 신앙을 다른 신앙과 구별되게 하는 것은 무엇인가, 기독교인의 공동체에 들어오기 위한 최소한의 공동 신앙고백은 무엇인가. 이러한 물음들에 대한 대답으로 사도신경이 생겼습니다. 외부 요인으로는 이교도에 대한 기독교 신앙의 변증과 선교적인 목적을 들 수 있습니다. 기독교 신앙의 핵심을 요약하고 공식화함으로써

칼빈이 작성한
제네바 교회의 요리문답서
영역본 속표지

일반인도 보다 효과적으로 기독교 신앙을 변증하고 선교할 수 있게 되었습니다.

사도신경은 사도들의 신앙고백인가

Duccio di Buoninsegna 작, 「오순절」(1308-11년)

고대 전승에 따르면 사도신경은 사도들, 즉 예수님의 12제자들(가룟 유다 대신에 맛디아 포함)의 작품입니다. 성령강림 이후 사도들은 선교를 위한 신앙의 규범을 확정하기 위한 목적으로 가진 모임에서 성령의 인도로 사도들은 각자 자신의 신앙을 짤막하게 고백하였습니다. 전승에 따르면 진행 과정은 다음과 같습니다. "베드로가 말했다: '나는 전능하신 창조자 하나님 아버지를 믿는다.' 안드레가 말했다: '예수 그리스도, 하나님의 아들, 우리의 유일한 주를 믿는다.' 야고보가 말했다: '그는 성령에 의해 잉태되었고, 동정녀 마리아에게서 태어 나셨다.' 요한이 말했다: '본디오 빌라도에게 고난을 당하시어 십자가에 죽으셨고, 죽어 장사지냈다.' 도마가 말했다: '그는 지옥으로 내려가 삼일 만에 죽은 자들 가운데서 부활하셨다.' 또 다른 야고보가 말했다: '하늘에 오르셔서 하나님 우편에 앉으셨다.' 빌립이 말했다: '그곳에서 그는 산 자와 죽은 자를 심판하러 오실 것이다.' 바돌로매가 말했다: '나는 성령을 믿는다.' 마태가 말했다: '거룩한 교회와 성도들의 교제를 믿는다.' 시몬이 말했다: '죄의 용서를 믿는다.' 다대오가 말했

다: '몸의 부활을 믿는다.' 맛디아가 말했다: '영원한 삶을 믿는다.'"[1]

테르툴리아누스

물론 이렇게 사도신경의 기원을 사도들에게 두며 각각의 행을 사도들에게 배분한 것은 전승에 속합니다. 이것은 신앙고백 내지 신조를 사도적 기원에서 권위를 찾으려는 시도로 볼 수 있습니다. 2세기 말부터 교회는 직제와 그들의 가르침(교리)의 사도적 기원과 권위를 강조하기 시작하였습니다. 이레나이우스는 '신앙의 원칙들'(regula fidei)이 이미 사도들에 의해 확정되었음을 강조하였습니다. 그의 말에 따르면 그것은 성경이 없어도 충분한 것입니다. 테르툴리아누스도 '신앙의 원칙들'이 그리스도에 의하여 그의 제자들을 통해 교회로 전달되었다고 보았습니다.

그러나 역사 비평적으로 볼 때 교회의 시작부터 신앙고백은 있었지만, 1세기에는 아직 문자적으로 확정된 신조가 없었습니다. 고대 시대에는 거룩한 것은 비밀을 유지해야 한다는 이유로 많은 저자가 신조나 신앙고백의 본문을 그대로 적는 것(글로 재생하는 것)을 꺼렸습니다. 오직 외어야 하였습니다. 2세기에 들어 신앙고백의 여러 형식을 보게 됩니다. 이레나이우스나 테르툴리아누스에게서 신조들이 언급되고 특정한 형식이 인용되기는 하지만, 그것으로부터 하나의 확정된 본문을 끄집어내기는 어렵습니다.

학자들의 연구 결과에 따르면 사도신경의 모태는 세례, 정확하게 말하면 세례 자체뿐만 아니라 세례자 교육의 장입니다. 사도신경의 신앙고백 내용은 문답의 형식을 취했습니다. 세례를 베푸는 자가 질문하고 세례를 받는 자가 답하는 형식을 띠게 됩니다. 이를테면 세례를 베푸는 자가 "너는 전능하

Andrea Del Sarto 작,
「세례」(1515-17년)

신 창조주 하나님을 믿는가?'라고 질문하면 세례를 받는 자는 "저는 믿습니다"라고 답하는 식입니다. 이렇게 신앙고백은 세례와 밀접하게 연결되었고, 그 형식도 오늘날과 같은 선언적 형식이 아니라 문답 형식이었습니다. 3세기에 이르러 세례문답에서부터 선언적인 형식의 신앙고백 내지는 신조가 나타나기 시작하였습니다.

사도신경이 사도들에 의해 직접 작성되지 않고, 세례라는 삶의 자리에서 태동한 세례문답의 발전된 형태라고 해서 사도들의 고백이나 증언과 무관한 것은 아닙니다. 사도신경은 본질적으로 신약 서신에 나타난 케리그마(선포나 설교)와 연속성을 지닌다는 의미에서 '사도적'이라고 말할 수 있습니다. 이것은 서방의 고대와 중세교회 뿐만이 아니라, 종교개혁교회의 확고한 견해이기도 합니다.

오늘날의 사도신경 본문이 형성되기까지

오늘날 우리가 고백하는 것과 같은 본문의 사도신경은 처음부터 완성된 형태로 존재한 것이 아니라 역사적인 성장 과정을 통하여 확정된 것입니다. 최초로 '사도신경'이라는 이름으로 나타난 신조는 고대 로마의 신조(R)입니다. 바로 이 신조가 오늘날의 사도신경 본문의 초기 형태입니다. 이 신조의 본문은 아퀼레이아(Aquileia)의 루피누스(Rufinus)가 404년에 쓴 『사도신경 주석』(Commentarius in symbolum apostolorum)에 나옵니다. 그러나 그는 이 책에서 전승에 따라 사도들의 공동작업이라고 언급하였으나, 각각의 행을 12사도들에게 배분하지는 않았습니다. 루피누스가 전하는 고대 로마의 신조는 다음과 같습니다:

아퀼레이아의 루피누스가 쓴 「족장들의 복에 대한 논문」의 7세기 사본

나는 하나님 아버지 전능자를 믿습니다;
그리고 그리스도 예수, 독생하신 아들, 우리 주님을 믿습니다.
그는 성령과 동정녀 마리아로부터 출생하셨으며,
본디오 빌라도 치하에서 십자가에 못 박히시고 장사되었으며,
제 삼일에 죽은 자들 가운데서 부활하셨으며,
하늘에 오르사,
아버지 우편에 앉아 계시고,
거기에서부터 산 자들과 죽은 자들을 심판하시기 위해 오실 것입니다;
그리고 나는 성령과
거룩한 교회와
죄의 용서와
몸의 부활을 믿습니다.

4세기에 나온 고대 로마의 신조는 그의 뿌리가 3세기에 거슬러 올라가며,

2. 사도신경은 어떻게 형성되었을까?

45

서방교회 신조의 통일적인 발전 라인을 확인하기는 어렵다고 하더라도 로마의 신조는 발전 과정에서 로마 밖의 서방에서도 중요한 자리를 점하고 있음이 분명합니다. 그러나 동방에서는 지역마다 다양하여 서방과 같이 한 지역의 신조가 다른 신조들을 월등하게 능가하여 관철되는 일이 없었습니다. 동방교회 신앙고백의 독특성은 그리스도의 하나님 아들 됨이 로마신조에서처럼 단순하게 그리스도의 동정녀 탄생으로부터 해석되는 것과는 달리 하나님-아버지의 창세전 출생으로부터 해석되었습니다. 이를 통해 동방교회는 하나님의 아들과 모든 시간 속에 창조된 것들의 차이를 분명하게 하였습니다. 이것이 후에 본격적인 삼위일체 논쟁의 형이상학적 전제가 되었습니다.

오늘날 우리가 사용하는 사도신경과 같은 '공인된 본문'(Textus receptus)이 처음 등장한 것은 8세기 초에 나온 프리미누스(Priminus)의 책에서입니다. 이 '공인된 본문'은 고대 로마신조를 부분적으로 수정하고 확장한 것입니다. 학자들은 이 '공인된 본문'이 로마에서 생성된 것이라고 보지 않습니다. 이 '공인된 본문'의 최종 형태는 7세기에 갈리아 지역(고대 로마 사람들이 오늘날의 프랑스 지역을 일컫는 명칭)에서 이루어진 것으로 여겨집니다. 이것이 후에 점점 서방교회 전 지역으로 확장되어 간 것으로 보입니다.

이 '공인된 본문'을 고대 로마신조를 비교하여 보면, 먼저 고대 로마신조 1행에 "하늘과 땅의 창조자"란 말이 첨가되었습니다. 2행의 "그리스도 예수"는 "예수 그리스도"로 순서가 바꿨으며, 3행의 단순히 "성령과 동정녀 마리아로부터 출생하셨으며"는 "성령으로 잉태하사 동정녀 마리아로부터 출생하셨으며"로 변형되었습니다. 4행의 "본디오 빌라도 치하에서 십자가에 못 박히시고 장사되었으며"는 "본디오 빌라도 치하에서 고난을 받으사, 십자가에 못 박히시고, 죽으시고, 장사되시고"로 첨가되었으며, 5행 마지막에는 "음부로 내려가시고"가 첨가되었고, 7행의 "아버지"는 "전능하신 하나님 아버지"로 되었습니다. 8행의 "그리로부터(unde)"는 "거기에서부터(inde)"로 바뀌었고, 10행의 "거룩한 교회"는 "거룩하고 보편적인 교회"로 확장되었습니다. 11행의 "성도가 서로 교통하는 것"은 앞에 첨가가 되고, 12행의 마지막에는 "영원한 생명"이 첨가되었습니다.

수녀들에게 규칙서를 주는 아를의 카이사리우스 (7세기, 독일)

고대 로마신조의 본문에 새롭게 추가된 것 중 신학적으로 중요한 것들을 살펴보도록 하겠습니다. 먼저 6행의 "음부로 내려 가셨다가"(descendit ad inferna)라는 구절입니다. 이것이 고대 로마신조에 부가된 형태로 처음 등장하는 것은 아퀼레이아의 신조에서입니다. 루피누스는 분명하게 이것이 로마나 동방교회의 신조에는 없는 것이라고 말하였습니다. 그러나 후에 아를의 카이사리우스(Caesarius von Arles)에서 다시 등장하며, 마침내 제4차 시르미움(Sirmium) 공의회(359)의 신조에서 확고한 구성 요소가 되었습니다. '그리스도의 음부행'에 대한 성경적인 근거는 「베드로전서」 3장 19절입니다. 고대 교회는 이 구절을 ① 옛 계약의 백성에 대한 복음의 설교로, ② 지옥과 악마에 대한 승리로, ③ 지옥으로부터 영혼의 해방으로 해석하였습니다. 때때로 사람들은 이 구절을 어떤 이단자, 이를테면 극단적인 로고스 기독론에 나타나는 가현설적 경향에 대항하는 문구로 이해하고자 하였습니다.

제4차 시르미움 공의회가 열렸던 시르미움의 옛 터

두 번째로 10행에서 '보편적'(catholicam)이라는 말이 첨가되었는데 이는 4세기 말 경에 서방교회의 신조 속에 들어왔고, 이 요소가 동방교회에서는 거의 빠져 있지 않기 때문에 이를 동방교회의 영향으로 보고자 하는 사람도 있습니다. 그러나 실제적으로 니케아-콘스탄티노플 신조로부터 왔다면 '보편적' 이라는 말과 함께 '사도적' (apostolicam)이라는 말도 넘겨받아야 한다고 추정할 수 있기 때문에 이러한 주장은 확실하지 않습니다. '보편적인, 전 세계를 포함하는' 이라는 뜻을 지닌 '가톨릭' 이라는 말은 본래 (이단)분파에 대립되는 '보편적이고 정통적인 또는 대(大)교회' 를 의미하였습니다. 그러나 이미 15세기에 '가톨릭' 은 '기독교' 라는 말로 대체되었습니다. 후에 개신교적 입장에서 '가톨릭' 이라는 용어는 사용하기에 조심스러운 표현이 되었습니다.

작가 미상,
「그리스도의 부활」
(1675–1700년,
불가리아)

세 번째로 '공인된 본문' 의 마지막 행에서 몸의 부활에 '영원한 생명' 을 첨가함으로써 이방인의 불신앙에 대해 우리는 다시 부활할 것이라는 믿음을 확신시키며, 죽음 이후에 단지 영혼만이 계속 산다는 영지주의적 관점을 반박하고 있습니다. 다시 말하면 영혼의 불멸이 아니라 몸의 부활과 부활한 몸의 영원성을 말하고 있는 것입니다.

전체적으로 볼 때 사도신경은 신약성서적 케리그마로부터 이끌어진 것이 분명하고, 삼위일체적 구성으로 되어 있지만 니케아-콘스탄티노플 신조에 비해 체계적이지 못한 것이 사실입니다. 특히 성령에 대한 어떠한 설명이 없으며, 마지막 3행에는 신앙의 진술을 나열할 뿐 신학적인 연관성을 찾을 수 없습니다. 이런 점에서 전통적으로 사도신경은 소위 삼위일체 논쟁의 산물인 니케아-콘스탄티노플 신조처럼 교회법적인 교리적 규범으로 사용되지 않았습니다. 종교개혁 당시 반삼위일체론자들조차도 사도신경이 어떤 명백한 삼위일체론을 전개하지 않았기 때문에 이를 자신들의 신앙의 근거로 삼을 수 있었습니다.

니케아–콘스탄티노플 신조와 사도신경

고대 교회에서 전 교회적 신조로, 이단을 가름하는 기준으로 간주된 것은 사도신경이 아니라 니케아-콘스탄티노플 신조(*Nicaeno-Constatinopolitanum*) 입니다. 이 신조는 아리우스 장로에 의하여 촉발된 소위 삼위일체 논쟁을 일시적으로 봉합한 325년의 니케아 신조(*Nicaenum*)를 치열한 논쟁과 우여곡절 끝에 381년 콘스탄티노플 공의회에서 최종적으로 증보하여 완결한 것입니다. 이 신조의 교회법적 규범성은 533년 유스티니아누스 황제에 의해 승인되었습니다. 그리고 그의 후계자 유스티누스 II세는 이를 미사에서 신조로 사용되도록 하였습니다.

니케아-콘스탄티노플 신조와는 달리 놀랍게도 사도신경은 동방교회에 거

좌_ 콘스탄티누스와 니케아 공의회 참석자들을 그린 이콘

우_ 유스티니아누스 황제

49

Pisanello 작, 황제 요하네스 8세(John VIII Palaeologus)가 새겨진 메달(1438년). 재위기간 내내 비잔틴 제국에 대한 오스만 투르크의 마지막 공격에 맞서 서방 세계에 도움을 청한 비잔틴 황제로 1437년에 이탈리아로 가서 페라라-피렌체 공의회에서 비잔틴 교회와 라틴 교회를 통합했다 (1439년).

Hendrick van Balen 작, 「성 삼위일체」(1620년대)

의 알려지지 않았습니다. 심지어 중세시대 서방교회가 1438년 페라라(Ferrara) 공의회에서 사도신경을 교회일치적인 근거로 제시하여 교회의 재통합을 추진하려고 할 때 동방교회의 에베소 대주교는 이 제안을 정면으로 거부하며 다음과 같이 말했습니다: "우리는 이 사도신경을 가지고 있지도 아니하며 보지도 못하였다. 만일 그런 것이 이전에 존재하였다면, 사도행전은 예루살렘 첫 사도들의 모임을 기술할 때, 이에 대해서도 보고했을 것이다."

소위 삼위일체 논쟁은 예수 그리스도와 하나님의 관계를 어떻게 규정해야 하는가 하는 문제로부터 시작되었습니다. 인간 예수에서 시작하는 '아래로부터의 그리스도론'인 양자론은 일찌감치 이단으로 정죄되었습니다. 양자론(養子論, Adoptianism)은 말 그대로 원래 예수님은 우리와 같은 인간이었는데 요단강에서 세례를 받을 때 성령의 강림으로, 아니면 적어도 부활을 통하여 하나님의 아들로 인정(입양)되었다는 주장입니다. 이러한 주장 대신에 예수를 선재적(先在的)인 하나님의 말씀(Logos)으로 보는 '위로부터의 그리스도론'이 주류를 형성하게 되었습니다. 「요한복음」 1장에 나오는 다음과 같은 구절이 이 로고스 그리스도 이해의 대표적 근거입니다: "태초에 말씀이 계시니라. 이 말씀이 하나님과 함께 계셨으니, 이 말씀은 곧 하나님이시니라. 그가 태초에 하나님과 함께 계셨고 만물이 그로 말미암아 지은 바 되었으니, 지은 것이 하나도 그가 없이는 된 것이 없느니

라."(요 1:1-3)

주로 동방교회에서 벌어진 삼위일체 논쟁은 로고스로서의 예수님의 신성과 그 선재성 그리고 하나님과 더불어 세상을 창조한 것에 대해서는 이의가 없지만 창세 이전에 '하나님과 함께 계신' 것은 언제부터인가 하는 것이 문제의 핵심이었습니다.[2] 아리우스의 주장에 따르면 원래 하나님은 홀로 계셨고, 로고스는 그에 의하여 '피조' 되었다는 것입니다. 다시 말하면 로고스(예수 그리스도)는 '영원한 존재'가 아니라 '계시지 않은 때가 있었던 존재'입니다. 따라서 하나님과 창조 간 매개로서의 로고스는 '동일본질'일 수가 없다는 것입니다. 이에 대하여 니케아 공의회에서 콘스탄티누스 황제는, 아마도 그를 신학적으로 자문한 코르도바의 감독 도움으로 로고스는 하나님의 아들로 "아버지로부터 출생하였지, 피조되지 않았으며 하나님과 동일본질(ὁμοούσια)"이라고 선언하였습니다. 아리우스는 로고스의 '피조'를 주장한 반면에 니케아 신조는 로고스의 '출생'이라는 표현을 씀으로써 하나님과 로고스로서의 아들이 동일본질임을 주장한 것입니다.

아리우스

니케아 신조는 오리게네스의 신학에 근거하여 하나님 위격의 존재론적 차이를 강조하는 동방교회에는 하나의 도전으로 작용하였습니다. 비록 기독교를 공인하여 지하 감옥의 어둠으로부터 궁정의 화려한 영광에 참여하게 한 콘스탄티누스 황제 앞에서 감히 이의를 제기하지 못한 감독들도 공의회 이후 점점 아리우스적 견해를 지지하기 시작하였습니다. 니케아 신조를 옹호하고 보편적인 신앙고백으로 견고히 하려고 분투한 사람은 아타나시

그리스도와 성부의 동일본질을 말하는 아타나시우스

우스 감독이었습니다. 그는 정치적 상황의 변화에 따라 일곱 차례나 추방을 당하기도 하였습니다. 아타나시우스를 중심으로 하는 니케아 신조 옹호자들과 다양한 입장의 니케아 신조 반대자들 간의 치열한 투쟁과 새롭게 부상하고 있던 '성령의 신성 부정론자들'(Pneumatomachos)[3]을 논박하는 가운데 니케아-콘스탄티노플 신조가 탄생하였습니다. 이 신조의 특징은 니케아 신조의 골간을 유지하면서 성자 예수 그리스도에 대해 보다 자세히 설명하고 있으며, 그동안 아무런 설명 없이 "우리는 성령을 믿습니다"라고 간략하게 끝내던 성령에 대한 고백을[4] 아버지와 아들의 관계 속에서 새롭게 규정한 것입니다. 그 본문은 다음과 같습니다.

> 우리는 한 하나님, 아버지, 전능자, 하늘과 땅과 보이는 것과 보이지 않는 모든 것의 창조자를 믿습니다.
>
> 우리는 주 예수 그리스도, 하나님의 독생자를 믿습니다. 그는 모든 시간 이전에 아버지로부터 출생하셨습니다. 그는 빛으로 말미암은 빛이며, 참 하나님으로 말미암은 참 하나님이십니다. 그는 출생하였지 피조되지 않았으며, 아버지와 동일본질이십니다. 만물이 그로 말미암아 창조되었습니다. 그는 우리 인간과 우리의 구원을 위해 하늘로부터 내려와 육신을 입으셨으며, 성령과 동정녀 마리아로부터 인간이 되시고 본디오 빌라도 치하에서 우리를 위해 십자가에 못 박히시고, 고난 받으시고, 장사되었으며, 성경대로 삼일 만에 부활하시고, 하늘에 오르사 아버지 우편에 앉아 계시다가, 산 자와 죽은 자를 심판하기 위해 영광 중에 다시 오실 것입니다. 그의 나라(통치)는 끝이 없을 것입니다.

라틴어로 기록된 니케아 신조

우리는 주님이시며 생명의 수여자이신 성령을 믿습니다. 그는 아버지로부터 나오시며, 아버지와 아들과 함께 경배와 찬양을 받으실 분입니다. 그는 예언자들을 통해 말씀하셨습니다.

우리는 거룩하고 보편적이며 사도적인 교회를 믿습니다. 우리는 죄의 용서를 위한 세례를 고백합니다. 우리는 죽은 자들의 부활과 미래세계의 삶을 기다립니다. 아멘.

서방교회에서 고대 로마신조(R) 대신에 니케아-콘스탄티노플 신조를 사용하게 된 것은 6세기 중반 이래 수행된 비잔틴과의 동맹정책의 일환으로, 다른 한편으로는 서방을 침입하고 이탈리아를 정복한 고트족의 아리우스주의를 극복하기 위하여 채용한 것으로 보입니다. 9세기에 접어들면서 카를 대제와 그의 카롤링거 왕조는 서방지역 내 교회간의 차이를 완화시키기 위하여 신조와 예전을 통일시키고 사제 교육을 엄격하게 수행하였습니다. 이 시기에 '필리오크베'(filioque)[5]가 덧붙여진 니케아-콘스탄티노플 신조가 미사에서 낭송되기 시작하였습니다. 마침내 11세기에 로마에 의해 수용되어 미사예전에 확고한 구성 요소가 되었습니다. 이에 반해 세례자 교육과 세례 때에는 니케아-콘스탄티노플 신조 대신에 오늘날의 사도신경이 사용되기 시작하였습니다. 사도신경이 성만찬에 사용되었다는 증거는 없습니다.

니케아-콘스탄티노플 신조는 '필리오크베'의 차이에도 불구하고 유일한 실제적인 전 교회적 신조로 간주됩니다. 트리엔트 공의회는 이 신조를 기독교인 공동의 신앙 원리이자 교회의 기초로 확증하였습니다. 루터교회 역시 1580년의 일치신조에서도 니케아-콘스탄티노플 신조를 사도신경과 아타나시우스 신조와 함께 규범적 신조로 맨 앞에 자리 잡게 하였을 뿐만 아니라

좌_ Pasquale Cati Da Iesi 작, 「트렌트 공의회」(1588년)
우_ 울리히 츠빙글리

예배에서도 사용하였습니다. 다른 한편 루터의 견해에 따라 루터교회는 사도신경을 사도들의 저작이라고 믿었으며, 세례신조로서의 그의 유래에 부합되게 세례와 입교식의 확고한 구성 요소로 만들었습니다.

사도신경이 주요 예배에 사용되기 시작한 것은 츠빙글리의 제2차 개혁안을 통해서입니다. 칼빈과 개혁교회는 사도신경을 다른 어떤 신조보다도 우위에 두었으며, 성만찬 예배에서도 사용하였습니다. 루터교회에서는 사도신경보다 니케아-콘스탄티노플 신조나 루터의 신앙의 노래가 예배에서 선호되다가 점점 사도신경에 밀리기 시작하였습니다. 18세기에 이르러 니케아-콘스탄티노플 신조가 거의 사용되지 않자 루터교회가 예배에서 다시 사용하고자 하였지만 관철되지 못하였고 단지 특별한 축제에서 예외적으로 사도신경 대신 사용되곤 하였습니다.

그러나 오늘날 다시 교회일치적 관점에서 니케아-콘스탄티노플 신조의 중요성이 증대되고 있는 실정입니다. 1927년 스위스 로잔에서 열린 '신앙과 직제위원회'에서 니케아-콘스탄티노플 신조와 사도신경에 표현된 것들을 공동의 신앙으로 승인하였습니다. 동방교회는 사도신경이 자신들의 교회에서는 예전에 전혀 사용되지 않았음을 확인하면서도 자신들의 가르침과 일치된다고 평가하였습니다. 1937년 영국 에든버러에서 열린 '신앙과 직제위원회'는 성만찬 공동체와 형식적인 일치의 전제는 모든 교회에 있어서 사도신경과 니케아-콘스탄티노플 신조의 승인이라고 확인하였습니다.

로잔 성당에서 신앙과 직제위원회의 75주년을 기념하는 사람들 모습 (2002.10.25)

사도신경은 기독교 신앙의 충분한 내용을 담고 있는가

종교개혁 이후 분열된 기독교 세계를 하나의 일치된 기독교회로 회복하려고 시도한 인문주의적 신학자 게오르크 칼리크스트(Georg Calixt)는 일치의 공동기반으로서 사도신경을 생각하였습니다. 그는 사도신경은 사도적 가르침의 총체로서 고대 교회에서 세례 고백으로 사용하였기 때문에 모든 기독교 교회를 묶는 신앙의 총체로 평가하여야 한다고 주장하였습니다.

그러나 루터교 정통주의자들은 이러한 칼리크스트의 주장에 반대하면서 사도신경은 기독교 신앙의 근본적인 조항을 다 담고 있지 않다고 주장하였습니다. 그들은 사도신경에 삼위일체론과 원죄론, 무엇보다 예수 그리스도를 믿음으로서만 구원을 받는다는 칭의론(稱義論)이 분명하게 나타나 있지 않다고 보았

게오르크 칼리크스트

습니다. 그들은 사도신경이 신앙의 각각의 주제를 단지 피상적으로 언급하기 때문에 자세한 설명 없이는 기독교 신앙의 중요한 교리를 전달할 수 없다고 보았습니다. 사도신경은 단지 교육을 받지 않은 사람들이 자신의 신앙을 표현하는 한에서 유효하다고 간주하였습니다. 반면에 칼리크스트는 서로 다른 교회를 하나가 되게 하기 위하여서는 세세한 신학적 이론이 아니라 명시적으로 해석될 수 없는 함축적이며 포괄적인 고백인 사도신경이야 말로 교회일치를 위한 최소한의 공동기반이라고 보았습니다.

근대 이후 신학자들은 사도신경이 성경의 핵심 주제들과 인간학적인 주제들을 충분히 담고 있지 못하다는 점을 지적하였습니다. 사도신경에는 삼위일체적 구조 속에서 '위로부터의 신학'은 전개될 뿐 인간의 현실성에 기초한 '아래로부터의 신학'은 전개되지 않는다는 점이 한 예입니다. 다시 말하면 살아 계신 하나님과 세상을 위한 그의 의(義)와 나라에 대한 고백이 빠져 있습니다. 신약성경에서 예수님 메시지의 핵심이 '하나님의 나라'라는 데에 모든 학자의 견해가 일치하고 있습니다. 그럼에도 불구하고 지상에서 예수님의 선포와 행위의 궁극적 목적인 하나님의 나라에 대한 고백이 빠져 있는 것은 사도신경의 결점이라고 보는 것입니다.

이러한 한계에도 불구하고 사도신경은 신약성경의 핵심인 케리그마를 담지하고 있으며, 사도적인 원초적 신앙고백의 연속선상에 있다고 말할 수 있습니다. 「요한복음」의 저자가 밝혔듯이 "예수께서 행하신 일이 이외에도 많으니 만일 낱낱이 기록된다면 이 세상이라도 이 기록된 책을 두기에 부족"(요 21:25)할 것입니다. 마찬가지로 사도신경뿐만 아니라 모든 신조도 기독교 신앙의 전부를 다 담아내기에는 턱없이 부족할 것입니다. 초대 교회의 궁극적인 물음은 예수의 행위나 삶보다는 부활하신 분, 그는 과연 누구인가

하는 것이었습니다. 신약성경 가운데에서 가장 먼저 쓰인 사도 바울 서신에는 예수의 지상에서의 삶과 선포가 이상하리만치 언급되지 않고 오직 예수님의 죽음과 부활과 영광과 재림에 대한 소망만이 고백되고 증거되고 있습니다. 고대 교회는 그레코-로만 세계 속에 기독교 신앙을 변증하고 토착화시키는 과정 속에서 전승되어 온 부활하신 예수님에 관한 이야기를 형이상학적 존재론의 틀 속에서 해명하고자 하였습니다. 이것이 고대교회가 자신의 정체성을 확고히 하고 선교의 길에 나서기 위한 절박하고 현실 적합적인 과제였습니다. 사도신경은 그러한 시대적 요청에 대한 응답이라고 할 수 있습니다.

Duccio di Buoninsegna 작, 「가나의 혼인 잔치」 (1308-11년)

우리말 사도신경의 번역상 문제점과 '그리스도 음부행' 삭제에 관하여

현재 우리가 사용하는 한글 번역본 사도신경[6]에는 번역상의 문제와 함께 결정적으로 '그리스도 음부행(陰府行)'[7]에 관한 고백이 삭제된 문제점이 있습니다. 먼저 번역상 문제가 있는 몇 구절을 살펴보도록 하겠습니다. "본디오 빌라도에게 고난을 받으사"라는 문장에서 "에게"를 "치하(治下)에서"로 바꾸어야 합니다. 예수님이 겪은 고난의 모든 책임이 본디오 빌라도 개인에게 있는 것 같은 인상을 주기 때문입니다. 그리고 "거룩한 공회(公會)"라는 표현 중에 '공회'는 신약성경에서 유대교의 최고의결 기관을 나타내는 말로

Duccio di Buoninsegna 작, 「빌라도 앞에 다시 선 그리스도」(1308-11년)   Duccio di Buoninsegna 작, 「손을 씻는 빌라도」(1308-11년)

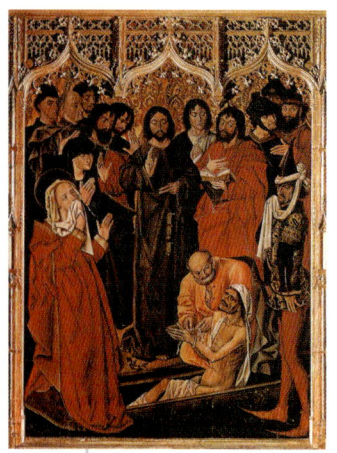

Nicolas Froment 작,
「나사로를 일으키심」
(1461년)

쓰이므로 불필요한 오해를 유발할 수 있습니다. 따라서 본래적 의미인 '보편적 교회'라고 하는 편이 좋을 것입니다. 물론 여기에서 '보편적(Catholic) 교회'란 종파적으로 천주교를 뜻하는 것이 아닙니다. 또한 "성도가 서로 교통하는 것과"라는 문장에서 '교통' 대신에 '교제나 사귐 또는 친교'라는 어휘가 더 적절하다고 생각됩니다. 그리고 사도신경은 원칙상 '나는 ~을(를) 믿습니다'(credo)로 시작하기 때문에 "죄를 사하여 주시는 것"과 같은 표현은 "죄를 사함 받는 것"이라고 해야 맞습니다. 마지막으로 "몸이 다시 사는 것"이라는 표현은 "몸의 부활"로 바꾸어야 합니다. 전자의 표현은 마치 죽은 나사로가 살아나는 것과 같은 소생(蘇生)의 의미가 강하기 때문입니다. 부활은 단순한 과거 육체의 회복이 아니라, 하나님에 의한 새로운 창조입니다.

우리말 사도신경을 제외하고 거의 모든 외국어 사도신경 본문에는 '그리스도의 음부행'에 대한 고백이 들어 있습니

Duccio di Buoninsegna 작,
「지옥에 내려가신 그리스도」(1308-11년)

언더우드 선교사 가족 사진

다. 그러나 우리 개신교회 사도신경에는 "고난을 받으사 십자가에 못 박혀 죽으시고, 장사되시고"라는 말 다음에 들어 있어야 할 이 고백이 빠져 있습니다.[8] 8세기 초의 '공인된 본문'에도 들어 있는 "음부로 내려가셨다가" (descendit ad inferna)라는 구절이 왜 우리말 번역본에는 빠지게 되었을까요? 그러나 초기 한국교회가 처음부터 이 구절을 삭제한 것은 아닙니다. 장로교 선교사 언더우드(H. G. Underwood)가 1894년에 출간한 『찬양가』에 현존하는 가장 오래된 개신교 우리말 사도신경이 나오는데, 여기에는 "디옥에 ᄂᆞ리샤"라는 구절이 포함되어 있습니다. 이 번역이 나온 지 3년 후에 감리교 선교사 존스(G. H. Jones) 등이 편집한 『찬미가』에는 이 구절이 빠져 있습니다. 그러나 1905년 장로교 선교사협의회에서 발간한 『찬셩시』에는 "음부에 ᄂᆞ리셨더니"라는 구절이 포함되어 있습니다. 이 번역에는 일본어 역과 중국어 역을 참조한 흔적이 있는데, 여기에는 모두 이 구절이 포함되어 있습니다.

결국 1908년에 이르러 장로교, 감리교가 합동으로 출간한 찬송가에는 이

존 웨슬리

찰스 웨슬리

구절이 최종적으로 빠지게 됩니다. 이때부터 전체 한국 개신교에서 이 구절이 빠진 사도신경이 사용된 것입니다. 이것은 감리교 선교사들의 영향으로 보입니다. 이는 1792년부터 미국 감리교회는 이 구절이 빠진 사도신경만을 사용하였기 때문입니다. 웨슬리는 1786년 개정판 『북미 감리교도들의 주일예배』라는 책에 담겨 있는 성인 세례식에 관한 지침과 영국교회 신조인 '39개 조항'을 축소하여 만든 '25개 조항'에서 이 구절이 기독교 신앙의 필수 요소가 될 수 없다고 보고 삭제한 것입니다. 그러나 최근에 와서 미국 연합감리교회도 에큐메니컬운동의 영향으로 다시 '그리스도의 음부행'에 대한 구절을 삽입한 사도신경을 예식서에서 사용하고 있습니다.

사도신경은 현대인에게 신앙의 반석인가, 걸림돌인가

오랫동안 사도신경은 사도들의 참된 전승으로, 기독교 신앙의 요체로, 참된 기독교 신앙을 가늠하는 시금석으로 믿어져 왔습니다. 그러나 근대의 역사비평적 사고가 등장하기 시작하면서 사도신경의 사도적 전승이 의문시되고, 정통주의자들조차 사도신경의 교리적 불충분성을 지적하면서 사도신경의 권위는 흔들리기 시작하였습니다. 급기야 근대적 이성은 사도신경 속에서 고백되고 있는 신화적 표현들을 기독교 신앙을 받아들이는 데 있어서 걸림돌로 여겨 제거하고자 하였습니다.[9]

사도신경을 둘러싼 보수주의자와 자유주의자 간의 갈등은 더욱 깊어졌고, 이를 중재하기 위하여 1846년 프로이센의 총회는 카를 이마누엘 니취(Karl Immanuel Nitzsch)의 주도 아래 목사 안수식에서 사용할 신조를 작성하였습니다. 소위 니취신경(Nitzschnum)이라고 하는데, 이것은 성서적 표현을 사용하였음에도 불구하고 성령에 의한 수태와 동정녀 탄생, 그리스도의 음부행, 몸의 부활에 대하여는 전혀 언급하지 않았습니다. 이것은 해결보다 오히려 보다 첨예화된 논쟁의 원천이 되었습니다.

1871년에 이르러 이 논쟁은 더욱 격렬해지기 시작하였습니다. 보수적인 진영은 사도신경을 수호하기 위하여 결집하였습니다. 뷔템베르크의 한 목사가 세례 때에 사도신경 사용을 거부함으로써 목사직에서 해임되는 일이 발생하였습니다. 이에 대해 학생들은 하르나크(Adolf von Harnack)에게 입장을 표명해 줄 것을 요청하였습니다.

아돌프 하르나크

저명한 자유주의 신학자인 하르나크가 이 논쟁에 끼어들게 되었을 때 이 논쟁은 정점에 달했습니다. 하르나크는 개신교회는 사도신경 대신 또는 병행하여 자신에게 합당한 신조를 가져도 괜찮을 것이라고 말했습니다. 그는 사도신경의 철폐를 주장한 것이 아니라 사도신경의 강제적 사용에 반대한 것입니다. 그는 사도신경을 자구대로 인정하는 것이 기독교 신앙과 신학의 성숙도를 가늠하는 것은 아니라고 보았습니다. 그는 성경과 교회사를 잘 아는 교양이 있는 기독교 신자들에게 사도신경의 몇몇 구절은 거리낌을 주고 있음이 틀림없다고 인정하였습니다. 특히 동정녀 탄생에 대한 언급은 아주 문제가 많으며, 어떠한 사람도 양심에 반하지 않고는 고백할 수 없다고 말하였습니다. 이를 거부하는 사람도 사도신경의 근본적인 것에 동의한다면, 교회 안에 머무를 수 있다고 하르나크는 보았습니다.

이러한 하르나크의 견해는 많은 사람으로부터 저항을 받는 한편 일부 신학자들로부터는 지지를 받았습니다. 프로이센 교회 당국은 회람명령을 통하여 이러한 국면을 진정시키려고 하였습니다. 이 회람명령에서 교회 당국은 "성령에 의한 수태와 동정녀 마리아에 의한 탄생 조항은 객관적인 과학적 연구에 앞서 여전히 진리의 증거로 존재한다"라고 명시하였습니다. 이후 몇몇 신학자들에 의하여 사도신경에 대한 재해석이 시도되었습니다.[10] 결국 이 논쟁은 신앙이란 무엇인가, 그리고 종교적 신비와 체험을 표현하는 언어의 은유성과 상징성은 어떻게 이해하여야 하는가의 문제로 귀결된다고 볼 수 있습니다.

사도신경은 단순히 사변적인 관념의 유희가 아니라 고난과 박해 속에서도 자신의 실재적인 구원의 확신과 감격을 표현하는 고백과 찬양의 한 형식이었습니다. 사도신경 탄생의 자리가 세례예식이었음을 생각할 때 이것은 더욱 분명해집니다. 모든 신학적 대립에도 불구하고 사도적인 케리그마(선포)를 담지하고 있는 사도신경은 기독교회가 사도적인 신앙의 연속선상에 존재하는 한 계속적으로 예배에서 사용되어지며, 끊임없이 재해석되어 우리 앞에 피와 살을 입히는 신앙고백으로 살아 있을 것입니다.

미주

1) J. N. D., Kelly, *Altchristliche Glaubensbekenntnisse*, 11.

2) 최근 논란이 되고 있는 댄 브라운(Dan Brown)의 소설『다빈치 코드』는 허구이며, 소설 자체가 허구를 통해 진실을 추구한다는 점에서 나름대로 기독교를 비판적으로 성찰하는데 도움을 주기는 합니다. 그러나 위경(僞經)의 내용을 사실처럼 전제한다든가, 예수님의 신성 확정이 마치 콘스탄티누스 황제와 니케아 공의회의 정치적 산물이라고 주장하는 것은 학문적으로 철저하지 못한 것입니다. 예수님의 신성에 대한 고백은 이미 성경이 기록되기 이전의 가장 오래된 전승 가운데 하나인 학자들이 '그리스도 찬가'라고 부르는 "그는(예수는) 하나님의 본체시나 하나님과 동등 됨을 취할 것으로 여기지 아니하시고……"(빌 2:6)라는 고백을 포함하여 신약성경에는 예수님의 신성과 하나님과의 동등함에 대한 고백이 무수히 나오고 있습니다. 예수님의 부활과 성령강림을 체험한 사도들에 의해 이것은 근본적인 케리그마(선포)가 된 것입니다. 성부와 성자의 존재론적 차이를 주장한 아리우스 역시 예수의 신성과 선재성을 당연히 전제하였습니다. 따라서 한 사람의 인간에 불과하던 예수님이 신적 존재가 된 것은 니케아 공의회에 이르러 투표에 의하여 결정된 것처럼 주장하는 것(『다빈치 코드』, 1권, 353쪽)은 전혀 사실과 맞지 않은 것입니다. 이와 유사한 주장은 리차드 루벤슈타인, 한인철 옮김, 『예수는 어떻게 하나님이 되셨는가』(원제는 *When Jesus becomes God*)(서울: 한국기독교연구소, 2004)에서도 볼 수 있습니다. 또한 어떤 사람들은 교회가 교리적으로 예수님의 신성만을 강조함으로써 기독교인들이 예수님의 삶을 살지 않도록 한 근본적인 원인(어차피 우리는 예수처럼 신이 아니니까)을 제공했다고 주장합니다. 종종 도그마가 지배 이데올로기로 전락한 사례를 역사 속에서 무수히 찾아 볼 수 있는 것은 사실이지만 이는 지나친 논리적 비약이라고 생각합니다. 이와 정반대로 예수님이 참된 하나님 되심을 믿었기에 자신의 안위와 이익을 과감하게 버리고 소망 중에 예수님의 길을 따르고, 고난과 순교를 당한 초대 교인도 얼마든지 있는 것입니다. 오히려 초대 교인들의 이러한 신앙 때문에 기독교가 확장되었고, 콘스탄티누스 황제는 이를 외적인 형식으로 승인한 것에 불과하다고 말할 수 있습니다.

3) '프네우마토마코스'(Pneumatomachos)는 사전적 의미로는 '성령에 대항하는 사람들'이라는 뜻입니다. 그러나 이들이 주장하는 신학적 의미로는 성령의 피조성을 주장한다는 점에서 '성령의 피조성 주장자들' 또는 '성령의 신성 부정론자들'이라고 부르는 것이 적합합니다. 이들은 성령을 피조물이나 천사 부류의 하나, 또는 신적 권능(Power)의 하나로 보았습니다. 콘스탄티노플의 마케도니오스(Macedonios)가 주도하였으므로 '마케도니오스주의자들'이라고도 불립니다. 아타나시우스가 주도한 362년의 알렉산드리아 회의에서 비로소 성령도 성부 성자와 동일본질임이 인정되었습니다.

4) 이런 점에서 325년의 니케아 신조는 진정한 의미에서 삼위일체론적 고백이라고 할 수 없습니다. 오히려 성부와 성자의 '이위일체론'적 고백이라고 말할 수도 있을 것입니다. 사도신경의 경우도 마찬가지입니다. 고대 로마신조(R)는 말할 것도 없고 이후 8세기 초에 나온 '공인된 본문'으로서의 사도신경에도 성령에 대한 자세한 규정은 없습니다. 비로소 니케아-콘스탄티노플 신조에 이

르러 성령에 대한 규정을 통해 유일신론인 유대교나 이슬람교의 신관과는 달리 삼위일체론이란 독특한 기독교적 신관을 확립하게 된 것입니다.

5) '필리오크베'(filioque)는 라틴어로 '그리고 아들로부터'라는 뜻입니다. 이는 성령이 누구로부터 말미암은 가에 대한 서방교회의 입장을 표명하고 있습니다. 니케아-콘스탄티노플 신조에는 성령은 "아버지로부터 나오시며"라고 고백되고 있습니다. 이에 반해 서방교회는 라틴어 역본(446/7년의 톨레도 공의회)에 'filioque'를 삽입함으로써 성령은 "아버지와 그리고 아들로부터" 나오는 것으로 고백하였습니다. 9세기에 이르러 이 문제를 둘러싼 논쟁이 극에 달하자 마침내 867년 동방의 주교 포티우스(Photius)가 이 표현을 이단적인 것으로 단죄하기에 이르렀습니다. 이것은 1054년에 최종적으로 이루어진 동서교회 분열의 중요한 원인이 되었습니다. 이 갈등의 배후에는 삼위에 대한 동서교회의 사유 방식에 대한 차이가 자리 잡고 있습니다. 서방교회는 전통적으로 삼위의 통일성과 일치성에 강조점을 두었습니다. 따라서 서방교회의 삼위에 대한 이해는 '일체'(一體)를 전제로 한 '삼위'(三位)로서 '일체삼위'라고 말할 수 있습니다. 이러한 사고에서 당연히 성령은 '아버지와 그리고 아들'로부터 나오게 되는 것입니다. 반면에 동방교회는 삼위의 통일성이나 일치성보다는 차이와 구별에 강조점을 두었습니다. 따라서 동방교회는 '삼위'를 전제로 한 '일체'로서의 '삼위일체'입니다. 성령은 전적으로 '아버지로부터' 유래하는 것입니다.

6) 여기에서 우리말 번역 사도신경의 문제점은 개신교회의 그것에 국한됩니다. 천주교회 사도신경의 경우 여기에서 언급한 번역상의 오류가 적고, '그리스도의 음부행'에 대한 고백이 "저승에 가시어"란 표현으로 명시되어 있습니다.

7) 음부는 히브리어로 '스올', 그리스어로는 '하데스'라고 합니다. 구약성경과 유대교에서 '스올'은 '죽은 자들이 머무는 곳'입니다. 후에 이곳이 최후의 심판을 기다리는 중간 지역, 또는 악인들이 앞으로 있게 될 '영원한 형벌을 맛보는 장소'를 의미하기도 하였습니다. 이런 점에서 '스올' 또는 '하데스'는 후기 유대교 묵시문학에서 말하는 영원한 형벌을 의미하는 '지옥'(게헨나)과 구별됩니다. 그러나 초기 한글 사도신경이나 영어 성경에서는 '음부'와 '지옥'(Hell)을 구별하지 않고 있습니다. 루터와 칼빈은 '그리스도의 음부행 또는 지옥행'을 '지하세계의 한 장소'로 생각하지 않고 실존적인 경험, 즉 하나님 없는 존재, 버림받은 존재에 대한 하나님의 저주와 분노로 인한 고통의 경험으로 해석하였습니다. 그리스도는 이것을 이미 장사되기 전 겟세마네와 골고다에서 경험하였다고 보았습니다. 카를 바르트는 이것을 "죽음과 무덤에서 외적으로 일어난 것의 내적 설명"으로 해석하였으며, 판넨베르크는 "예수가 대리하는 저주의 죽음의 보편적인 의미에 대한 표현"이라고 보았습니다. 몰트만은 '그리스도의 음부행(지옥행)'을 '하나님의 깊은 고난'을 통하여 생성된 사랑으로서 음부(지옥)의 가장 낮은 곳까지 변화시켜 만유를 회복하는 하나님의 화해의 사역으로 해석하였습니다. 이에 대한 신학적인 논의는 위르겐 몰트만, 『오시는 하나님-기독교적 종말론』(서울: 대한기독교서회, 1997), 431-441쪽을 참고하십시오.

8) 이에 대한 자세한 논의는 노종문, "우리말 사도신경에는 왜 음부행(行) 구절이 빠져 있을까", 「기독교사상」(서울: 대한기독교서회, 2003) 9월호, 214-235쪽을 참고하십시오.

9) 근대 자유주의신학자들이 성경에 있는 신화적 요소를 과학적 이성에 반하는 걸림돌로 여겨 제거하려는 것에 반하여, 이후 루돌프 불트만(Rudolf Bultmann)은 '비신화화'(Entmythologisierung) 작업을 통해 제거가 아니라 실존적으로 재해석하여 오히려 신화가 지닌 본래적 진리를 되살리려고 하였습니다.

10) 이에 대한 대표적인 저서 가운에 한글로 번역된 것으로 Wolfhart Pannenberg, 정용섭 옮김, 『판넨베르크의 사도신경 해설』(서울: 한들출판사, 2000)과 J. M. Lochmann, 오영석 역, 『사도신경 해설』(서울: 대한기독교출판사, 1993)을 들 수 있습니다. 이 책들에서는 조직신학적 관점에서 현대인의 지성은 희생시키지 않는 재해석을 시도하고 있습니다.

제2부

교회 절기와 예식

부활절의
기원과 부활의 의미는 무엇일까?

가장 오래되고 중요한 기독교의 축일(祝日)

기독교는 부활의 종교입니다. 예수님의 부활이 없었다면, 기독교는 탄생되지 않았을 것입니다. 부활이 기독교 신앙에서 얼마나 중요한지 사도 바울은 일찍이 자신의 편지에서 "그리스도께서 만일 다시 살아나지 못하셨으면, 우리가 전파하는 것도 헛것이요, 또 너희 믿음도 헛것"(고전 15:14)이며 "만일 그리스도 안에서 우리가 바라는 것이 다만 이 세상의 삶뿐이면 모든 사람 가운데 우리가 더욱 불쌍한 자"(고전 15:19)라고 말하였을 정도입니다. 그만큼 예수님의 부활은 처음부터 기독교가 존재하느냐 마느냐를 결정하는 절대적 요소로 인식되었습니다. 따라서 예수님의 부활을 기념하는 부활절이 가장 오래되고 중요한 교회력 상의 축일이 된 것은 너무나 자연스러운 일입니다.

기독교 전통이 얕은 우리와는 달리 오랜 기독교 전통을 지닌 유럽에서는 기독교 역사상 가장 오래되고 중요하게 여기는 축제인 부활절을 다채롭게 보내고 있습니다. 추위가 지나가고 생명이 약동하는 봄이 시작되는 부활절 절기가 되면 성탄절 카드를 보내듯이 부활절 카드를 보내며, 거리에는 산타클로스 대신에 크고 작은 토끼 인형들이 상가의 윈도를 장식하고, 깜박등으로 화려하게 장식한 성탄절 트리 대신에 알록달록하게 색칠한 모형 계란들이 달려 있는 메마른 나뭇가지가 현관과 거실에 걸리게 됩니다. 교회 제단에는 부활절에서 예수 승천일까지 40일 동안 '파스카의 초'라고 부르는 커다란 양초에 불이 켜집니다. 이는 예수님께서 부활하신 후 지상에 머무른 기간을 기념하는 것입니다.

고난주간 중에 갖는 목요일의 주의 만찬과 겟세마네를 기억하는 철야기도, 성 금요일의 수난과 죽음을 기억하는 예배, 부활절 새벽예배는 전통적인 부활절기의 핵심 내용입니다. 오늘날 부활절 새벽에는 아침식사를 겸한 예배를 드리며, 이틀간 계속되는 연휴인 부활주일과 부활절 월요일에는 교회마다 기념 예배를 드립니다. 평상시 교회에 잘 출석하지 않던 교인들도 이때 만큼은 예배에 참석하고, 가난한 이웃들을 생각하며 자선모금에 참여합니다. 부활절에는 가족과 친분이 있는 사람들이 한자리에 모여 앉아 삶은 계란에 초콜릿을 녹여 코팅한 후 자신의 소망을 담은 그림을 그려 넣는 행사를 갖습니다. 아이들은 정원에 숨겨진 달걀과 초콜릿 토끼를 찾는 게임을 즐겨 합니다. 부활절 월요일에는 부활 달걀 굴리기 시합도 합니다.

부활절 상징물로 등장하는 삶은 달걀과 토끼 모형

Sebastiano Conca 작, 「겟세마네 동산에 계신 그리스도」 (1746년)

의 유래와 의미에 대하여서는 다양한 의견이 있습니다. 전설에 따르면 예수님이 십자가를 지고 갈보리에 갈 때 잠시 십자가를 대신 져준 구레네 시몬의 직업이 달걀장수였는데, 예수님이 십자가에 달리신 뒤에 집으로 돌아와 보니 그의 암탉들이 낳은 계란이 모두 무지갯빛으로 변해 있었다고 합니다. 이후로 교회에서는 자연스럽게 계란을 부활의 상징으로 사용하기 시작하였다는 것입니다. 물론 이것은 역사적으로 확인된 바는 아닙니다. 부활절에 달걀이 사용되는 것은 달걀이 지니는 상징성에 있습니다. "모든 생명은 알에서부터 나온다"는 로마의 속담처럼 죽은 듯이 보이는 달걀이 부화하여 병아리가 되는 생명 현상은 죽음을 넘어 생명을 재창조하는 부활의 이미지와 잘 어울린다고 볼 수 있습니다. 어떤 이들은 부활절 달걀 굴리기를 예수님이 부활하실 때 무덤 입구를 막아 둔 계란 모양의 커다란 돌문을 굴리시는 것을 상징한다고 말하기도 합니다.

    부활절에 토끼 모형이 등장하게 된 것은 이교적 상징물을 기독교적으로 변용한 결과로 보고 있습니다. 즉 토끼는 이스터 여신의 상징으로, 봄철에 새끼를 많이 낳는 다산의 상징이기도 하였습니다. 부활절 토끼는 이교적 요소가 짙었기 때문에 개신교에서 그리 환영받지 못하였지만 유럽에서는 부활절 토끼를 선물하는 풍습을 가지고 있습니다. 엄격한 청교도가 주류를 이루고 있던 시절의 미국에서는 부활절 토끼 풍습이 발을 붙이지 못하다가 독일인들이 이민을 가면서 확대되었습니다.

부활절 명칭에 관하여

부활절을 영어로는 '이스터'(Easter), 독일어로는 '오스테른'(Ostern)이라고 합니다. 영어와 독일어 명칭은 각각 이른 아침(또는 새벽) 시간을 뜻하는 고대 영어 ēastre와 고고(古高)독일어 ostara에서 연유합니다. 이 단어는 튜턴족의 아침(새벽)의 여신인 에오스터(Eostre)와 연관이 있는 것으로 널리 알려져 왔습니다. 그러나 이 용어가 과연 이 이방 여신을 지칭하는 것인가에 대한 의문이 제기되었고, 이는 오히려「마가복음」16장 2절의 배경 아래에서 '태양이 뜰 새벽 무렵'(고고 독일어는 zu den ostarun)의 의미를 반영하는 것으로 보기도 합니다. 이에 대한 라틴어는 '알바에'(albae) 또는 '인 알비스'(in albis)에 해당되는데, 이것은 또한 '흰 옷을 입은'이라는 뜻도 지니고 있습니다. 이러한 맥락에서 부활절 새벽에 세례를 받는 자의 흰 옷 입기 전통이 생겼음을 추측할 수 있습니다.

유월절 관련 성경 삽화

반면에 로만어 계통인 프랑스어와 이탈리아어로는 각각 '파크'(Pâques)와 '파스카'(pasqua)라고 합니다. 이 명칭은 그리스어로 '파스카'(πάσχα), 라틴어로 '파스카'(pascha)에서 유래하는데, 이 말은 아람어(후기 히브리어) '파샤'(pasha)에서 왔습니다. 이 말들은 유대인들의 출애굽 사건에 기원을 두고 있는 유월절을 지칭합니다. 그래서 많은 학자는 기독교의 부활절이 단지 명칭뿐만 아니라 신학적 구조와 의미에 있어서 유대교의 유월절에서 기원한 것이라고 생각합니다. 유월절의 밤 축제는 바로 왕 압제 아래에서의 고난과 하나님의 해방과 구원을 상징하는 축제입니다. 특히 유월절의 밤은 야훼의 구원 능력을 보기 위하여 "깨어 있어야 하는 밤"(출 12:42)이었습니다. 초기 기독교 공동체에서 행하여진 부활절 축제의 중심은 토요일에서 주일로 넘어가는 철야축제였습니다. 안식 후 첫 날 해가 뜰 무렵의 새벽에 어둠과 죽음의 권세를 이기고 부활하신 주님을 만나는 것이야 말로 부활절 축제의 절정이었습니다. 그러나 초기 기독교 공동체는 부활절을 오늘날처럼 유대교의 유월절과 분리하여 생각하지 않았습니다. 고대교회의 부활절은 히브리인들의 출애굽 사건 속에서 그리스도의 고난과 죽음과 부활을 이해하고자 하였습니다.

부활절의 기원 – 부활절은 제2의 유월절인가?

부활절의 기원에 대해서는 아직도 의견이 분분합니다. 그러나 부활절의 명칭이 크게 두 가지 흐름으로 내려왔듯이, 부활절의 기원을 이방 출신 기독교인들의 부활절 축제에서 찾는 입장과 유대 기독교인들의 유월절에서 찾는 입장으로 크게 나뉠 수 있습니다. 실제로 2세기경 기독교회는 일요일에 지내는 '로마식' 부활절 축제와 니산월 14일, 즉 유대교 유월절에 지내는 '소아시아식' 부활절 축제로 나뉘어져 있었습니다.

'로마식' 부활절 축제의 신학적 근거는 유대교적 유월절과 기독교적 부활절 사이에 결정적인 분기점이 있다는 입장입니다. 이것은 기독교의 부활절은 "안식 후 첫날"(마 28:1; 막 16:2; 눅 24:1; 요 20:1)에 예수 그리스도가 부활하시고 자신의 제자들에게 나타나신 날을 기념하는 날로, 독자적인 기독교인들의 축제로 보는 입장입니다. 따라서 부활절 축제는 주님이 부활하신 '안식 후 첫 날'에 대한 인식 속에서 발전하였으며, 본래적인 교회의 부활절 축제는 주의 날로서의 안식 후 첫 날(오늘날의 주일)에 거행되는 부활하신 분과의 성만찬을 통한 만남에 기원을 두고 있다는 것입니다(Cullmann). 2세기 이래 알려진 일 년에 한 번 열리는 부활절 축제는 유대인의 유월절에 대항하는 '일 년 중의 큰 일요일'로 나중에 탄생하였다고 보는 견해입니다. 이와 반대로 주의 날인 일요일이 연중 행사인 부활절 축제로부터 형성되었고, 이후에 일요일이 주간(週間)의 축제로 확고하게 자리를 잡게 되었다고 주장하기도 합니다(van Goudoever).

Rembrandt 작,
「막달라 마리아에게 나타난 부활하신 예수」 (1638년)

두 번째 입장은 기독교의 부활절 축제는 구약적-유대교적 유월절 축제에 뿌리를 두고 있다는 관점입니다. 이러한 관점은 앞에서 부활절의 명칭에 대한 유래에서 잠시 밝혔듯이, 그의 명칭과 그 날짜 및 그 예전적, 성서적-신학적 구조에 근거하고 있습니다. 많은 학자는 '소아시아식'의 부활절 축제가 '로마식'보다 먼저 생긴 것으로 보고 있습니다. 초기 기독교 공동체는 유대교와 마찬가지로 유월절을 지켰습니다. 물론 성격은 달랐습니다. 초기 기독교 공동체의 경우 유월절의 중심에는 '유월절의 희생양'이 되신 그리스도가 자리하고 있었습니다. 그들은 유월절 신비를 예수 그리스도에 의한 구속의 역사와 결합하여 부활절을 포괄적인 구원 축제로 만들었습니다.

유대인들의 유월절은 니산월 14일에 거행되었습니다. 오후 3시에 성전에서 유월절 양을 잡아 제사를 지낸 후 저녁에 가정에서 출애굽이야기를 하면서 나누는 저녁식사와 다양한 축복기도의 예식을 지켰습니다. 이미 유월절 하루 전인 13일 밤에 집안 청소를 하고, 유월절 다음날에는 무교절 축제가 이어졌습니다. 8일 간에 걸친 축제의 마지막 날에는 홍해를 건넌 것을 기억하는 것으로 종결되었습니다. 예루살렘이 파괴된 70년 이후에는 유월절이 메시아에 대한 희망과 결합되기도 하였습니다. 그러나 유월절 축제의 근본은 어린 양(예수님을 상징)의 피 흘림을 통한 구원과 해방이었습니다. 생명에 대한 구원은 오로지 피로써 이루어질 수 있다는 전통적인 '피(血)의 사상'이 보존되었습니다.

　이 유월절 축제가 보존하고 있는 근본적인 인식, 즉 희생 제물과 희생양 모티브를 초기 유대 기독교인들은 자연스럽게 이어받았습니다. 예수의 무죄한 고난과 죽음의 이해 속에서, 우리를 위한 유월절의 희생양(고전 5:7)이신 예수님을 통한 세상의 죄로부터의 해방(요 1:29)이라는 기독교적 구원에 대한 이해를 유월절 축제와 결합시킨 것입니다. 그러나 기독교적 유월절과 유대적 유월절 사이에는 연속성과 불연속성이 있습니다. 예수님의 마지막 만찬의 성격과 시기에 대한 다양한 관점이 신약성서 내에 이미 존재하고 있습니다. 기독교적 유월절과 유대교적 유월절의 연속성은 고난(피 흘림)을 통한 구원이라는 공통된 모티브에서 찾을 수 있지만, 불연속성은 예수님의 부활 사건에 있습니다. 초기의 부활절 축제는 이 고난에 초점이 맞추어져 있어서 유월절과 부활절을 굳이 나눌 필요성을 느끼지 못하였습니다. 특별히 팔레스타인과 가까운 소아시아 교회들이 그러하였습니다. 이 당시에는 기독교가 아직 유대교 회당에서 추방되지 않고 '불안한 동거'를 하는 상황이었습니다. 그러나 기독교인들이 더 이상 유대교 내에 머무를 수 없는 상황이 오게 되면서, 유대교적인 유월절적 성격에서 보다 부활을 강조하는 기독교적인 부활절로 발전하기 시작하였습니다.

이제 기독교의 부활절은 십자가에 달린 자의 '피'에 대한 기억보다는 오히려 '빛'의 요소와 함께 부활의 영광을 기억하는 시간에 참여하는 축제가 되었습니다. 여기에서는 세례와 성만찬 예식이 중심이 되었습니다. 오리게네스는 부활절 축제의 핵심을 로고스이신 그리스도에게로의 참여로 규정하고, 이날을 전적으로 하나님의 말씀을 먹는 주의 날로 축하하였습니다. 이로써 부활절의 의미가 새롭게 부각되었습니다. 첫 번째 창조의 안식일은 새로운 창조가 시작되었다는 뜻으로 그리스도 부활을 기념하는 날(주의 날)로 바뀌고, 출애굽의 고난과 해방의 기억인 유월절은 죄와 죽음으로부터의 해방과 함께 구원의 기억인 그리스도 부활을 기념하는 한 해의 최대 축제일로 자리 잡게 되었습니다. 부활절 철야 예식은 금식, 기도, 성경 독서의 시간을 갖고 새벽 3시 경에 첫 닭이 울면 성만찬을 준비하였으며, 애찬식(아가페)에 와서 절정에 달하였습니다. 슬픔(금식)에서 기쁨(아가페)으로, 어둠에서 빛으로, 죽음에서 생명으로 변화되는 밤이었습니다. 처음에는 임박한 종말에 대한 기대로 이루어졌을 긴장감이 세례와 성만찬으로서의 부활절로 제도화되었다고 볼 수 있습니다.

오리게네스는 유월절을 뜻하는 '파샤'(Pascha)를 '고난'(Passion)과 연결시키는 당시의 큰 흐름에 대항하고 '넘어감'

Cosimo Rosselli 작, 「홍해를 건너는 이스라엘 백성」(1481-82년)

(Passover)과 연결시켰습니다. 이것은 「출애굽기」 14장에 나오는 출애굽한 히브리인들이 홍해를 건넌 것과 관계가 있습니다. 알렉산드리아 교회는 유대교 철학자인 필로가 유월절을 알레고리적으로 이해하여 '인간이 죄악으로부터 덕으로, 감각적인 것으로부터 신적인 것으로의 넘어감'으로 이해한 것을 부분적으로 수용하였습니다. 또한 암브로시우스는 부활절과 세례의 관념을 이상적으로 일치시켰습니다. 그에게 있어 부활절 축제는 홍해를 건너는 것이 유월절이었듯이, 죄와 죽음의 강을 건너는 세례의 축제였습니다. 그럼에도 소아시아를 중심으로는 '고난'의 의미로서의 유월절 전통이 남아 있습니다. 아우구스티누스(어거스틴)는 '고난'으로서의 유월절 전통과 '넘어감'으로서의 유월절 관념을 기독론적 관점에서 융합시켰습니다. 그는 "주님은 고난을 통해 죽음으로부터 생명으로 넘어가셨으며, 그의 부활을 믿는 우리에게 우리도 죽음으로부터 생명으로 넘어갈 수 있는 길을 열어 놓으셨다"고 말하였습니다.

부활절 날짜의 문제

소(小)아시아에 있는 교회들은 부활절을 요일과 상관없이 초봄(태양력으로 3월, 4월)인 유대력의 니산월 14일로 고정시키고 지켰습니다. 이들은 이날 저녁에 예수의 최후의 만찬을 기억하며 성만찬을 거행하였습니다.[1] 이에 반하여 로마교회에서는 알렉산드리아 태양력의 영향을 받아 그리스도가 부활한 날이 일요일이었기에 니산월 14일 다음의 일요일을 부활일로 지켰습니다. 이들은 부활의 전날인 금·토요일은 "주님께서 죽으시고 무덤에 계신 날"이라고 해서 금식을 하였습니다.

　2~3세기에 동방교회와 서방교회는 부활절 날짜를 둘러싸고 치열한 논쟁을 전개하였습니다. 이들이 각기 부활절 날짜를 중요하게 생각한 것은, 부활하신 주님의 몸에서 하나 된 교회는 주님의 재림을 같은 시간에 준비해야 한다고 생각하였기 때문입니다. 이들은 부활절 날짜를 하나로 하는 것이 종말의 때에 교회의 통일성을 보증하는 것으로 여겼기 때문입니다. 155년 경에는 부활절 날짜를 둘러싸고 로마교회 지도자인 아니케투스와 서머나교회 감독인 폴리갑 사이에 논쟁이 일어났습니다. 사도 요한에게서 직접 가르침을 받았다고 전해지는 폴리갑은 자신이 여러 사도와 함께 매년 유월절을 지켜왔다고 하며 유월절이 예수님 때부터 내려온 전승임을 강조하였습니다. 이에 대해 아니케투스는 일요일의 부활절은 유월절과 별도로 '안식 후' 첫 날에 지켜지던 사도시대 이래의 전통이라고 주장하였습니다.

서머나교회 감독 폴리갑

　이후 197년 경에 유월절 논쟁은 다시 촉발되었습니다. 당시 로마교회 감독 빅토르(Victor)는 유월절 성만찬을 니산월(태양력의 1월에 해당) 14일 저녁에 하지 말고 유월절 다음의 첫 일요일에 하라는 칙서를 발표하고 이를 강요하였습니다. 이에 서방교회들은 로마교회의 결정에 따르기로 하였으나 동방교회는 이를 거부하였습니다. 빅토르는 동방교회들을 비정통으로 몰아 파문하려고 하였지만 여러 교회 지도자들의 만류로 파문 조치는 취소할 수밖에 없었습니다.

로마교회 감독 빅토르

디오니시우스 엑시구스

부활절 날짜 문제는 결국 이 문제로 기독교 제국이 분열되는 것을 용납할 수 없었던 콘스탄티누스 황제가 소집한 니케아 공의회에서 최종 결정되었습니다. 이 회의에서 기독교인이 유대인의 유월절 역법(曆法)과 축제를 따르는 것은 적절치 못하다고 결론을 맺었습니다. 3세기 전반기 이래로 기독교인들은 부활절 시간표를 작성하기 위해 자신만의 역법을 사용하기 시작하였습니다. 니케아 공의회는 부활절 날짜를 춘분이 지난 만월(滿月) 후의 첫 일요일로 정하였습니다. 이에 따라 부활절은 유동적으로 3월 22일과 4월 25일 사이의 시간에 오게 되었습니다. 이 날짜는 양력 개념인 24절기 춘분과 음력 개념인 보름을 함께 계산에 넣은 것이었습니다. 하지만 실제로는 니케아 공의회 이후에도 부활절 날짜는 일치되지 못하였습니다. 525년 부활축일 산출표를 만든 디오니시우스 엑시구스(Dionysius Exigus)에 이르러서야 통일되었습니다. 그러나 1582년 교황 그레고리우스 13세가 새로운 역법을 도입함으로써 로마-가톨릭교회는 기존의 율리우스 역법을 쓰던 프로테스탄트 제국(諸國), 동방정교회와는 서로 다른 부활절 계산법을 가지게 되었습니다.[2] 1700년에 이르러서야 비로소 개신교회도 그레고리력을 따르게 되었습니다. 동방정교회 중 그리스정교회는 20세기 들어 그레고리력을 채택하였으나, 부활절만은 율리우스력을 따르고 있습니다. 이에 반해 러시아 정교회는 지금까지도 율리우스력을 따르고 있습니다. 따라서 서방교회와 율리우스력을 따르는 동방교회는 부활절 날짜가 10일간 차이가 납니다.

4세기에 이르러 부활절 축제는 세례 교육자의 증가와 함께 세분화 과정을 거치면서 커다란 변화를 겪었습니다. 부활절 철야 축제가 중심을 잃지는 않았지만, 절대적 위치는 상실하였습니다. 일 년마다 돌아오는 기독교인의 유일한 철야 축제인 부활절은 애초부터 순전한 부활만의 축제가 아니라 전체적인 구원 사건의 성격을 띠는 축제였습니다. 그러나 점점 성 금요일과 부활절 주일은 분리되기 시작하였습니다. 나아가 고난의 3일축제(목~토)와 부활절 3일축제(토~월)가 분리되었습니다. 암브로시우스에 따르면 고난의 3일축제는 금식하는 슬픔의 날이며, 이에 반하여 부활절 3일축제는 주의 애찬을 나누는 기쁨의 날입니다. 이러한 발전과 분리는 신학적으로 볼 때 부활절 신비의 내적인 통일성, 특히 고난 및 죽음이 부활 및 영광(높여짐)과 하나가 되는 내적인 통일성의 상실을 가져왔다고 볼 수 있습니다. 4세기 후반의 설교 목록에서 보듯이 이러한 배치와 나열에서 부활절 일요일은 그리스도의 부활을 기념하는 날로 확실하게 자리를 잡았습니다. 이것은 그리스도의 인성보다 신성을 강조하는 교리적 발전과 맥을 같이 하였습니다. 그리고 그리스도의 현재적 임재가 강조됨으로써 처음 유일한 연중 축제이던 부활절은 전 일 년이 그리스도의 전 생애를 포괄하는 교회력으로 분화되어 갔습니다.

그레고리력과 율리우스력 환산 계산표

부활, 역사인가 신화인가?

부활절이 기독교 최대의 축제가 된 것은 기독교 자체가 예수님의 부활에 근거하고 있기 때문입니다. 부활이 없었다면 기독교는 아마 유대교 내의 한 분파로 명맥을 유지하거나, 역사의 흐름과 함께 사라졌을 지도 모릅니다. 예수의 제자들조차도 예수가 십자가에 달림으로써 모든 것이 끝났다는 절망감과 두려움에 사로잡혀 두문불출하든가, 자신의 고향으로 돌아가서 예전에 하던 일을 다시 시작하였습니다. 이러한 제자들을 절망감과 두려움에서 떨쳐 일어나게 한 것은 예수님의 부활 소식이었습니다.

Pieter Coecke van Aelst 작,
「엠마오 마을로 가는 그리스도와 제자들」
(연대 미상)

그러나 예수님의 부활 소식은 오늘날에도 그렇지만 이 당시에도 이해하기 어려운 사건이었습니다. 우리는 절망과 슬픔에 잠겨 예루살렘을 떠나 엠마오로 가는 두 제자들에게서 예수님 죽음의 충격과 그 이후 그들이 들은 예수님의 부활 소식에서 느끼는 당혹감을 잘 느낄 수 있습니다. 부활하신 예수님이 그들과 동행하며 그들의 슬픈 표정을 보고 무슨 일이냐고 물었을 때 그들은 다음과 같이 말합니다: "당신이 예루살렘에 체류하면서도 요즘 거기서 된 일을 혼자만 알지 못하느냐. 나사렛 예수의 일이니 그는 하나님과 모든 백성 앞에서 말과 일에 능하신 선지자이거늘, 우리 대제사장들과 관리들이 사형 판결에 넘겨주어 십자가에 못 박았느니라. 우리는 이 사람이 이스라엘을 속량할 자라고 바랐노라. 이뿐 아니라 이 일이 일어난 지가 사흘째요, 또한 우리 중에 어떤 여자들이 새벽에 무덤에 갔다가 그의 시체는 보지 못하고 와서 그가 살아나셨다 하는 천사들의 나타남을 보았다 함이라. 또 우리와 함께 한 자 중에 두어 사람이 무덤에 가 과연 여자들이 말한 바와 같음을 보았으나 예수는 보지 못하였느니라"(눅 24:18-24).

예수님이 부활하셨다는 소식에 당혹감을 느끼고 의심을 품은 제자 중 대표적인 사람은 '의심 많은' 도마였습니다. 부활하신 예수님이 제자들이 모여 있는 방에 나타나셨을 때, 그 자리에 없었던 도마는 예수님이 부활하셨다는 제자들의 말을 믿지 못하며 다음과 같이 말합니다: "내가 그의 손의 못 자국을 보며 내 손가락을 그 못 자국에 넣으며 내 손을 그 옆구리에 넣어 보지 않고는 믿지 않겠노라"(요 20:25).

Caravaggio 작, 「도마의 불신」 (1601-02년)

실제로 예수님의 부활은 처음부터 모든 사람이 볼 수 있는, 마치 동영상으로 찍을 수 있는 것과 같은 자명한 사건으로 일어난 것은 아닙니다. 예수님의 무덤이 비어 있다는 사실 자체가 예수님이 부활하셨다는 확실한 증거가 되지 못하였습니다. 예수님의 무덤이 비어 있다는 소문을 들은 대제사장들과 장로들과 로마의 경비병들은 예수님의 부활을 믿기보다 "그의 제자들이 밤에 와서 우리가 잘 때에 그를 도둑질하여 갔다"(마 28:13)라는 소문을 퍼뜨리게 하였습니다. 예수님의 부활을 이해하기가 얼마나 어려웠는지를 복음서 기자는 예수님이 승천하기에 앞서 열 한 제자들을 모아 놓고 마지막 분부를 하는 자리에서도 "아직도 의심하는 사람들이 있더라"(마 28:17)라고 말할 정도였습니다.

그도 그럴 것이 복음서의 부활 보도를 보면 부활하신 예수님의 몸이 어떤 상태인지는 예수님의 부활을 목격한 제자들조차도 이해하기 어려웠기 때문입니다. 예수님의 부활은 죽은 나사로(요 11:1-44)나, 나인성 과부의 독자(눅

3. 부활절의 기원과 부활의 의미는 무엇일까?

Duccio di Buoninsegna 작, 「나사로의 소생」 (1308-11년)

7:11-17)나, 회당장 야이로의 딸(눅 8:49-56) 이야기에 나오는 소생(蘇生) 내지는 재활(再活) 사건과는 질적으로 다른 것이었습니다. 왜냐하면 이들은 단지 이전의 몸 상태로 회복하였을 뿐이며, 결국 다시 죽게 될 존재에 불과하기 때문입니다.

그러나 예수님의 부활은 단순한 이전 육체로의 회복이 아니었습니다. '부활하신 몸'은 단순한 이전의 육체도 아니고, 그렇다고 유령과 같은 영적 존재도 아니었습니다. 도마의 의심을 풀어 주기 위해 예수님은 "못 자국 난 손과 창 자국 난 옆구리"를 감각적으로 직접 만져 보게 합니다. 또한 「누가복음」에 보면 부활하신 예수님이 나타나셨을 때 제자들은 그를 영(靈)으로 생각하여 놀라고, 무서워하며, 다시 의심하기 시작하였습니다. 이것은 아마도 이전에 제자들이 유대인을 두려워하여 문을 꼭꼭 닫아둔 방에 예수님이 유령처럼 들어오셨기 때문일 것입니다. 이에 부활하신 예수님은 "내 손과 발을 보고 나인 줄 알라. 또 나를 만져보라. 영은 살과 뼈가 없으되 너희 보는 바와 같이 나는 있느니라"(눅 24:39)하고 말씀하시고, 제자들이 먹고 있던 구운 생선 한 토막을 드십니다. 이것은 초기 기독교 시대에 등장한 영지주의적이며 가현설적인 예수님의 부활 이해에 대한 강력한 반대입니다.

복음서의 저자들은 오늘날의 생물학적이고 물리학적 관점에서 부활이 구체적으로 무엇이며, 어떻게 진행되었는가를 명확하게 전해주지는 않습니다. 우리가 분명히 아는 것은 그들이 부활하신 예수님을 만났고, 그의 현존을 체험함으로써 자신의 생명을 버려가면서까지 예수님의 부활을 증거하였다는 사실입니다. 자신의 믿는 바를 위하여 목숨을 버리기가 쉽지 않고, 부활하신 예수님이 한두 명이 아니라 제자들과 5백여 명의 사람들에게 보이셨다는 사실은 부활이 단순히 꾸민 이야기나 환상이 아님을 말해 주고 있습니다. 예수님과 그를 따르는 제자들에게 가장 적대적이었던 박해자 사울이 극적으로 예수님의 제자 사도 바울이 된 것도 지상의 예수와의 만남이 아니라 부활하신 예수님을 만나고 나서입니다. 사도 바울은 부활을 실존적으로 체험하였지만, 부활을 단순한 실존적 사건으로 국한시키지 않고 예수님에게서 일어난 하나님의 우주적 행위로 보고 있습니다.

예수님의 부활은 단순한 현실로의 복귀가 아니라 시공(時空)을 넘어서는 영원한 생명을 말한다는 점에서 과학이나 역사(歷史)를 뛰어넘고 있습니다. 이러한 점에서 근대적인 과학과 실증주의의 세례를 받아 협소한 진리관(觀)을 갖고 있는 현대인에게 부활이 '걸림돌'로 되는 것은 사실입니다. 이들의 주장처럼 예수님의 부활을 다신교적인 고대 이집트나 그리스 신화와 같은 단순한 신화라고 치부할 수 없습니다. 이런 신화들 속에도 죽었다가 다시 사는 신(神)이나 반신(半神)적인 영웅들이 등장합니다. 그러나 이러한 신화에 정통하였을 사도 바울은 이러한 이야기들은 헛된 신화이며 허탄한 것이라고 단정합니다. 그는 예수님의 부활은 성경에 이미 약속된 사건이며, '인간의 일'이 아니라 만물을 창조하신 하나님께서 행하신 새로운 창조의 능력임을 분명하게 말하고 있습니다. 하나님은 "죽은 자를 살리시며, 없는 것을 있는 것으로 부르시는 분"(롬 4:17)이기 때문입니다.

예수는 '성경대로' 부활하셨다

사도 바울은 부활이 없다고 주장하는 자들을 향하여 부활 장(章)으로 유명한 「고린도전서」 15장에서 예수님께서 "성경대로" 사흘 만에 다시 살아 나셨다고 선언하였습니다. 먼저 사도 바울이 말하는 "성경대로"란 신약을 말하는 것이 아니라, 구약(히브리성서)을 말하고 있음에 주목해야 합니다. 사도 바울이 부활을 논하는 「고린도전서」는 55년이나 56년경에 기록된 가장 오래된 신약 문서 가운데 하나입니다. 따라서 사도 바울은 예수님의 부활을 히브리 성서적 전통에서 해석하고 있음을 알 수 있습니다.

이어서 사도 바울은 "만일 죽은 자의 부활이 없으면 그리스도도 다시 살아나지 못하셨으리라"(고전 15:13)고 말합니다. 여기에서 놀라운 사실은 예수님의 부활이 있음으로써 부활의 관념이 생긴 것이 아니라 이미 히브리 성서적, 유대적 전통 속에 부활에 대한 믿음이 존재하였으며 이것이 예수님 부활을 이해할 수 있는 근거가 된다는 점입니다.3) 실제로 전통주의자인 사두개파 사람들을 제외하고

Duccio di Buoninsegna 작, 「바리새인들에게 정죄당하는 그리스도」 (1308-11년)

바리새파를 비롯한 대부분의 사람들은 종말 때에 일어날 부활을 믿었습니다. 유대인들은 부활 자체를 부인한 것이 아니라 그 부활이 종말의 때에 일어나지 않고 역사 한가운데에서 일어났다는 점, 무엇보다 세상이 죄인으로 심판한 나사렛 출신의 예수에게서 일어났다는 점을 부인한 것입니다.

사도 바울은 유대인들에 의해 저주의 상징인 십자가에서 무력하게 죽은

예수님이 '부활의 첫 열매'이며, 종말 때에 일어날 일이 미리 앞당겨 현재적으로 일어난 하나님의 구원 사건이었음을 히브리 성서적 전통과 유대교적 표상들을 활용하여 증명하고자 하였습니다. 사도 바울은 전통적인 유대인들의 메시아 상인 다윗과 같은 왕으로서의 메시아가 아니라 「이사야」 53장에 나오는 '고난 받는 종'으로서의 메시아 상을 예수님에게 적용하였으며, 예수님의 부활을 「이사야」 26장 19절에 나오는 "죽은 자들은 살아나고 그들의 시체들은 일어나리이다. 티끌에 누운 자들아 너희는 깨어 노래하라. 주의 이슬은 빛난 이슬이니 땅이 죽은 자들을 내어 놓으리라"라는 구절과 「다니엘」 12장 2절에 나오는 "땅의 티끌 가운데에서 자는 자 중에서 많은 사람이 깨어나 영생을 받는 자도 있겠고 수치를 당하여서 영원히 부끄러움을 당할 자도 있을 것"이라는 구절, 「에스겔」 37장에 나오는 마른 뼈들이 다시 살아나는 이야기 등에서 예수님 부활의 성경적 근거를 찾았던 것입니다.

Cigoli 작,
「이 사람을 보라
Ecce Homo」,
(1607년)

사도 바울은 예수님의 부활로 인해 역사의 마지막에 일어날 일, 즉 죽음이 폐기되고 영원한 생명이 시작되는 일이 이제 이곳에서 시작되었다고 확신하였습니다. 그리고 예수님의 부활과 함께 예수님을 십자가에 못 박은 이 세상의 어둠의 권세의 불의와 폭력을 드러내시고, 예수님 안에 영원한 의로움과 승리가 있음을 하나님께서 확증하셨다고 믿었습니다. 부활은 새로운 생명의 창조이기도 하지만, 하나님의 의(義)의 궁극적인 승리를 뜻합니다. 역사는 승리자의 것이며 힘이 모든 것을 정당화한다는 이 세상의 지배 논리에 대하여,

하나님께서는 예수를 죽은 자 가운데에서 부활시켜 예수를 죽임으로써 영원히 하나님의 의와 진리를 은폐하고자 한 어둠과 죽음의 권세들을 심판하신 것입니다.

오늘날 우리에게 부활절은 무엇인가

부활은 기독교 신앙의 핵심이라고 말할 수 있습니다. 이것을 부정하면 기독교인이 아닐 것입니다. 그러나 기독교인들이 가지고 있는 부활에 대한 개념들을 깊이 들여다보면 종종 기독교(또는 성서)에서 말하는 부활과 다른 개념을 갖고 있음을 보게 됩니다. 이 중 대표적인 부활에 대한 오해를 두 가지만 든다면 첫째 부활을 단순히 이 세상적인(기존의) 육체의 재활(再活)로 보는 것, 둘째 부활을 그리스적인 '영혼불멸 사상'과 혼동하는 것입니다.

기독교인 중에는 신앙적인 이유로 화장(火葬)에 반대하는 사람들이 있습니다. 부활의 때에 '육체'가 있어야 '몸'의 부활에 참여할 것이 아니냐는 막연한 이유에서입니다. 이것은 과학적으로도 신학적으로도 맞지 않습니다. 세월이 지나면 결국 육체는 원소로 분해되어 '흙으로' 돌아갑니다. 그리고 성경에서 말하는 부활의 몸이란 사도 바울이 말하는 것처럼 "육의 몸으로 심고, 신령(神靈)한 몸으로 다시 사는 것"(고전 15:44)을 말합니다. 신령한 몸을 사도 바울은 "하늘에 속한 이의 형상"(고전 15:49)이라고 말합니다. 이것이 구체적으로 무엇인가를 우리는 지금 말할 수 없지만 은유로는 이해할 수 있습니다. 부활의 몸은 단순한 지상적인 육체의 재활이 아니라 '하늘에 속한 이의 형상'을 덧입는 재창조라고 할 수 있습니다. 부활의 몸이 이 지상의 육체의 단순한 재현(再現) 또는 재활(再活)이라면, 평생 장애를 갖고 살고 있거나 중병에 걸린 사람들에게 부활은 결코 기쁜 소식이 아닐 것입니다. 부활의 몸은 자신의 정체성을 유지하면서도 치유되고 완성된 신령한 몸이라고 할 수 있습니다.

둘째로 기독교인 가운데에는 죽으면 육체는 썩어 없어지고 영혼만이 하나님에게로 간다고 믿는 사람들이 있습니다. 그러나 기독교는 영혼의 불멸과 윤회를 믿는 것이 아니라 몸의 부활을 믿습니다. 성경에 따르면 죽은 자의 육체와 영혼은 부활의 소망을 기다리며 하나님 안에서 잠잔다고 말합니다. 예수님은 잠자는 자들 가운데 '부활의 첫 열매'가 되신 분이고, 예수님을 믿고 따르는 사람들은 종말의 때에 예수님의 부활에 참여한다는 것입니다. 기독교인이 죽었을 때에 "하나님 나라로 갔다"는 표현은

밤베르크 묵시록에 수록된 「하늘로부터 내려오는 새 예루살렘의 비전」 (약 1000-20년 경)

엄밀하게 말하면 잠자는 가운데 하나님과의 깊은 교제 속으로 들어갔다는 것을 뜻합니다. 보편적인 부활은 종말의 때에 일어나며, 이것은 개별적이기도 하지만 우주적 차원에서 일어납니다. 「요한계시록」의 비전처럼 "새 하늘과 새 땅"이 열릴 것이며, 거기에서 부활한 신령한 몸들은 "하나님이 친히 그들과 함께 계셔서, 모든 눈물을 그 눈에서 닦아 주시니 다시는 사망이 없고 애통하는 것이나 곡하는 것이나 아픈 것이 다시 있지 아니할 것"(계 21:4)입니다. 왜냐하면 "처음 것들이 다 지나가고" 하나님께서 "만물을 새롭게 하실 것"이기 때문입니다.

마지막으로 부활은 '종말론적' 사건임과 동시에 현재적 사건이기도 합니

다. 예수님은 부활에 대해 "나는 부활이요 생명이니 나를 믿는 자는 죽어도 살겠고, 무릇 살아서 나를 믿는 자는 영원히 죽지 아니 하리니"(요 11:25-26)라고 말씀하셨습니다. 여기에서 '살아서 나를 믿는 자는 영원히 죽지 않는다'라는 말의 의미는 육체적인 죽음을 맞이하지 않는다는 뜻이 아니라 지금 여기에서 예수님을 올바로 믿고, 예수님이 가신 길을 올곧게 따르는 자는 이미 죽음을 넘어선 영원한 삶을 사는 자라는 뜻입니다.

부활의 삶은 소망의 영역이기도 하지만, 사랑과 용서의 삶에서 확인되는 현재적 삶의 영역이기도 합니다. 모든 사람에게 부활이 기쁜 소식이 되는 것은 아닙니다. 죽음 이후는 모든 것이 끝나는 것이며, 하나님이 없기에 모든 것이 허용된다고 믿는 인간에겐 오직 역사의 심판만이 있으며, 역사는 언제나 승리자의 편이며, 폭력에 의하여 진실과 정의가 은폐될 수 있다고 믿는 사람들에게 있어서 부활의 소식은 결코 기쁨의 소식이 될 수 없을 것입니다. 또한 현재 증오하며 용서하지 못하는 사람을 죽음 후에 다시 대면한다는 것은 끔찍한 일일 것이며, 차라리 부활하지 않고 영원히 잠자는 편이 나을 것입니다.

우리는 부활의 현재적 의미를 되새기기 위해서 「요한복음」 21장을 주목할 필요가 있습니다. 이 장은 신약학자들에 의해 후대에 첨가된 부분으로 여겨지고 있습니다. 이것은 미래적이며 종말론적으로만 이해되어지는 부활 이해에 대한 균형추 역할을 하고 있다고 봅니다. 이 장은 부활하신 예수님이 자신의 약속처럼 자신이 활동하신 갈릴리 호수에서 제자들을 만나는 장면을 묘사하고 있습니다. 밤새 그물을 내렸으나 고기를 잡지 못하는 베드로를 비롯한 제자들에게 그물 던질 곳을 가르쳐 주시고, 육지에 올라 숯불에 잡은 생선을 구워 제자들과 함께 조반을 드시는 예수님의 모습은 부활절 이전과 전혀 다른 것이 없습니다. 부활하신 그가 제자들에게 부탁한 것은 "내 양을 먹이라"라는 것이었습니다. 예수님의 갈릴리 사역의 핵심은 '목자 없는 양같이 유리하는' 가난하고 버림받고 보잘 것 없는 지극히 작은 자와 죄인들에 대한 사랑과 용서였습니다. 이러한 예수님의 영에 사로잡혀 진실로 사랑과 용서의 삶을 사는 사람만이 예수님의 참된 제자가 되고, 부활을 소망할 수 있으며, 현재적으로 그 부활의 기쁨을 누리며 살 수 있다는 것입니다.

Duccio di Buoninsegna 작, 「디베랴 호수에 나타나신 예수」, (1308-11년)

미주

1) 4복음서의 증언에 따르면 예수님은 목요일 저녁 때 최후만찬을 하고 금요일 오후 3시에 돌아가 셨습니다. 자정으로 하루가 끝나고 새 날이 시작되는 오늘날의 날짜 계산법으로는 최후만찬의 날과 처형된 날이 다릅니다. 하지만 일몰에서 다음날 일몰까지를 하루로 보는 유대적 계산법에 따르면 최후의 만찬과 십자가 처형이 하룻동안에 일어났습니다. 공관복음서(마태, 마가, 누가)에 따르면 그날은 유월절이었습니다. 그렇다면 예수님은 유월절 저녁 때 만찬을 드신 후, 체포되어 그 날 재판을 받고 처형된 셈입니다. 그러나 실제적으로 유대인 최대의 명절인 유월절에 재판과 사형 집행이 가능하였을까 하는 의문이 제기됩니다. 그런데 「요한복음」에 따르면 최후의 만찬과 처형은 안식일과 겹친 유월절 당일이 아니라 그 전날에 일어났습니다(요 13:1; 18:28; 19:14; 19:31-42).

2) 율리우스력은 율리우스 카이사르가 제정한 역법을 말합니다. 당시의 로마력은 매우 불완전한 것이었습니다. 때마침 카이사르는 이집트를 원정할 때 그곳의 간편한 역법을 알고 그것을 규범으로 하여 기원전 45년에 로마력을 개정하였습니다. 1년은 평년 365일로 하며, 4년에 한 번 돌아오는 1일의 윤일(閏日)은 2월 23일 뒤에 넣고, 춘분(春分)은 항상 3월 25일로 고정시키려고 하였습니다. 그러나 율리우스력에서는 오랫동안 누적된 역법상 오차로 원래는 3월 21일이어야 할 춘분이 달력에서는 3월 11일로 옮겨져 있었습니다. 그런데 춘분은 기독교에서 부활절을 정할 때 기준이 되는 날이어서 이 10일간의 오차는 매우 골치 아픈 문제가 아닐 수 없었습니다. 결국 교황 그레고리우스 13세는 각 교회와 의논한 끝에 1582년 10월 5일부터 14일까지를 건너뛰는, 즉 10월 4일 다음날을 10월 15일로 한다는 새 역법을 공포하였습니다. 이것이 현재까지 사용하는 그레고리력입니다.

3) 기독교 부활사상의 근원을 페르시아의 조로아스터교에서 찾는 경향이 있습니다. 이러한 입장에 서 있는 사람은 포로기 이후 유대교는 전적으로 조로아스터교에서 종말론이나 천사나 부활의 관념을 받아들였다고 주장합니다. 그러나 이것이 전통적인 히브리 사상에 끼친 영향에 대해서는 아직도 논란이 많습니다.

성탄절은
어떻게 생겨났을까?

거룩한, 그러나 조용하지 않은 밤

어린 시절에 교회를 다닌 사람들은 성탄절[1]에 대한 아련한 추억을 가슴 속에 하나씩 품고 있을 것입니다. 특별히 이렇다할 문화공간이 없던 시골에서 성탄절은 그동안 자기표현의 욕구에 목말라 하는 시골 어린이들에게 있어서 흥분과 설렘의 시간입니다. 12월이 접어들면 벌써부터 노래와 춤과 연극 등 다채로운 공연이 준비됩니다. 매일 밤 예배당에 모여 저마다 맡은 역할을 연습합니다. 차가운 예배당을 따스하게 데우는 톱밥이나 석탄 난로 위에는 고구마, 감자, 옥수수, 가래떡과 가끔은 쫀드기가 모락모락 익어갑니다.

드디어 기다리던 크리스마스 전날 밤, 교인뿐만 아니라 교회에 다니지 않던 마을 사람들도 공연에 출연하는 자기 자식들을 보기 위해 예배당을 가득 메웁니다. 아름답게 분장한 아이들이 나와서 노래하고 춤추고 연기를 할 때,

독일의 성탄 시장 풍경

우리 아이에게 저런 모습이 있었나 하며 부모들은 흐뭇하게 아이들을 바라봅니다. 혹시 실수라도 하게 되더라도 오히려 박장대소하며 즐거워합니다. 모든 행사가 끝나고 관객들이 돌아갈 때쯤이면 벌써부터 새벽송 조가 어떻게 짜여지는가에 대하여 고등부원과 청년부원들은 은근히 신경을 씁니다. 이번에는 누구와 한 조가 되어 밤 눈길을 걸을 수 있을까. 뽀드득 뽀드득 눈을 밟으며 "기쁘다 구주 오셨네, 만백성 맞으라!"라고 노래하는 새벽송 대원은 이날 밤 만큼은 모두가 천군 천사입니다. 크리스마스가 지나고 겨울바람을 맞으며 한가로이 예배당 마당에서 뒹구는 크리스마스트리 장식을 보며 느끼던 그 아릿함. 이러한 어린 시절의 추억은 조용한 밤은 아니었지만 그래도 거룩한 밤이었을 것입니다.

그러나 오늘날 도시의 크리스마스는 백화점과 상가에서 설치한 형형색색의 네온사인과 함께 시작됩니다. 연말 분위기가 겹쳐 한목 보려는 얄팍한 상혼이 크리스마스 분위기를 한껏 고조시킵니다. 각종 모임과 이벤트, 음악회, 사은회 등으로 비기독교인조차 다소 들뜨기 시작합니다. 철저히 세속화되고 상업화된 오늘날의 크리스마스는 조용하지도 거룩하지도 않은 공허한 축제의 밤이 된 것 같습니다.

세속화되기는 마찬가지지만, 그래도 기독교 전통이 오랜 유럽에는 기독교 전통이 짧은 우리와는 달리 다채로운 크리스마스 문화가 살아 있습니다. 성탄절은 11월 말이나 12월 초에 시작하는 대림절(待臨節, Advent)로부터 이미 시작됩니다. 이 절기는 오랜 어둠 속에서 빛을 갈망하듯이 빛으로 오시는 그리스도의 탄생을 기다리는 시간입니다. 독일의 경우 대림절을 맞으면 각 가정은 거실에 놓을 붉은 색 초 네 개와 집 현관에 달아 놓을 화관(Kranz)을 준비합니다. 성탄을 기다리며 주일마다 촛불을 켭니다. 모두 4개의 촛불이 밝혀지는 날, 그날이 바로 성탄절입니다. 또한 성탄이 다가왔음을 알리는 것은 시내 곳곳에서 열리는 '성탄 시장'(Weihnachtsmarkt)입니다. 시내의 거의 모든 나무에는 형형색색의 전구들이 불을 밝히고, 아름답게 장식된 거리의 상점에는 다양한 선물과 구경거리가 즐비합니다. 구경을 하다가 출출해지면 갓 구운 소시지와 따듯하게 데운 포도주(Glühwein) 한 잔이 제격입니다. 대림절 기간에 어린이들에게 인기 있는 것은 4주간 동안 매일 빼먹을 수 있는 각양각색의 초콜릿이 담긴 대림절 달력입니다.

그러나 어린이들을 가장 설레게 하는 것은 12월 6일에 찾아오는 니콜라우스(Nikolaus)의 날입니다. 니콜라우스는 3세기 후반에 소아시아 리키아 지방에 있는 파타라에서 태어나 미라의 주교가 된 사람입니다. 그는 특히 어린이와 불우한 사람을 위하여 헌신하였습니다. 로마 가톨릭 교회가 성인으로 여기는 그의 이름은 라틴어로 상투스 니콜라우스(Santus Nicolaus)인데, 미국으로 이주한 네덜란드인들이 이를 산테 클레스로 불렀습니다. 이

1931년의 코카 콜라 산타 사진

것이 미국식 애칭으로 오늘날의 산타클로스가 되었습니다. 오늘날의 산타클로스 할아버지의 이미지, 즉 '흰 수염에다가 붉은색 모자와 붉은색 옷에 붉은색 장화를 신고 큰 자루를 등에 메고서는 8마리의 순록이 끄는 썰매를 타고 와서 집집마다 굴뚝을 타고 살그머니 들어와 착한 어린이에게 여러 선물을 양말주머니에 넣어 주고 조용히 떠나는 인자한 할아버지' 상은 오랜

역사를 가진 것이 아니라 19세기 초부터 시작된 일입니다. 특히 산타클로스 복장은 1931년 미국의 해든 선드블롬이 코카콜라 광고에 그린 그림에서 유래합니다.

가장 대중적인 성탄절의 장식물은 크리스마스트리입니다. 교회에서 크리스마스트리로 전나무를 사용하게 된 데에는 다음과 같은 전설이 있습니다. 8세기경 독일에 파견된 선교사 오딘은 신성하다는 떡갈나무에 사람을 제물로 바치는 게르만족의 야만적인 풍습을 중지시키기 위해 옆의 전나무를 가리키며 "이 나무의 가지를 가지고 집에 돌아가 아기 예수의 탄생을 축하하라"라고 설교한 데에서 비롯되었다고 합니다. 그러나 역사적으로 볼 때 크리스마스트리가 처음 등장한 것은 16세기 전반기 독일의 엘사스(현재의 프랑스 알사스) 지방에서입니다. 이러한 관습이 18세기에 독일 루터교회에 널리 퍼졌으며, 이것이 19세기에 이르러 미국을 거쳐 전 세계에 보편화되었습니다. 크리스마스트리 장식도 시대에 따라 달라져, 최근에는 가정 또는 공공 시설에서 양초나 종이로 만든 종(鐘)이나 인형 대신에 형형색색의 전구나 플라스틱을 재료로 한 인조제품을 많이 사용하고 있습니다.

Fra Angelico 작, 「동방박사들의 경배」 (1433-34년)

성탄절의 대미를 장식하는 것은 1월 6일에 오는 '거룩한 세 박사들'(Heilige Drei Könige)의 날입니다. 이날은 멀리 페르시아에서 아기 예수를 경배하러 온 동방박사들을 기념하는 날입니다. 동방박사들이 아기 예수를 경배하러 온 것은 출생 당일이 아니라 12일 후인 1월 6일이라고 합니다. 이날이 되면 어린 아이들은 세 명씩 어울려 동방박사로 분장하고 (이 중 한 사람은 반드시 검은 얼굴입니다) 집집마다 찾아가 노래를 부르고 그리스도의 복을 나누어 줍니다. 이때 어린이들에게 사탕이나 초콜릿 또는 작은 동전으로 답례하는 것은 당연합니다. 이날을 교회력에서는 주현절(主顯節, Epiphany)이라고 합니다. 이는 하나님이 우리 가운데 현존하심을 확인하는 절기를 말합니다.

성탄절의 유래 – 성탄절은 이교도의 축제인가?

성탄절은 예수님의 탄생에서 기원하지만 이것을 기념하는 축제로서의 유래는 명확하지 않습니다. 불충분하고 불확실한 자료에 근거한 것이기는 하지만 오늘날의 성탄절 유래는 후기 로마 제국의 태양숭배 전통과 밀접하게 관계가 있다고 보고 있습니다.

농경(農耕) 생활을 하던 고대 로마인들은 12월 21일부터 31일까지 농경신 사투르누스(Saturnus)를 위해 성대한 잔치를 벌였는데, 이 제사를 겸한 축제 기간을 '사투르날리아'(Saturnalia)라고 불렀습니다. 이 신 이름의 어원은 '씨를 뿌리는 자' 라는 뜻으로, 그리스 신화에 나오는 크로노스와 동일한 신입니다. 크로노스가 제우스에게 쫓겨 이탈리아로 도망가 농업기술을 보급함으로써 로마에

사투르누스에게 제우스 대신 다른 것으로 감싼 돌을 전하는 레아 (BC 400년 경 작품)

황금시대가 도래하였다고 합니다. 오늘날 토요일을 뜻하는 영어 새터데이(Saturday)도 바로 이 농경신의 이름에서 기원합니다.

동전에 새겨진 '불패의 태양(Sol Invictus)'

그런데 이 축제 기간 중 12월 25일은 동지(冬至)가 지난 뒤 '태양이 소생하는 날'이라고 하여 특별히 기념되었습니다. 처음에는 풍작을 기원하는 제사와 축제였지만 점점 로마 시(市) 전체의 축제로 변하였습니다. 이날은 모든 공공 업무가 중단되었으며 각종 연회나 경기 행렬이 펼쳐졌습니다. 온 시민은 연령, 성별, 계급의 구별 없이 환락의 낮과 밤을 보냈습니다. 또한 이날은 미트라(Mithra)신이 탄생한 날이기도 하였습니다. 본래 페르시아의 신인 미트라는 태양이 떠오를 때 태양보다 앞서는 빛으로 어둠을 몰아내는 광명의 신이었습니다. 일찍부터 켈트 민족과 게르만 민족의 제사계급들도 태양의 기운이 소생하는 이 기쁜 날을 축하하였습니다. 이것이 로마 사람 특히 군인들 사이에서 태양신인 '불패의 태양'(Sol invictus)으로 숭배되어 유럽 각지에 전파되었습니다. 이 태양신은 275년 아우렐리아우스(Aureliaus, 270-275) 황제에 의하여 로마 판테온의 최정상에 등극할 정도였습니다.

그렇다면 왜 태양신의 축제일을 그리스도의 성탄절로 삼았을까요? 성탄축제를 '태양신 숭배의 기독교화'로 보는 사람들은 그 이유를 이방인들의 축제를 기독교 성탄절로 삼음으로써 기독교인들을 이방인의 축제로부터 멀리하게 하려는 의도가 있지 않았을까 추측합니다. 다른 한편 의식적 또는 무의식적으로 지배문화를 수용함으로써 합법적으로 인정받은 기독교 종교의 위치를 강화시키려는 동기도 작용한 것으로 보고 있습니다. 이에 반해 보테(B. Botte) 같은 학자는 기독교 이전의 동지 축제나 태양신 축제는 기독교적 성탄절을 자극하거나 고무하고 그 계기는 될 수 있을지는 모르지만 성탄절의 직접적 원인은 아니라고 주장합니다. 그는 비록 양자가 유사한 부분이 많다고 하더라도 성탄절이 태양신 탄생 축제의 의식적인 대체물임을 증명할 수 있는 확실한 자료가 없다는 점을 들고 있습니다.

그럼에도 4세기 후반과 5세기의 교부들이 설교와 저술에서 그리스도를 태양과 비교하는 일이 빈번해지는 것은 사실입니다. 당시의 기독교인조차 태양을 신으로 섬기는 습관에서 벗어나지 못하였음을 그들의 설교는 보여주고 있습니다. 교부들은 예수님을 '새로운 참된 태양'으로 묘사합니다. 아우구스티누스(어거스틴)는 기독교인들이 여전히 동지(冬至)를 축하하고 있는 마니교도들에게 대항하여 '태양보다 더 큰 분'을 축하한다고 주장하였습니다. 그는 또한 그리스도 안에 있는 하나님은 태양이 아니라 '태양의 창조자'이므로 그리스도인은 합당한 방식으로 참된 '의의 태양'의 성육신의 축제를 지키도록 권면하였습니다. 그리스도를 '의의 태양'으로 묘사하는 것은 "내 이름을 경외하는 너희에게는 의로운 해가 떠올라서 치료하는 광선을 발하리니 너희가 나가서 외양간에서 나온 송아지같이 뛰리라"라는 구약성경 「말라기」 4장 2절에 근거하여 정당화 되었습니다.

성탄절 날짜의 문제 - 예수는 정말 12월 25일에 탄생했는가?

오늘날 성탄절이 보편적으로 12월 25일에 지켜지다 보니 예수님이 정말 이 날짜에 탄생하셨다고 생각하는 사람이 많겠지만 실제로 예수님이 언제 태어나셨는지는 정확하게 알 수 없습니다. 「누가복음」은 예수님이 탄생하신

알렉산드리아의 클레멘트
(Clement of Alexandria)

해를 로마 황제 아우구스투스가 영을 내려 전 제국에 인구조사를 하던 해(눅 2:1-6)로 보도하고 있으나 이 역시 역사적으로는 입증되지 않습니다. 사실 예수님의 탄생은 당시에 역사 가는커녕 그 누구에게서도 주목조차 받지 못할 정도로 미미한 사건이었을 것입니다.

예수 탄생을 축하하는 의식은 3세기에 접어들면서부터 행해진 것으로 보이는데, 초기에는 탄생 날짜가 일정치 않았습니다. 교부들은 저마다의 논리로 예수님 탄생일을 추측하였습니다. 2세기 후반 알렉산드리아의 클레멘트는 그리스도 탄생 날짜에 대한 서로 다른 생각을 하는 그룹에 대하여서 보도하고 있습니다. 이집트의 양자론(養子論)[2]자들은 예수님의 탄생뿐만 아니라 그가 요단강에서 받은 세례일을 1월 6일이나 10일로 간주하였습니다. 그들은 하나님의 아들로서의 탄생은 세례와 함께 시작된다고 보았기 때문입니다. 어떤 이들은 그리스도는 춘분(春分)에 태어나셨다고 주장하였습니다. 왜냐하면 「창세기」에 따라 봄철 낮과 밤이 같은 때에 세계가 창조되었고, 이날 그리스도가 탄생하셨다고 보기 때문입니다. 또 어떤 사람들은 아예 생일을 지내는 것을 이상하게 생각하였습니다. 이들은 오직 헤롯과 파라오와 같은 죄인들만이 생일을 지내며, 참된 기독교인은 순교자들의 죽은 날짜를 '하늘에서의 탄생의 날'로 축하하여야 한다고 보았습니다.

성탄절을 12월 25일에 지냈다는 최초의 문헌적인 보도는 354년에 등장합니다. 이에 앞서 336년에 로마교회가 발행한 순교자 명부에는 그리스도의 탄생을 12월 25일 기록하면서 시작하였습니다. 예수 그리스도의 탄생일을 12월 25일로 잡은 것은 이날이 동지 축제 중, 태양신의 소생일과 관계가 있기 때문입니다. 그러나 예수님의 탄생일을 12월 25일로 잡는 이유에 대한 또 다른 주장이 있습니다. 이 주장에 따르면 구약에 나오는 옛 계약의 족장들은 단지 완전한 숫자만을 살았기 때문에 그들은 그들이 태어난 날(수태된 날)에 죽었다는 것입니다. 따라서 그리스도의 경우에도 그의 죽음의 날을 기준으로 그의 탄생의 날이 유추되어야 한다는 것입니다.

따라서 서방교회는 예수가 춘분 후 4일째 되는 날인 율리우스력으로 3월 25일 십자가에 달려 돌아가셨다고 보기 때문에 마리아의 수태 날짜도 3월 25일이어야 하며, 임신 후 9개월(당시 사람들이 생각하던 임신 기간)이 되는 12월 25일이 탄생 날짜여야 한다는 것입니다. 이에 반해 동방교회는 예수님이 십자가에 달려 돌아가신 날이 4월 6일이고 수태의 날짜도 4월 6일이기 때문에 임신 후 9개월이 되는 1월 6일이 성탄절이어야 한다고 주장합니다. 그러나 이것 역시 상징적인 숫자 이해에 기반한 것이어서 역사적 증거라고는 볼 수 없습니다.

콘스탄티누스 황제는 아마도 12월 25일 성탄절 날짜의 고정에 큰 역할을 하지 않은 것으로 보입니다. 왜냐하면 그의 동쪽 수도인 콘스탄티노플에서는 380년이 되어서야 비로소 축제를 시작하였기 때문입니다. 동방교회는 1월 6일을 예수님의 출생과 세례일로 규정하였습니다. 동방교회는 전통적으로 오늘날 주현절이라고 불리는 이날에 더 큰 비중을 두어 왔습니다. 이것은 12월 25일에 지내는 서방교회의 성탄절이 도입되기 이전에 이미 존재하였고, 부활절 신비의 전체적인 연관 속에서 그리스도의 인간되심을 기념하는 축제가 드려졌

Giotto di Bondone 작,
「Epiphany」
(1320-25년)

나지안주스의 그레고리우스

습니다. 381년 나지안주스의 그레고리우스는 주현절 설교에서 콘스탄티노플에서도 성탄절 축제를 주현절과 분리하여 지킬 것을 제안한 사람으로 알려졌습니다. 386년 요한 크리소스토무스는 굉장한 수사학적인 언급으로 그리스도 탄생의 축제에 대해 설교하였습니다. 이것은 그가 사역하던 안디옥에는 서방으로부터 오는 새로운 성탄절 축제의 도입에 대한 현저한 저항이 있었음을 짐작케 합니다.

처음에 저항이 있기는 하였지만 대부분의 동방교회는 시간이 흐르면서 서방교회의 성탄절을 수용하였습니다. 그러나 예루살렘 교회는 6세기까지 이에 반대하였습니다. 예루살렘 교회의 경우 1월 6일에 예수님의 출생은 베들레헴, 세례식은 요단강에서 각각 기념하도록 하였습니다. 아르메니안교회 역시 12월 25일을 성탄절로 받아들이지 않고 여전히 1월 6일을 그리스도 탄생일로 지켰습니다. 오늘날 대부분의 동방교회는 부활절 날짜 결정을 제외한 모든 축제의 날짜를 그레고리력에 따르고, 성탄절은 12월 25일에 지킵니다. 하지만 율리우스력을 고집하는 예루살렘교회, 러시아교회, 세르비아교회는 성탄절을 그레고리력으로 1월 6일에 지키고 있습니다. 성탄절 14일 전에 동방교회 교인들은 예비적인 금식을 시작합니다. 동방교회는 부활절 전의 금식보다는 약하지만 그리스도 탄생을 부활절 신비의 전제로 이해하고 있습니다.

성탄절에 대한 거부

성탄절이 세속화되어 비기독교 국가에서도 축일로 지켜지고 있는 오늘날의 상황에서 보면 이상한 일이긴 하지만, 기독교회 내부에서 성탄절을 지키는 것을 거부하는 운동이 있어 왔습니다. 성탄절이 태양신을 섬기는 이방 축제에서 왔다는 이유 때문이었습니다. 동방교회는 날짜에 대한 이견은 있었지만 성탄절을 교회 축제로 받아들였습니다. 중세시대를 거쳐 루터의 종교개혁 때까지 12월 25일은 그리스도의 탄생을 기념하는 날로 전통적인 관습을 그대로 유지하며 이어져 내려왔습니다. 루터는 "저 높은 하늘로부터, 나 내려가네"(Vom Himmel hoch, da komme ich her)(1535)와 같은 성탄찬송으로 성탄절을 풍요롭게 하였을 뿐만 아니라 30년대 중반까지 자신의 집에서 행한 니콜라우스 선물 관습을 성탄절 축제로 옮겨 놓았습니다.

루터의 성탄 찬송
(1535년)

이에 반해 스위스의 개혁주의자들은 성탄절이 이방적 풍습에서 유래하며, 로마 가톨릭 교회의 관습과 결부되었다고 생각하였기 때문에 강하게 반대하였습니다. 1550년 제네바에서 모든 비성서적인 축제는 금지되었습니다. 물론 이에 대한 격렬한 논쟁이 있었습니다. 스코틀랜드에서는 1560년 존 낙스가 성탄절을 지키지 못하도록 하였습니다. 스코틀랜드에서는 20세기 초까지만 해도 이러한 전통이 살아 있었습니다. 17세기에 영국 청교도와 퀘이커 교도들도 12월 25일을 공휴일로 인정하지 않고 그들의 학교와 상점을 열었습니다. 이 시기에 영국 성공회의 성탄 축제에는 예배뿐만 아니라 음주, 가무, 놀이 등이 포함되었는데 청교도들은 이러한 성탄 축제를 강하게 반대하였습니다. 청교도 혁명 기간 중인 1642년 영국 청교도는 12월 25일에 행해지는 예배와 축하 행사를 전면 거부하였으며, 1647년에는 성탄절과 휴일을 법적으로 폐지하였습니다. 1660년 찰스 2세가 왕위에 등극하여 군주제로 복귀하면서 다시 12월 25일이 성탄일로 지정되었습니다. 미국의 경우 영국 청교도, 장로교파, 퀘이커, 메노나이트 등이 다수 지역인 뉴잉글랜드나 펜실베이니아에서는 19세기 중반까지 성탄절을 지키지 않았습니다. 그러나 오늘날 성탄절은 가족 중심의 축제로 거의 전 세계에서 지키고 있습니다.

부활절 다음에 생긴 성탄절

Domenico Ghirlandaio 작, 「목동들의 경배」(1482-85년)

우리는 흔히 성탄절 카드에서 하늘에 뜬 큰 별의 인도함을 받아 먼 동방에서 낙타를 타고 온 세 박사가 머리에 후광이 빛나는 아기 예수 앞에 무릎을 꿇고 황금과 유향과 몰약을 예물로 드리는 그림을 보게 됩니다. 크리스마스이브에 공연되는 연극에서도 이 장면은 거의 반복됩니다. 동방박사가 등장하는 이 장면은 (물론 아기 예수의 후광이나 낙타는 상상력의 산물이지만) 「마태복음」 2장에 근거하여 이루어진 것입니다. 그러나 예수의 탄생 이야기를 보도하는 또 다른 복음서인 「누가복음」 2장을 보면 그림은 아주 달라집니다. 거기에 등장하는 것은 먼 동방에서 온 박사들이 아니라 그 지역의 가난한 목자들입니다. 그들에게 나타난 것은 큰 별이 아니라 천사들이었습니다.

「마태복음」과 「누가복음」이 전하는 예수 탄생 이야기가 서로 다르다는 것보다 더 놀라운 사실은 복음서 가운데 가장 먼저 기록된 「마가복음」과 복음서보다 먼저 기록된 사도 바울의 편지들에서는 예수님의 탄생에 대한 언급이 아예 없다는 사실입니다. 물론 사도 바울은 하나님께서 예수를 "여자에게서 나게"(갈 4:4) 하셨고, 초대 예루살렘 공동체의 지도자인 야고보가 "주의 형제"(갈 1:19)라고 말하고 있습니다. 또한 예수님에 대하여서 "육신으로는 다윗의 혈통에서 나셨고, 성결의 영으로는 죽은 자들 가운데서 부활하사 능력으로 하나님의 아들로 선포되신 분"(롬 1:3-4)이라고 확신하였습니다. 사도 바울이 예수님을 만난 것은 실제로 지상의 육신적인 예수가 아니라 부활하신 분으로서의 예수님이었습니다. 그가 부활하신 분을 만나 회심한 후, 그의 관심은 나사렛 출신의 인간 예수가 아니라 부활하여 현존하시는 그리스도 예수님이었습니다. 심지어 그는 "비록 우리가 그리스도도 육신을 따라 알았으나, 이제부터는 그같이 알지 아니한다"(고후 5:16)라고 선언합니다.

사도 바울을 비롯한 초대교회 신도들의 관심은 예수님 출생이 아니라 전적으로 그의 죽음과 부활이었습니다. 초대 교회 선포의 핵심도 바로 예수님의 십자가와 부활입니다. 예수님의 부활 사건 이전에 실제로 제자들은 지상의 예수가 누구이며, 그가 하고자 하는 일이 무엇인가를 잘 몰랐습니다. 복음서에 보면 제자들의 무지를 꾸짖는 장면이 여러 곳에 나오는 것을 볼 수 있습니다. 아이러니하게도 그 절정을 수제자라고 하는 베드로에게서 볼 수 있습니다. 예수님이 제자들에게 "너희는 나를 누구라고 하느냐?"고 물었을 때 베드로는 "주는 그리스도시요 살아계신 하나님의 아들"(마 16:16)이라고 올바로 고백하지만, 이것이 무엇을 의미하는지 모르고 한 말임이 금방 드러납니다(마 16:21-23). 예수가 자신이 예루살렘에 올라가 고난을 받고 죽은 후

삼일 만에 부활할 것이라고 말하자 베드로는 금방 "주여, 그리 마옵소서 이 일이 결코 주께 미치지 아니할 것"(마 16:22)이라고 말합니다. 이런 수제자를 향하여 예수님은 "사탄아 내 뒤로 물러가라. 너는 나를 넘어지게 하는 자로다. 네가 하나님의 일을 생각하지 아니하고 도리어 사람의 일을 생각하는도다"(마 16:23)라고 질타합니다. 예수님이 누구이며, 그가 하고자 한 일이 무엇이었나를 깨닫게 된 것은 예수님의 부활 사건 이후입니다.

신약성경은 부활절 이후 부활의 빛에서 본 예수님에 대한 증언입니다. 이미 이 책의 "성경은 어떻게 형성되었나"라는 장에서 언급한 바와 같이 사도 바울의 편지들에는 예수님의 부활과 영광의 빛이 너무나 강렬하여 지상에서의 예수님 삶이 가려져 있습니다. 복음서 역시 전기(傳記)의 형식을 띠고 있어서 역사적 사실을 보도하는 것 같지만 그러나 단순한 역사 기록물이 아닙니다. 복음서 역시 부활의 빛에서 바라본 지상에서의 예수님 삶을 말하고 있기 때문에 역사적인 예수님의 삶, 특히 소위 공생애 이전의 삶을 온전히 복원해 내는 것도 거의 불가능합니다.

하물며 탄생 당시 아무도 주목하지 않았을 가난한 요셉과 마리아 부부를 통해 말구유에서 태어난 아기 예수를 처음부터 하나님의 아들 그리스도로 알고 경배하고, 그때의 상황을 누군가가 기록해 두었을 것이라는 가능성은 거의 없습니다. 물론 구전으로 전승되어 왔을 가능성은 있습니다. 사실 예수님의 친족조차 그가 정말 누구인지 알지 못한 듯합니다. 심지어 「마가복음」은 예수님의 친족들이 예수님이 제자들을 모으고 병든 자를 치유하는 것을 보고 "그가 미쳤다"(막 3:21)고 생각했음을 보도하고 있습니다. 이 예수님의 친족 중에는 어머니 마리아와 남동생들과 누이들이 포함됩니다(막 3:32).

초대교회의 복음 선포 내용도 그렇고, 교회사적으로 보아도 초기 기독교인들이 기독교 신앙의 핵심으로 생각한 것은 예수님 부활이었지 예수님 탄생이 아니었습니다. 따라서 교회의 절기와 예전에 있어서도 부활절이 성탄절보다 먼저 생기고 자리를 잡게 된 것은 당연한 결과라고 할 수 있습니다. 아우구스티누스(어거스틴)는 성탄절을 하나의 기억(memoria)의 축제라고 불렀으며, 최고의 축제인 부활절에 비하여 급이 낮은 축제로 여겼습니다.

예수 탄생 이야기: "예수 그리스도의 나심은 이러하니라…"(마 1:18)

「마태복음」의 저자는 예수 그리스도가 "그 모친 마리아가 요셉과 정혼하고 동거하기 전에 성령으로 잉태된 것이 나타났다"라고 보도하고 있습니다. 인류와 온 세상을 구원하기 위해 오신 예수 그리스도의 탄생은 처음부터 신비한 것이었습니다. 인류의 메시아가 왕궁이 아니라 나사렛의 가난한 집안의 딸 마리아와 목수 요셉에게서 태어난 것도 놀라운 일이지만, 더욱 놀라운 것은 그 탄생이 생물학적인 방식이 아니라 '성령으로 잉태' 된 사실이라는 점입니다.

「누가복음」 1장 30~38절에도 마리아의 잉태가 하나님의 성령의 능력으로 일어난 사건임을 말하고 있습니다. 마리아는 천사 가브리엘에게서 "네가 잉태하여 아들을 낳으리니 그 이름을 예수라 하라"라는 예언을 듣습니다. 그러자 마리아는 천사

Sandro Botticelli 작,
「수태고지」
(1489-90년)

에게 "나는 남자를 알지 못하니 어찌 이 일이 있으리이까?"라고 반문합니다. 그러자 천사는 "성령이 네게 임하시고 지극히 높으신 이의 능력이 너를 덮으시리니 이러므로 나실 바 거룩한 이는 하나님의 아들이라 일컬어지리라"라고 답변합니다. 그리고 나서 천사는 본래 임신하지 못하는 것으로 알려진 그녀의 친족 엘리사벳도 임신한 사실을 예로 들면서 "대저 하나님의 모든 말씀은 능하지 못하심이 없느니라"라고 확신시킵니다. 그러자 마리아는 "주의 여종이오니 말씀대로 내게 이루어지이다" 하고 순종합니다.

수태고지(受胎告知)를 들은 마리아는 두렵고 떨리는 마음이었습니다. 당시 유다 사회에서 처녀 임신은 조롱을 당하는 것은 말할 것도 없거니와 돌팔매질을 당하기까지 감수해야 하는 수치스러운 일이었습니다. 더욱이 신실한 약혼자 요셉에게는 더없는 상처를 주는 행위일 것입니다. 아무리 마리아를 신뢰하는 요셉이지만, 그의 마음에 인간적으로 일말의 의심이 없으려야 없었을 것입니다. 그러나 "요셉은 의로운 사람이라 그를 드러내지 아니하고 가만히 끊고자"(마 1:19) 마음먹었을 때 그의 꿈속에 주의 사자가 나타나 "네 아내 마리아 데려오기를 무서워하지 말라. 그에게 잉태된 것은 성령으로 된 것이라"(마 1:20)하는 말씀을 듣습니다. 메시아 잉태는 마리아에게나 요셉에게나 똑같이 이해하기 어렵고 감당할 수 없는 사건이었습니다. 그러나 인간의 눈에는 이해할 수도 없고 모순된 일이지만 '말씀대로 이루어지기'를 바라는 마리아의 순종과 침묵으로 하느님 구원 계획을 헤아린 요셉의 인내가 합하여져 하나님의 구원의 역사가 시작된 것입니다.

"나는 남자를 알지 못하니 어찌 이 일이 있으리이까?"라는 마리아의 놀라움과 두려움과 의심은 오늘을 사는 우리에게도 역시 예외는 아닙니다. 현대인은 부활과 마찬가지로 생물학적으로 마리아의 동정녀 탄생 이야기를 받아들이기 힘들어 합니다. 「마태복음」의 저자는 구약의 「이사야서」 7장 14절, 즉 "보라 처녀가 잉태하여 아들을 낳을 것이요, 그의 이름을 임마누엘이라 하리라"라는 말씀이 마리아에게서 성취된 것으로 해석하였습니다. 물론 당시의 유대교인들은 이러한 복음서 저자의 주장을 근거 없는 것으로 비판하였습니다. 이 비판은 예수님의 부활을 주장하는 기독교인에 대한 비판과 궤를 같이 합니다. 그러나 부활을 통해 죽은 자를 살리시는 하나님의 재창조 능력을 경험한 예수님의 제자들에게 있어서 예수님은 단순한 인간일 수가 없었습니다.

마태는 예수님이 유대 땅 베들레헴에서 태어났다고 보도합니다. 베들레헴은 다윗이 출생한 '다윗의 동네' 입니다. 베들레헴은 미가 선지자에 의해 일찍이 메시아가 태어날 장소로 지목되었습니다. "베들레헴 에브라다야 너는 유다 족속 중에 작을지라도 이스라엘을 다스릴 자가 네게서 내게로 나올 것이라. 그의 근본은 상고에, 영원에 있느니라"(미 5:2). 이것은 예수님 당시의 대제사장과 서기관 모두가 믿는 바였습니다(마 2:4-6). 이들이 기다리는 메시아는 바벨론에 멸망당한 유다를 회복하여 옛 시온의 영광을 재현할 다윗과 같은 왕이었습니다. 마태는 다윗의 자손 예수(마 1:1)가 베들레헴에 태어났음을 보도함으로써 기다리던 메시아가 바로 예수님임을 보여주고 있습니다.

그러나 마태는 예수가 육신적으로는 다윗의 후손이지만 근본에 있어서는 다윗의 주(主)임을 믿었습니다. 「마태복음」 후반부에는 예수가 바리새인들과 그리스도와 다윗의 후손의 관계를 논하는 장면이 나옵니다. 예수가 바리새인들에게 묻기를 "너희는 그리스도에 대하여 어떻게 생각하느냐. 누구의 자손이냐. 대답하되 다윗의 자손이니이다. 이르시되 그러면 다윗이 성령에 감동되어 어찌 그리스도를 주라 칭하여 말하되 '주께서 내 주께 이르시되

Camillo Boccaccino 작, 「선지자 다윗」(1530년)

내가 네 원수를 네 발 아래에 둘 때까지 내 우편에 앉아 있으라 하셨도다' 하였느냐. 다윗이 그리스도를 주라 칭하였은즉 어찌 그의 자손이 되겠느냐 하시니"(마 22:41-45) 아무도 능히 대답하는 자도 없었고, 그날부터 감히 묻는 자도 없었다고 말하고 있습니다. 마태는 이미 서론에서 예수님 탄생의 모든 일이 "주께서 선지자로 하신 말씀을 이루려 하심"(마 1:22)이라고 선언하고 있습니다. 마태는 예수님을 단순히 다윗과 같은 메시아로 보지 않고, 동방의 박사들조차 경배하러 온 다윗보다 위대한 '왕 중의 왕'으로 고백하고 있는 것입니다.

예수님 탄생 이야기의 핵심은 예수님이 하나님의 능력으로 성령에 의하여 탄생한 분임을 말하려는 것입니다. 「마태복음」과 「누가복음」 이외에는 동정녀 탄생에 대한 이야기가 없고, 사도 바울 역시 동정녀 탄생 이야기는 언급하지 않은 채 예수님의 선재(先在)와 그 안에 있는 하나님의 충만한 능력(골 2:15-19)을 고백하였습니다. 예수님의 신성을 강조하기 위하여 쓴 「요한복음」도 '동정녀 탄생'에 대한 이야기는 보도하지 않고 창세전 로고스(말씀)론을 전개하였습니다. 동정녀 탄생 이야기는 3세기 이래 예수님 신성(神性)의 강력한 근거로 활용되었습니다. 예수님의 신성에 관한 교리가 확고해 지면서 나란히 '그리스도의 어머니' 또는 에베소 공의회(431년)가 규정한 '하나님의 어머니'(θεοτόκος)로서의 마리아 숭배가 탄생하였습니다. 그러나 개신교회는 마리아를 '하나님의 어머니'로서 그녀의 신성을 인정하지 않습니다. 예수 탄생 이야기의 또 다른 핵심은 '임마누엘'(Immanuel)이 뜻하는 바와 같이 예수님 안에 나타난 "하나님이 우리와 함께 계신다"는 것입니다. 동정녀 탄생이 그리스도에 대한 고백을 근거로 지은 것이 아니라, 부활을 경험한 제자들의 '하나님의 현존'에 대한 고백이 동정녀 탄생의 고백으로 자연스럽게 연결된 것으로 볼 수 있습니다. 제자들은 하나님의 현존 시점을 소급하여 예수님이 요단강에서 세례 요한으로부터 세례를 받을 때(막 1:9-11), 예수 탄생 이야기에서 보듯이 "태어나면서부터 성령 안에서"(마 1:20; 눅 1:35), 태초에 이미 말씀으로 "하나님과 함께 계셨으니, 이 말씀이 하나님"(요 1:1)이라고 고백하고 있습니다. 예수님의 제자들은 예수 안에 있는 하나님의 현존을 부활절 이후로 한정하는 데에서 벗어나 창세 전(선재), 현재, 미래, 나아가 영원에서 영원에 이르는 것으로 점점 깨달음을 넓혀간 것입니다.

오늘날 우리에게 성탄절은 무엇인가

Geertgen tot Sint Jans 작, 「예수 나신 밤」 (1484-90년)

크리스마스트리와 함께 성탄 장식을 대표하는 것은 구유상(Kinderkrippe)입니다. 아기 예수가 누워있는 말구유 주변에 요셉과 마리아, 목동들, 동방박사, 여러 짐승이 둘러 서 있는 모습입니다. 루터는 자신의 성탄찬송 "저 높은 하늘로부터"(Vom Himmel hoch)에서 "오, 주여! 만물의 창조하신 이여! 어찌 당신 스스로 그렇게 지극히 작고 보잘 것 없게 되셨습니까. 당신은 소나 나귀들이 먹는 여물 위에 누우셨습니다"라고 노래하였습니다. 실로 구유상은 가장 낮고 연약한 아기의 모습으로 구유에 누워 계신 임마누엘의 하나님을 우리에게 보여 주고 있습니다.

　하나님의 아들인 예수님은 당시 살아 있는 신으로 숭배되던 로마 황제의 화려하고 위풍당당한 아들로서 오신 것이 아니라, 가난한 갈릴리 목수의 아들로서 이 세상에 오셨습니다. 그는 이 땅에 사는 동안 폭력으로 이룩한 로마의 거짓 평화 대신에 하나님의 평화를 세우기 위해 애쓰시다가 십자가를 지셨습니다. 사람들은 세상을 구하기는커녕 자신조차도 구하지 못한 자라고 조롱하였으며, 이로써 '나사렛 예수의 일'은 끝났다고 믿었습니다. 그러나 하나님은 부활을 통해 그를 승리자라고 선언하시고, 폭력의 힘보다 나약하게 보이는 사랑과 용서의 힘이 어둠과 죽음의 권세를 이기는 참된 능력임을 보여 주셨습니다. 수치스런 십자가에서 하나님의 지혜와 능력과 구원을 볼 수 있는 사람만이 구유에 누운 지극히 작고 나약한 아기 예수에게서 자신을 비워 이 땅에 오신 임마누엘의 하나님을 볼 수 있을 것입니다.

미주

1) 성탄절을 영어로 크리스마스(Christmas)라고 하는데 이는 중세기에 사용되던 '크리스투스 미사'(*Christus Missa*)라는 말에서 유래합니다. 이 말은 '그리스도'와 '미사'의 합성어입니다. 이를 줄여서 'X-mas'라고 하는데 'X'는 그리스어로 '그리스도'란 단어의 첫 글자이고, 'mas'는 '미사'를 뜻합니다. 독일어로는 '바이 나흐텐'(Weihnachten), 프랑스어로는 '노엘'(Noël)이라고 합니다.

2) 양자론이란 예수님을 철저히 인간으로 보고 요단강에서 세례 요한으로부터 세례를 받을 때 하늘로부터 강림한 성령에 의하여 '하나님의 아들'로 인정된 존재라고 보는 입장입니다.

5 왜
세례를 받아야 하는 걸까?

성례전(Sacrament)으로서의 세례

    어떤 목사님의 이야기입니다. 하루는 사무실에서 설교 준비를 하고 있는 이 목사님에게 한 낯선 사람이 면담을 하고 싶다며 찾아왔습니다. 목사님은 신앙 상담이겠거니 하고 생각하였습니다. 이 사람은 한참을 머뭇거리다가 어떤 분의 소개로 목사님을 알게 되었으며, 목사님은 자신을 이해하여 주실 것 같아 찾아왔다고 어렵게 말을 꺼냈습니다. 그는 자신이 이번에 기독교 계통의 기관에 취직하고자 하는데 세례증서가 필요하다면서, 세례증서를 발급해 주시면 다음 주부터 가족과 함께 교회에 나오겠다고 부탁을 하였습니다. 그는 지금은 교회를 다니지 않고 있지만 어렸을 때 교회를 다닌 적이 있다는 말도 덧붙였습니다. 이야기를 다 들은 목사님은 인간의 정(情)과 신앙의 원칙 사이에서 고민하다가 정중하게 거절할 수밖에 없었다고 합니다. 그리고 어렵게 찾아온 그가 자신의 매정함으로 인해 상처받지 않기를 기도하였다고 합니다. 불쾌한 표정을 지으며 떠나는 그 사람의 뒷모습을 보며, 목사님은 자신이 너무 융통성 없고 고지식한 것은 아닌가 하는 생각을 하는 한편 지난 날 군대 훈련소 시절 '빵 한 덩어리와 우유 한 팩'에 아무 생각 없이 우르르 몰려들어 세례를 받던 옛 동료들의 모습이 뇌리에 더 강하게 오버랩되었다고 합니다.

한 사람의 신앙을 측정하는 객관적 기준이 있는지는 자신 있게 말할 수 없지만 적어도 세례는 온전한 교인, 즉 단순한 출석 교인이 아니라 신앙을 고백하는 공동체의 일원이라는 외적인 표지임에는 틀림이 없습니다. 오늘날 세례에 대한 중요성과 그 참된 의미가 퇴색되어 가는 모습을 보기도 합니다. 이 목사님의 매정함도 바로 이러한 세례의 거룩함과

Jean-Baptiste Le Prince 작, 「러시아 세례식」(1765년)

엄중함을 일깨우고자 고통스러운 결단을 내린 것은 아닐까 하는 생각이 듭니다. 세례를 베푸는 자나 세례를 받는 자 모두 세례의 기원과 의미를 알게 될 때, 오늘날 형식적으로 흐르거나 어떤 방편으로 이용되기도 하는 세례에 대하여 보다 엄숙한 태도를 지니게 될 것입니다.

세례는 하나의 '행사'가 아닙니다. 세례는 기독교 신앙에 있어 가장 중요하고 본질적인 성례전입니다. 세례는 단순히 입교(入敎)의 관점을 넘어 죄의 용서와 구원, 근본적인 기독교적 실존으로의 변화를 의미하기 때문입니다. 사도신경을 비롯한 고대교회의 신앙고백이 탄생한 자리도 바로 세례예식이었습니다. 고대 교회에서 세례를 대신할 수 있는 것은 '피의 세례', 곧 순교

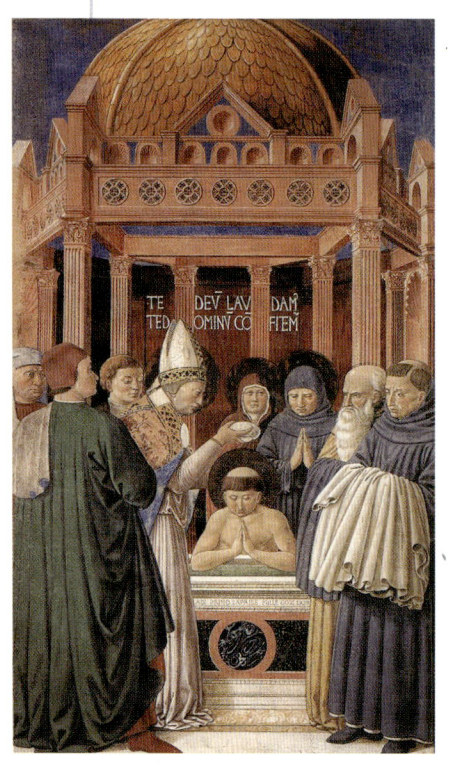

Benozzo Gozzoli 작,
「아우구스티누스의
세례식」(1464-65년)

뿐이라고 말할 만큼 세례는 모든 성례 중의 성례였습니다.

성례전은 본래 '비밀이나 신비'를 뜻하는 그리스어 '미스테리온'(μυστήριον)에서 유래합니다. 이 말을 라틴어 번역 성경인 불가타(Vulgata)에는 '사크라멘툼'(Sacramentum)으로 번역되어 있습니다. 3세기경에 테르툴리아누스는 이 용어를 '거룩하고 신비한 것을 상징하며 매개하는' 의미로 공식 사용하였습니다. 아우구스티누스(어거스틴)에 따르면 성례전은 '보이지 않는 실재'(res)의 '보이는 상징'(signum)입니다. 그에 따르면 성례전은 가시적인 형태로 시행되어야 하지만 의미는 불가시적, 영적으로 이해되어져야 합니다. 그는 상징의 불완전성이 실재의 완전성을 해치지 않는다고 보았습니다.

성례전의 숫자가 확정된 것은 중세 스콜라 시대입니다. 초대 교회에서 일찍감치 성례전으로 자리 잡은 것은 세례와 성만찬이었으며, 나머지 성례들은 유동적이었습니다. 오늘날 로마-가톨릭교회가 성례전으로 인정하는 7성례는 페트루스 롬바르두스(1095-1160?)가 처음 제기하였습니다. 7성례는 콘스탄츠 공의회(1414-1418)를 거쳐 피렌체 공의회(1438-1445)에서 교황 유게니우스 4세에 의해 최종적으로 공인되었습니다. 이후 종교개혁에 대항하여 열린 트리엔트 공의회에서는 "7성례(성사)를 그리스도께서 세우지 않았다거나 7성례보다 많다거나 적다고 이야기하는 자"는 정죄하고 파문하였습니다.[1] 동방교회에서도 이를

페트루스 롬바르두스

모두 성례로서 받아들입니다. 그러나 개신교회는 오로지 세례와 성만찬만을 예수 그리스도가 제정하신 성례로 인정합니다.

세례(洗禮)라는 용어는 그리스어 '밥티스마'(βάπτισμα)에서 왔습니다. 이 말은 본래 '물에 가라앉히다' 또는 '물에 잠그다' 라는 동사에서 파생된 말입니다. 원래의 의미에 따라 '침례'(浸禮)라는 용어를 쓰는 교회도 있습니다.[2] '밥티스마' 라는 용어는 헬레니즘 신비종교에서도 '죽다', '가라앉다' 라는 의미로 변용되어 주로 입회의식(入會儀式)과 연관하여 사용되었습니다. 그러나 내용적으로 기독교의 종말론적 차원이 결여되어 있기 때문에 이것을 그대로 기독교적 의미의 세례와 동일시할 수 없습니다. 기독교적 세례는 요한의 세례(본래적인 의미에서 침례)에서 근원을 찾을 수 있습니다.

교황 유게니우스 4세 (Eugenius IV)가 새겨진 동전

세례 요한과 초기 기독교 공동체

세례 요한은 스스로를 「말라기」 3장 1절과 「이사야서」 40절 3절에 나타나는 바와 같은 '주의 길을 예비하는 사자' 로 인식하였습니다. 그는 요단강 동편에서 세례를 베풀었는데, 그곳은 여호수아의 인도 아래 이스라엘 백성이 요단강을 건넌 장소였습니다. 그리고 엘리야가 요단강을 가르고 마른 땅을 밟으며 건넌 곳입니다. 세례 요한이 의식적으로 요단강 동편에 머문 것은 이스라엘 백성이 회개하여 새롭게 거룩한 땅에 들어갈 때에만 임박한 하나님의 심판을 피할 수 있음을

Fra Angelico 작, 「세례 요한의 명명식」 (1434–35년)

Bacchiacca 작,
「세례 요한의 설교」
(1520년 경)

상징하는 행위였습니다. 요단강에서 행해진 요한의 세례는 죄의 용서와 새롭고 엄격한 토라에 근거한 생활의 변화를 뜻하였습니다. 그의 모습과 의복을 통하여 그는 분명히 상징적으로 엘리야와 연결되며, 그의 등장은 약속된 엘리야가 다시 올 것으로 이해되었음에 틀림이 없습니다.

  복음서는 예수님이 요한에게 세례를 받았다는 사실을 보도하고 있습니다. 어떻게 예수님이 요한에게서 세례를 받을 수 있는가 하는 문제를 마태는 예수님의 다음과 같은 말로 해결합니다: "우리는 이와 같이 하여 모든 의를 이루는 것이 합당하다"(마 3:15). 예수님은 하나님의 뜻에 순종하여 다른 사람들과 같이 세례를 받았습니다. 예수님의 세례는 이 세상의 죄인들 속으로 들어와 하나님의 뜻을 이루려는 상징적인 행위였습니다. 「요한복음」의 경우는 예수님이 요한에게서 세례를 받았음을 단지 암시적으로 말할 뿐이며, 예수님은 성령을 주시는 하나님께로부터 직접 온 자로서 이후 진정한 의미에서 세례 시행의 창시자로 부각시키고 있습니다.

부활절 이후 초기 기독교 공동체는 세례 요한의 선포가 나사렛 예수 안에서 성취되었다고 확신하였습니다. 이것이 초기 기독교 공동체가 세례 요한의 세례를 넘겨받는 깊은 이유가 됩니다. 그러나 이러한 연속성에도 불구하고 다음의 세 가지 점에서 초기 기독교 공동체와 세례 요한의 세례에는 차이가 있습니다. 첫째로 초기 기독교 공동체는 그리스도 사건을 종말론적인 구원 사건으로 이해하였으며, 그것은 주 예수 그리스도의 이름으로 주어지는 세례 속에서 현재화된다고 보았습니다. 둘째로 초기 기독교 공동체의 세례는 성령의 은사와 긴밀히 연결되어 있습니다. 사도 바울은 세례 가운데 주어진 성령의 은사는 그리스도인의 존재와 행동의 근거라고 보았습니다. 셋째로 초기 기독교 공동체는 세례를 통한 성령의 현재적 경험 속에서 신자들이 종말론적인 구원 공동체의 일원으로 받아들여진다고 이해하였습니다. 세례를 통해 수세자는 죄의 권세로부터 벗어나며, 그리스도의 몸의 통일성 속에서 살아가며, 아직 완성되지 않은 다가오는 '하나님의 나라'에 이미 현재적으로 참여하게 됩니다. 이런 점에서 묵시적인 쿰란 공동체나 이방 헬레니즘에 있었던 씻음(정화) 의식(儀式)과는 구별이 됩니다.

초기 기독교 공동체에서 세례는 선교와도 직접적으로 관계됩니다.

El Greco 작,
「세례 받는 그리스도」
(1608-28년)

Duccio di
Buoninsegna 작,
「갈릴리 산에 나타나신
예수(마 28:16-20)」
(1308-11년)

"하늘과 땅의 모든 권세를 내게 주셨으니 그러므로 너희는 가서 모든 민족을 제자로 삼아 아버지와 아들과 성령의 이름으로 세례를 베풀고 내가 너희에게 분부한 모든 것을 가르쳐 지키게 하라. 볼지어다, 내가 세상 끝 날까지 너희와 항상 함께 있으리라"(마 28:16-20)라는 말씀은 「마태복음」의 결론을 이룰 뿐만 아니라 전체 복음서를 올바로 이해하기 위한 해석학적 열쇠가 된다고 볼 수 있습니다. 세례와 선교와 교육의 명령 중심에는 부활하시어 전 우주적인 통치자로서 현존하시는 예수님의 약속이 자리하고 있습니다. 주목할 점은 바울서신에서 "주의 이름으로 세례"를 말하고 있는 데 반하여 여기에서는 삼위일체론이 확립되기 이전에 이미 성부, 성자, 성령의 이름으로 베풀어지는 세례를 말하고 있다는 점입니다.

고대 교회의 세례예식

3세기 초 로마의 히폴리투스의 『사도적 전승』(The Apostolic Tradition)에는 이전에 보이던 세례 의식에 대한 산발적인 보도에 비교하여 놀라울 정도로 풍부해진 세례예식을 제공하고 있습니다. 이에 따르면 먼저 기독교 신앙에 배치되는 일에 종사하는 세례 지원자를 검증을 통해 배제한 다음 3년 동안 종종 축사(逐邪) 의식을 동반하는 확고하게 체계화된 세례자 교육이 이어집니다. 이 교육의 마지막에 치러지는 새로운 시험에서는 지원자가 덕스러운 삶을 사는지, 이웃 사랑을 실천하는지를 검증합니다. 이러한 것들을 만족시키는 사람에게 한하여 세례를 받을 자격이 주어집니다.

감독은 먼저 각각의 수세자(受洗者)에게 축사를 행하고, 수세자의 영적인 상태를 시험합니다. 금요일에는 수세자들에게 금식을 실시하고 토요일에는 다시 축사 의식이 베풀어집니다. 그리고 기름으로 또는 기름 없이 몸에, 특별히 이마에 십자가 표시를 합니다. 이는 "당신이 믿는다면, 부끄러움의 자리인 이마에 그리스도의 표시"를 받음을 뜻하며, 이는 유대의 '할례' 표시와 비교가 됩니다. 이날 밤에는 말씀을 읽고 들으면서 보냅니다. 그 다음날 새벽닭이 울 때 가능한 한 흐르는 물 위에서 기도를 하고 수세자는 사탄 및 그의 행위들과의 관계를 끊을 것을 서약합니다. 이후에 다시 축사 의식을 거행합니다. 감독에 의해 먼저 유아세례가 베풀어진 다음 성인 남성, 성인 여성 순으로 세례가 베풀어집니다. 그들은 속옷만 입은 채 물속에 서서 성부, 성자, 성령에 대한 믿음에 대한 물음에 답하도록 요청받습니다. 이 질문과 대답 후에 그들은 세 번 물속에 잠깁니다. 고대 교회는 세례 받는 물은 무덤일 뿐 아니라 어머니의 모태이며, 마리아의 몸처럼 성령으로 가득 차 있는 것으로 이해하였습니다. 물속에

로마의 히폴리투스

이마에 십자가를 표시하는 유아 세례식 모습

세 번 잠기는 것은 예수님의 장사 지냄과 무덤에서의 삼일을 상징합니다. 다른 한편 세례는 홍해를 건너는 것이며, 이후에 구름기둥이 출애굽한 이스라엘 백성을 인도하였듯이 성령이 죄에서 벗어난 그리스도인들을 인도한다고 알레고리적으로 이해하였습니다.

물에서 나온 후에 그들은 세례복을 입고 두 번 성별된 기름을 바르게 됩니다. 첫 번째는 그들이 옷을 입기 전에 장로들이, 두 번째는 공동체가 함께 모였을 때 감독이 다음과 같은 기도를 드린 후에 성삼위일체의 이름으로 기름을 발라 줍니다: "성령의 거듭남의 목욕을 통해 이들을 죄의 용서에 합당하게 만드신 주 하나님이시여, 이들에게 당신의 은총을 내려주소서." 이 기도문은 수세자가 물속에서 성령을 받은 것을 전제로 하고 있습니다. 감독에 의하여 행하여진 두 번째 기름 바름은 후에 성령의 부여를 통하여 믿음을 강화시키는 특별히 독립된 의식으로 발전하였습니다. 이것이 바로 견진성사(confirmatio) 또는 견신례입니다. 그리고 나서 수세자는 중보기도와 평화의 입맞춤을 하고 봉헌한 뒤에 세 개의 잔을 받아 마십니다. 이 세 개의 잔은 그리스도의 피를 상징하는 포도주가 든 잔, 젖과 꿀이 흐르는 약속의 땅을 상징하고 새로 태어난 자의 양식과 하나님 말씀의 달콤함을 상징하는 우유와 꿀이 든 잔, 몸이 물속에서 받은 것을 내적인 인간이 받는 것으로 상징하는 물이 든 잔입니다.

Giuseppe Maria Crespi 작, 「견진성사」(1712년)

그러나 이것은 하나의 예지 지역마다 서로 다른 형식의 세례예식도 존재하고 있었습니다. 세례예식이 거행되는 시기는 원칙상 어떤 때에도 가능하지만 3세기 초 이래로 부활절이 성례를 받기에 가장 적합한 시기라는 생각

▲ Jean II Restout 작, 「오순절」(1732년)

El Greco 작, 「부활」(1596-1600년) ▶

이 자리를 잡기 시작하였습니다. 이유는 그리스도인이 그리스도와 함께 죽고 함께 부활한다는 의미에서였습니다. 그 다음으로 세례 받기에 가장 적합한 시기를 부활절 이후부터 오순절 성령강림절까지로 생각하였습니다.

세례 시 대부(代父)직에 대한 역할에 대하여는 테르툴리아누스가 처음으로 언급하였습니다. 대부들은 수세자들이 하나님의 말씀을 잘 듣도록 이끌고, 수세자의 적합성을 증거하고, 스스로 할 수 없는 유아들을 위하여 서약을 대신합니다. 또 이들은 수세자가 어떻게 죄를 고백하는지를 가르치며, 물에서 나올 때 도와주고 세례복을 입혀 주었습니다.

타락하거나 배교한 감독이 베푼 세례도 유효한가?

사람들은 종종 자신이 존경하며 신앙의 모범이 되는 목사님에게서 세례를 받고 싶어 합니다. 이는 그의 신앙과 인격이 자신에게도 전수되기를 바라는 마음 때문일 것입니다. 그런데 그렇게 믿고 세례를 받은 그 목사님이 이후에 타락하였고, 심지어 배교하여 교회를 떠났다면 그에게서 받은 세례는 여전히 유효한 것일까? 올바른 목사님에게서 다시 받아야 하는 것은 아닐까? 아니면 세례 받은 사람이 타락하거나 이단에 속하였거나 배교하였다가 다시 교회에 들어오고자 할 때에 다시 세례를 받아야 하는가? 세례의 거룩함과 유효성은 그것을 베풀거나 받는 사람의 신앙과 인격에 따라 변하는 것인가, 아니면 성례로서의 세례 자체에 불변적인 효력은 있는 것인가?

카르타고의 감독 키프리아누스의 이콘 (러시아)

이와 유사한 물음은 이미 3세기 중엽 이단적인 분열주의자들로 규정된 노바티안주의자(Novatinaner)들이 보편적인 교회로 복귀할 때 다시 세례를 받아야 하느냐 하는 문제로 표면화되었습니다. 북아프리카 카르타고의 감독 키프리아누스는 노바티안주의자에 의하여 베풀어진 세례는 전적으로 무효하다고 선언하였습니다. 그는 죄 사함과 성령은 오직 보편적인 교회 내에서 감독의 안수를 통하여 세례 후에 부여되며, 이외의 모든 세례는 효력이 없다고 주장하였습니다. 이 주장의 배후에는 "교회 밖에는 구원이 없다"(*salus extra ecclesiam non est*)는 확신이 자리하고 있습니다. 이에 반해 로마의 감독 스테파누스는 이단적인 분열주의자에게서 세례 받은 자는 다시 세례 받을 필요가 없고, 단지 감독의 안수를 통해 성령을 받으면 된다고 주장하였습니다. 그는 이미 시행된 세례의 유일회성과 죄에 대한 용서의 효력을 인정하였습니다. 서방교회에서는 스테파누스의 입장을 받아들여 재세례를 시행하지 않게 되었습니다. 소위 '이단세례 논쟁'은 두 감독이 박해 시에 순교함으로써 일단락되는 것처럼 보였습니다. 그러나 50여 년이 지난 후 박해 때에 배교한 적이 있는 감독이 시행한 성례가 유효한가 하는 문제로 다시 첨예화 되었습니다. 이 갈등은 결국 교회 분열로 이어졌습니다.

디오클레티아누스 황제 치하의 대박해(303-305) 때 많은 기독교인의 배교 행위가 발생하였습니다. 이때 엄격주의 강경파들은 죽음을 불사하고 이교도에게 '성경을 넘겨주는'[3] 것과 같은 배교 행위를 거부하였습니다. 이에 반해 카르타고의 감독 멘수리우스는 로마 당국과 배교자들에게 유화적인 태도를 취하였습니다. 이들 양 진영 간의 갈등은 멘수리우스가 죽고, 313년에 그 후임 감독을 안수하는 과정에서 폭발하게 되었습니다. 문제의 발단은 후임 감독 카에실리아누스를 안수한 감독 가운데 한 사람인 펠릭스가 배교자였다는 사실이었습니다. 엄격주의 진영은 이를 거부하는 한편 자신들의 독자적인 감독을 세우고, 배교자에 대하여 재세례를 실행하였습니다. 이들은 로마교회가 카에실리아누스의 감독직을 승인하고 배교자에 대한 안수와 세례도 적법하다고 선언하자 로마교회를 탈퇴하고 자신들의 독자적인 교회를 세웠습니다. 이들의 지도자이자 로마교회와의 치열한 논쟁을 전개한 사람은 카사이 니그라이 출신의 감독 도나투스였습니다. 이들은 보편적인 교회임을 자부하는 로마교회는 타락한 교회라고 규정하고 자신들의 교회야말로 '순교자들의 후예'이며 '참된 교회'라고 생각하였습니다. 도나투스교회는 타락한 감독이 집례하는 성례전은 타당하지 않다고 주장하고 자신들의 교회로 오는 보편적인 교회 신자들에게 재세례를 실시하였습니다. 이 논쟁을 교회

Niccolò Semitecolo 작, 「재판관 앞에 선 두 명의 그리스도인」(1367년).
왼쪽에 보이는 두 명의 재판관은 디오클레티아누스 황제와 막시미아누스 황제이다.

Andrea del Verrocchio 작,
「성 세례 요한과 도나투스와 함께 있는 성모」(1475-83년)

Vincenzo Foppa 작,
「성 어거스틴」
(1465-70년)

사에서는 '도나투스 논쟁'이라고 부릅니다. 이로 인하여 야기된 교회 분열은 1백여 년간 지속되었습니다.

이러한 심각한 교회의 분열상에 대하여 신학적으로 대응하면서 분열 치유에 나선 사람이 히포의 감독 아우구스티누스(어거스틴)였습니다. 그는 세례의 타당성과 효과를 구분하였습니다. 즉 그는 삼위일체 하나님의 이름으로 행하여진 세례는 집례자의 인격이나 신앙과 관계없이 타당하지만 반면에 수세자가 성령이 계시는 보편적 교회와 연합할 때에만 세례 효과가 발생한다고 보았습니다. 그는 키프리아누스와 달리 보편적인 로마교회 밖에서 행하는 세례의 타당성도 인정하였습니다. 그래서 그는 도나투스주의자들이 보편적인 교회에 들어올 때 재세례를 시행하지 않았습니다. 이런 점에서 아우구스티누스(어거스틴)는 세례의 유일회성을 강조한 스테파누스의 입장을 따른다고 볼 수 있습니다. 하지만 세례의 효력은 성령이 계시는 교회 안에서만 발생한다고 주장한 점에서는 키프리아누스를 따른다고 볼 수 있습니다. 중세 스콜라신학은 이 문제를 '사효론'(事效論, ex opere operato)과 '인효론'(人效論, ex opere operantis)으로 구분하였습니다. 사효론은 성례의 거룩함과 타당성은 성례 자체[事]에 있다는 입장이고, 인효론은 성례를 집례하거나 성례를 받는 자[人]의 신앙과 인격에 좌우된다는 입장입니다. 아우구스티누스(어거스틴)의 경우 원칙적으로 사효론의 입장을 견지하였으며, 이 입장은 서방교회에서 받아들여졌습니다.

말씀과 세례 – 종교개혁자들의 세례 이해

루터는 1520년 『교회의 바벨론 포로』에서 로마 가톨릭의 성례 개념인 '사효론'에 반대하여 성례를 받는 사람은 신앙이 있어야 함을 강조하였습니다. 그러나 루터는 급진주의자들이 세례의 내적인 의미만 강조하자, 성례전은 신앙 없이 시행되어서는 안 되지만 신앙만이 성례전의 본질은 아니라는 점을 분명히 하였습니다. 루터는 성례전의 본질은 객관적인 하나님의 약속(말씀)에 있으며, 하나님의 약속은 '말씀'과 '물'이라는 외적인 표지에 담겨 있다고 보았습니다.

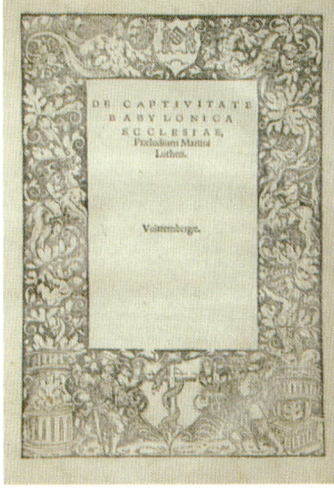

루터의 『교회의 바벨론 포로』 초판 속표지

루터는 세례를 하나님의 약속(말씀), 표지(상징, 즉 물속에 잠김), 신앙의 관계로부터 해석하여 자신의 말씀의 신학으로 통합시킵니다. 세례와 이에 대한 신앙은 이제 말씀에 근거되어집니다. 그는 그리스도 공로로 인해 세례를 통하여 죄의 용서를 받고 은총 속에서 새로운 인간으로 서게 된다고 보았

El Greco 작,
「회개하는 베드로」
(1600년 경)

습니다. 그는 비록 원죄의 힘이 수세자에게서 완전히 파괴되거나 제거되지 않았다고 하더라도 하나님은 수세자와 세례 계약을 맺으며, 매일 매일의 회개 속에서 여전히 남아 있는 원죄의 세력을 쫓아내도록 힘을 주신다고 믿었습니다. 그는 회개를 '배가 파선된 후에(즉 죄를 범한 후에) 다시 구원을 받을 수 있는 두 번째 판자 조각'이 아니라 신앙 속에서 끊임없는 세례 훈련과 '세례로의 돌아옴'으로 보았습니다. 그러므로 기독교인은 단 한 번 성례로서 세례를 받지만, 언제나 믿음을 통해 세례를 받아야 한다고 주장하였습니다. 이러한 관점에서 그는 로마 가톨릭 교회가 주장하는 범죄한 후에 계속적인 하나님 은총의 주입(注入)을 위하여 반드시 받아야 하는 성례로서의 회개(고해성사)는 거부하였습니다.

하나님의 약속(말씀)과 나란히 우리에게 표지(상징)가 주어지는 데, 그것은 다름 아닌 '물속에 잠김' 입니다. 이것은 말씀이 의미하는 바를 형상화합니다. 세례의 표지는 죽음과 부활입니다. 수세자를 물에 담그는 것은 죽음을 의미하며, 그를 다시 꺼내는 것은 삶을 의미합니다. 루터는 이러한 세례의 효력이 유아에게도 미친다고 보았습니다. 유아를 세례로 이끄는 사람들의 '낯선 믿음'(fides aliena), 즉 부모와 대부(代父)들의 기도를 통하여 유아에게 전가되어 원죄는 용서되고, 정화되고, 새로워진다고 이해하였습니다. 루터는 인간적인 공적이나 행위는 세례의 조건이 아니며, 세례의 유효성은 수세자의 긍정에 있는 것이 아니라 수세자에 대한 하나님의 긍정에 있다고 보았습니다. 이러한 하나님의 능동성과 수세자의 수동성은 그의 칭의론의 구조이기도 합니다.

　루터는 1526년 『소요리문답서』에 부록으로 자신의 세례식 절차를 첨부하였습니다. 거기에는 여전히 중세적 잔재를 포함하고 있습니다. 그 순서는 간단한 축사(逐邪) 의식, 십자가 성호 긋기, 두 번의 기도, 보다 큰 축사 의식, 유아복음 낭독(마 10:13-16), 수세자의 축복, 주기도문 낭독, 사탄에 대한 거부, 대부에 대한 신앙의 질문, 물속에 잠금, 선포, 평화의 입맞춤으로 되어 있습니다. 루터는 세례를 위한 물의 축성(祝聖)을 거부하였습니다. 그는 예수님이 요단강에서 세례를 받으실 때 모든 물은 성화되었다고 보았습니다. 그는 세례 양초의 전달, 기름 바름, 그리고 세례복을 위한 특별한 의식을 폐지하였습니다. 루터는 '물에 잠그는' 세례를 옹호하였으나 루터교회는 이를 광범위하게 사용하지 않았습니다. 이것은 아마도 이러한 형식의 세례 시행만을 절대적으로 여기는 일부 재세례파와의 대결 속에서 의식적으로 그렇게 하였을 가능성이 있습니다. 그러나 루터는 축사 의식은 고수하였습니다. 왜냐하면 사탄과 원죄는 그에게 실제적인 것이었기 때문입니다. 그는 또한 대부직도 고수하였습니다.

　루터와 마찬가지로 칼빈도 세례를 약속, 표지, 신앙을 통해 규정합니다. 세례는 그리스도인의 전 삶에 대한 유일회적인 죄의 용서를 가져오기 때문에 세례를 단지 과거의 죄와 관련해서만 생각하거나 세례 이후에 빠지는 죄를 위하여 다른 새로운 구원의 수단을 찾아서는 안 된다고 보았습니다. 그는 우리가 종종 죄에 빠진다고 하더라도 세례를 기억하며, 세례

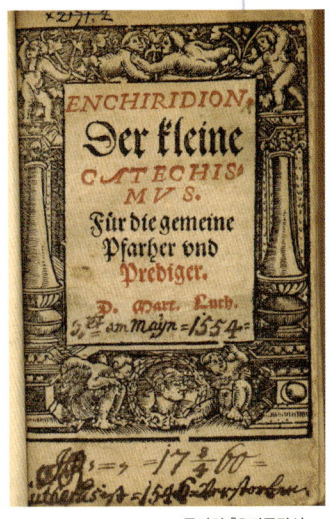

루터의 『요리문답서』

유아세례를 다루는 칼빈의 『기독교 강요』 (존 앨런 역) 제4권 16장 본문 일부

에서 피난처를 찾아야 하며, 신앙 안에서 우리를 강화시켜야 한다고 주장하였습니다. 그는 유아들도 세례를 통해 구약의 할례와 마찬가지로 하나님의 구원 또는 계약의 행동 속으로 들어가며, 유아들은 미래의 믿음과 미래의 회개를 보고 세례 받는다고 주장하였습니다. 왜냐하면 성령의 은밀한 활동을 통해 그들 안에 믿음의 씨앗이 뿌려지기 때문입니다. 그는 세례 초의 전달, 기름 바름, 그리고 흰 세례복 뿐만 아니라 축사 의식도 철폐하였습니다. 또한 부모들에게 대부를 대신하도록 하였습니다.

종교개혁 이후 근대의 경건주의와 합리주의는 세례의 객관적인 성격을 약화시키기 시작하였습니다. 경건주의자들은 몸의 할례가 아니라 마음의 할례를 받아야 하듯이 세례도 객관적인 형식이 아니라 주관적인 마음의 변화가 중요하다고 본 것입니다. 나아가 급진주의자 가운데에는 세례와 관계없이 하나님의 사랑과 개인적인 구세주로서의 예수님을 영접할 수 있다고까지 주장하였습니다. 합리주의자들은 성례 이전의 행동은 주술적인 것에 가깝다고 판단하였습니다. 그들은 세례를 통한 중생에 대한 관념에 비판적 태도를 보였습니다.

유아세례(幼兒洗禮)는 유효한가?

유아세례에 대한 증거들은 3세기 이후의 문헌을 통해 확인할 수 있습니다. 히폴리투스의 『사도적 전승』에 따르면 유아세례도 베풀어졌습니다. 키프리아누스와 이레나이우스는 유아세례를 인정하였습니다. 심지어 도나투스주의자들도 유아세례를 인정하였습니다. 4세기 경에 아우구스티누스(어거스틴)는 유아세례는 모든 점에서 시행되어져야할 실천이라고 주장하였습니다. 유아세례의 정당성을 위해 종종 유대교의 태어난 지 8일 만에 시행되는 할례가 근거로 제시되었습니다. 세례는 영적인 할례이며 따라서 이른 나이에도 베풀어질 수 있으며, 성인들의 그것과 동등하다고 보았습니다. 그는 심지어 어린 아이에게 어떠한 용서도 필요하지가 않는다면, 예수님이 이들의 구세주는 아닐 것이라고 말하였습니다. 어린 아이들은 부모의 믿음을 통하여 정화되어야 하며, 나인성 과부의 믿음이 죽은 아들을 살린 것처럼(눅 7:12-15) 다른 사람의 믿음이 어린 아이를 도울 수 있다고 주장하였습니다.

이에 반해 테르툴리아누스는 "어린아이들이 내게 오는 것을 금하지 말라"

Julius Schnorr von Carolsfeld 작, 「나인성 과부의 아들을 일으키시는 예수」

Lucas Cranach, the Younger 작, 아이들을 축복하시는 예수(1540년대)

Raffaello Sanzio 작,
「콘스탄티누스의 세례」
(1520-24년)

(막 10:14)는 말씀에서 유아세례의 시행에 대한 정당한 근거를 보기는 하였지만 유아에게 원죄가 없다는 이유를 들어 유아세례는 거부하였습니다. 나아가 그는 가능한 한 결혼 이후에 또는 자신의 절제(금욕)를 입증할 때까지 세례를 연기할 것을 권유하였습니다. 왜냐하면 그 사이에 죄를 지을 가능성이 많기 때문입니다. 실제로 기독교를 공인한 콘스탄티누스 황제는 자신을 사도나 감독과 동등하다고 생각하였음에도 불구하고 자신의 세례를 죽음 직전까지 미뤘습니다. 뿐만 아니라 기독교인 부모를 가졌으나 성인이 되어서야 세례를 받은 일련의 교회 지도자의 예(이를테면 나지안주스의 그레고리우스나 카이사리아의 바실리우스)가 있음을 볼 때 유아세례에 대하여 유보적인 흐름이 존재하고 있음을 짐작할 수 있습니다.

중세의 로마-가톨릭과 종교개혁자들은 유아세례를 인정하는 반면에 종교개혁 당시 유아세례를 반대하는 그룹이 생겨났습니다. 그들은 "세례의 본질은 성령 내지는 신앙 세례에 있다. 따라서 유아세례는 인간이 만든

Rembrandt Harmenszoon van Rijn 작, 「메노파 목사인 안슬로와 아내의 대화」(1641년). 메노파는 16세기 종교개혁의 급진적 개혁운동인 재세례파에서 발생한 프로테스탄트 분파로서, 온건한 재세례파 지도자들이 시작한 일을 강화하고 조직화한 네덜란드 사제 메노 시몬스의 이름에서 유래 한다. 특히 미국과 캐나다에 많이 분포해 있다.

속임수"라면서 유아세례는 무효이며 다시 성인이 되어 스스로의 신앙고백에 의한 재세례를 받을 것을 주장하였습니다. 이들을 교회사에서는 재세례파[4]라고 부릅니다. 그들은 유아세례의 근거로 사용되는 "어린아이들이 내게 오는 것을 금하지 말라"(막 10:14)는 말씀은 겸손을 가르치신 말씀일 뿐 성경은 유아세례의 제정을 말하지 않았으며, 초대교회에서 언제나 유아세례가 베풀어진 것은 아니었음을 주장하였습니다. 또한 세례 받지 못하고 죽은 유아들의 구원은 전적으로 하나님의 주권에 속한 것이며, 유아에게 있어서 신앙의 주입이라는 관념은 전적으로 신학적 사변에 불과하다고 보았습니다. 이들은 성인에게 베풀어지는 외적인 물세례도 단순히 교회 공동체에 속한다는 고백적인 상징에 불과하며, 믿음을 전제로 하는 성령세례만이 참된 세례라고 여겼습니다.

그렇다면 3세기 이전의 초기 기독교 공동체에서는 유아세례가 시행되었는가, 시행되지 않았는가? 이에 대하여서는 학자들 간에 의견이 갈리고 있습니다. 예레미아스(J. Jeremias)는 유대인의 유아에 대한 할례의식이 기독교인 가정의 유아에게 세례를 베푸는 한 모범이 되었을 것이라고 주장합니다. 또한 그는 회심한 자와 그의 모든 가족의 세례에 대한 신약성경의 보도(행 11:14; 16:15,33; 18:8; 고전 1:16)는 유아세례를 전제로 한다고 보았습니다. 쿨만(O. Cullmann) 역시 「마태복음」 10장 14절을 유아세례에 대한 긍정의 근거로 생각합니다. 이에 반해 알란트(K. Aland)는 유아세례는 원죄에 대한 관념이 형성되는 3세기 초의 새로운 발명품이라는 논거로 예레미아스를 반박합니다. 알란트에 따르면 유아에게 죄가 없다고 여겨지는 한 세례를 줄 하등의 이유가 없기 때문에 유아세례는 필요가 없다는 것입니다. 현대 신학자 카를 바르트(K. Barth)도 세례를 받기 위하여서는 자유롭고 책임적인 신앙고백이 전제되어야 하는데 유아세례는 이것이 불가능하므로 긍정하지 않았습니다. 이에 반해 가톨릭 신학자 카를 라너(Karl Rahner)는 유아세례가 하나님의 주권적인 은총의 주도권을 인정하는 행위로 보아 긍정하였습니다.

세례와 견진성사(견신례) 또는 입교식

견진성사(堅振聖事)는 세례 후 성령의 은사를 통해 영혼과 신앙을 강화시키는 예식입니다. 고대 교회에서는 세례 직후에 실시되었으며, 이러한 전통은 오늘날 동방교회에서 그대로 유지되고 있습니다. 그러나 로마 가톨릭교회에서는 분리되어 독립적인 예식이 되었습니다. 이에 대한 첫 번째 이유는 세례 후 안수와 성령의 부음을 위한 기름 바름이 단지 감독(주교)에 의해서만 시행될 수 있다는 일반적인 원칙이 관철되었기 때문입니다. 어린 아이들

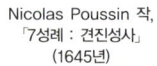
Nicolas Poussin 작,
「7성례 : 견진성사」
(1645년)

의 사망률이 높았던 시대에 가능하면 이른 시기에 어린 아이에게 세례를 주려는 노력의 하나로 세례는 교회의 장로들에게서[5] 세례를 받고, 반면에 견진성사는 나중 기회에 감독으로부터 받게 되었습니다.

교황 베네딕토 16세의 영성체 집전 모습

견진성사는 감독에 의하여 손을 얹는 안수 의식, 도유(塗油) 의식, 십자 성호 긋기 의식으로 이루어져 있습니다. 1439년 피렌체 공의회에서 세례와 견신례의 분리가 공식 선언되었습니다. 여기에서 세례는 영생을 위한 구속의 성례이며, 견진성사는 기독교인의 삶과 봉사를 위한 성례라고 규정되었습니다. 1962/3년의 제2 바티칸 공의회는 견진성사를 더 이상 감독(주교)에게 국한시키지 않았습니다. 견진성사는 성인의 경우 세례 때, 유아세례를 받은 사람은 몇 년 후 보통 초등학교 3~4학년 때 받으며 견진성사 후에야 비로소 첫 성만찬(영성체)에 참여하게 됩니다.

그러나 종교개혁 시대에 이르러 견진성사는 예수님에 의해 확립된 예식이라는 성경적 근거가 없다는 이유로 성례에서 제외시켰습니다. 종교개혁자들은 세례만을 성례로 인정하였으며, 견진성사 이전의 개인은 완전한 기독교인이 아니라는 중세 교회의 관점을 거부하였습니다. 그러나 그들은 성례로서의 견진성사는 실행하지 않았지만 문답식 교육의 필요성은 강조하였습니다. 17~18세기 영국의 청교도들도 이러한 문답식 교육을 시행하였으며, 이들의 영향으로 미국에서도 이러한 교육이 시행되었습니다. 그러나 19세기에는 대각성운동의 영향으로 교육보다는 신앙의 회심과 체험을 강조하는 경

1700년대 식민지 아메리카에서 설교하고 있는 조지 화이트필드(판화)

향을 띠게 되었습니다.

오늘날에도 독일의 개신교회는 엄격한 입교식 교육을 실시합니다. 자신의 의지와 상관없이 부모의 믿음에 따라 세례를 받은 어린 아이들은 만 12~13세를 전후로 입교교육에 참여합니다. 이들은 보통 여름방학이 끝나고 새 학년에 진급하는 9월부터 시작하여 1년 6개월 동안 매주 정기적으로 신앙교육을 받습니다. 이들은 기초적인 기독교 교리와 교회 공동체의 일원으로서 그리스도인의 삶과 사회적 역할에 대하여 배웁니다. 또 함께 학습여행을 떠나 기도 하고 악기를 배워 연주하기도 합니다. 성령강림절을 앞둔 부활절 절기 중에 열리는 입교식을 함께 마친 청소년들은 일종의 동기(同期) 의식을 지니고 평생을 살아갑니다. 같이 입교교육을 받은 동기생들은 25주년이 되면 은빛 희년 모임을, 50주년이 되면 금빛 희년 모임을 가지고 입교의 의미를 되새기게 됩니다. 입교식은 일종의 기독교 성인식이자 통과의례입니다. 이것은 신앙의 계승이란 차원에서 아주 중요한 의식으로 우리 한국 개신교회가 회복해야할 전통이라고 생각합니다.

오늘날의 세례 이해와 교회일치

오늘날 다양한 기독교 공동체가 존재하며, 저마다 다양한 세례에 대한 이해를 가지고 있습니다. 그러나 '주(主)도 하나요, 세례도 하나' 이기 때문에 세례가 다양한 기독교 공동체의 일치와 연합의 근거가 되어야 한다는 데에는 모든 교회가 공감하고 이를 위해 노력하여 왔습니다. 이러한 노력의 결정체가 세계교회협의회(WCC) 산하의 '신앙과 직제위원회 '(Faith and Order

Commission)가 1982년 페루의 수도 리마에서 채택한 「세례, 성만찬, 사역」(Baptism, Eucharist, and Ministry, 줄여서 BEM)[6] 문서입니다.

이 문서에서 세례는 21개 항목으로 구성되어 있으며, 본문에서 합의되지 않은 교파적 교리와의 차이점과 앞으로 좀 더 연구해야 할 필요가 있다고 판단되는 쟁점들은 해당 항목의 해설에서 열거하고 있습니다. 이 문서에서는 세례에 관한 중요한 사항을 다루고 있는데 그 내용은 다음과 같습니다. 세례는 예수 그리스도가 제정한 것이며, 그리스도와 함께 십자가에 못 박혀 죽고, 그와 함께 부활의 능력을 통하여 그리스도의 몸에 참여하는 새로운 생명으로 되살아남을 말하고 있습니다. 또 세례공동체는 그리스도 공동체이며, 성령의 공동체이기 때문에 교회의 일치는 무엇보다 세례의 하나 됨을 회복함으로써 가능하다고 보고 있으며 따라서 재세례는 그리스도의 공동체를 분열시키는 행위이므로 경계하여야 한다고 말하고 있습니다.

또한 이 문서는 유아세례를 배제하지 않는 성년세례를 기본으로 하고 있습니다. 이 두 세례는 형식상 차이가 있을 수 있으나 내용상으로는 신앙공동체 속에서 믿음의 응답을 통하여 주어진다는 점에서 차이가 없다고 봅니다. 그러나 유아세례인 경우 본인의 신앙적 결단을 위하여 일정기간 입교교육과 입교식을 권장하고 있습니다. 이와 함께 로마 가톨릭교회와 동방정교회가 베푸는 도유식도 부정하지 않고, 침례교회의 침례의식도 부정하지 않습니다. 다만 물을 상징으로 하여 성부, 성자, 성령의 이름으로 베푸는 세례를 중요시합니다. 세례 시에는 성령의 은사 표시로 행하는 도유나 안수나 십자성호 긋기도 예전의 풍요로움을 위하여 필요한 것임을 말하고 있습니다. 세례명을 짓는 것은 세례를 베푸는 사회 문화적 배경에서 오는 오해 때문에 권장하고 있지 않습니다. 세례는 안수 받은 교역자가 베푸는 것을 원칙으로 하고 있지만 어떤 특수한 경우에는 다른 사람도 세례를 베풀 수 있으며, 공중예배 시에 세례를 베푸는 것이 적절하다고 말하고 있습니다.

미주

1) 로마 가톨릭교회에서 은총의 수단으로 확정한 7성례는 세례, 견진성사(또는 견신례), 성만찬(영성체), 고해성사, 종유(병자)성사, 서품(성직수임)성사, 혼인성사를 말합니다. 앞의 5성례는 믿는 사람 개인을 위한 것이며, 뒤의 2성례는 교회 전체를 위한 것입니다. 피렌체 공의회는 7성례를 다음과 같이 규정하였습니다: "우리는 세례를 통하여 영적으로 중생하고, 견신례를 통하여 은혜 안에서 자라고 신앙이 강화된다. 그리고 중생하고 강해진 우리는 성만찬의 신적인 음식에 의하여 지탱된다. 만약 우리가 죄로 인하여 영혼에 병을 얻으면 고해성사에 의하여 영적으로 치유되고, 종유성사를 통하여 영육간에 건강을 얻는다. 서품성사를 통하여 교회는 통치되고 영적으로 성장하며, 혼인성사를 통하여 교회는 물리적으로 성장한다."

2) 일반적으로 개신교회에서는 '물을 바르거나 뿌리는'(약식)세례를 하며, '세례'라는 용어를 씁니다. 이에 반해 침례교회는 '물에 잠그는' 침례를 행하며, 이것이 세례의 유일한 양식이라고 봅니다. 그러나 칼빈이 말한 바와 같이 "수세자가 완전히 물속에 들어갈 것인가, 물을 머리에 붓거나 뿌릴 것인가, 또는 한 번 할 것인가 세 번 할 것인가 하는 것은 조금도 중요하지 않다"라고 할 수 있습니다. 중요한 것은 형식이 아니라 세례의 본질적 내용인 죄의 용서, 성령 임재, 삶의 변화라고 생각합니다. 천주교회에서는 '세례'라는 용어 대신에 '영세'(領洗)라는 용어를 사용합니다.

3) '성경을 넘겨 준 자'(traditor, 원래 '전달자'란 의미)는 '기독교 신앙을 포기한다'는 의미로 성경을 로마 당국에 넘겨준 자, 즉 배교자를 뜻하였습니다.

4) 이들이 행한 방식이 침례였기 때문에 재침례파라고 주장하는 사람들이 있지만, 일반적 용법을 따라 여기에서는 재세례파라고 부릅니다.

5) 오늘날의 개신교회 장로가 아니라, 고대 교회 성직자로서의 장로를 의미합니다. 오늘날의 로마 가톨릭 개념으로 하면 세례를 베푸는 사제라고 할 수 있습니다. 기독교회의 직분과 직제에 대하여서는 이 책의 다른 장에서 상세히 다룹니다.

6) 일명 '리마문서'라고도 하는 이 문서는 1927년 로잔에서 처음 열린 '신앙과 직제위원회'가 교회의 가시적 일치는 바로 세례와 성만찬과 직제(사역)에 대한 신학적, 실천적 일치에서 가능하다는 전제하에 지난 55년 동안 무수한 연구와 토론을 거쳐 합의한 것입니다. '리마문서'는 결정적으로 1974년 아크라(Accra) 전체회의에 제출되었던 세례, 성만찬, 사역에 관한 '아크라 문서'가 토대가 되어 작성되었습니다. 이 문서를 기초한 사람은 놀랍게도 테제 공동체의 수도사 막스 투리앙(Max Thurian)입니다. 원래 로마 가톨릭교회는 WCC에 가입하지 않았지만, 제2 바티칸 공의회가 신학자들이 개별적으로 '신앙과 직제위원회' 회원이 될 수 있도록 허락함으로써 가능하게 된 것입니다. 이것에 대한 회원교회의 의견을 수렴하고 수정 보완을 거쳐 〈BEM〉문서가 탄생하게 되었습니다. 로마 가톨릭 교회는 이 문서가 세례와 성만찬과 직제의 성례전적 요소를 긍정적으로 다루고 있음은 인정하지만 '성례전에 대한 명백한 개념'이 결여되어 있고 모호하여 여러 해

석을 유발할 위험이 있다는 공식적인 견해를 밝혔습니다. 일부 개신교회에서도 이 문서를 혼합주의적이라고 비판하였습니다. 이 문서에 대해서는 세계교회협의회, 『BEM문서 : 세례, 성만찬, 직제』(서울: 한국장로교출판사, 1993), WCC 연구자료 4를 참고하십시오.

성만찬의
의미는 무엇일까?

성만찬의 중요성

　개신교회에서 예수 그리스도가 제정하신 성례전으로 인정하는 것은 세례와 성만찬입니다. 세례가 기독교인으로서의 삶을 시작하는 입문의 예전이라면 성만찬은 이러한 삶을 유지하고 성장시키기 위한 예전입니다. 초기 기독교 공동체에서 예배는 성만찬[1]이 중심이 되었습니다. 심지어 로마인들이 초기 기독교인들을 '비밀스런 식인(食人)의식'을 하는 사람들로 매도하고 박해한 것도 기독교인들이 사람들의 눈을 피해 카타콤(지하무덤)에서 '예수의 피와 살'을 나눈다는 소문에 따른 것이었다고 합니다. 그 정도로 초기 기독교 신앙공동체는 본질적으로 성만찬 공동체였습니다. 초기 성만찬 예식은 교리문답 공부를 마치고 세례를 받은 자만이 허용되는 비

로마 프리실래(브리스길라, Priscilla)의 카타콤 지하 예배당 천장에 그려진 성찬 장면

교(秘敎)적 성격을 띠었습니다. 초기 기독교인들은 성만찬을 세례를 통하여 홍해를 건넌 사람들이 젖과 꿀이 흐르는 약속의 땅 가나안에서 벌이는 축제로 이해하였습니다.[2]

로마 가톨릭교회와 동방정교회는 지금도 여전히 성만찬이 예배(미사)의 중심으로 자리를 잡고 있으나, 개신교회에서의 성만찬은 예배의 본질적인 구성 요소가 아니라 일 년에 한두 번 정도 거행하는 형식적인 예식이 되었습니다. 이것은 개신교회가 지나치게 말씀(설교)을 강조한 나머지 성만찬의 중요성을 망각하고 소홀하게 여긴 결과입니다. 오늘날 개신교 예배의 갱신은 이 성만찬의 중요성을 재발견하고 실행하는 데에서 시작하여야 한다고 생각합니다.

성만찬을 어떻게 이해할 것인가 라는 문제는 교회사적으로 아주 복잡합니다. 로마 가톨릭교회와 개신교회의 성만찬 이해에는 현격한 차이가 있고, 개신교 내에서도 서로 다른 입장들이 존재합니다. 종교개혁 시기에 루터교회와

작자 미상, 「마르부르크 회담」(목판화, 1557년). 마르부르크 회담은 1529년 10월 1~4일 마르부르크에서 독일과 스위스 종교개혁자들 사이에 벌어진 성찬식에 관한 중요 토론 회담으로, 루터와 츠빙글리로 대변되는 종교개혁 시대의 루터교회와 스위스 개혁교회의 입장 차이를 보여준다.

스위스의 개혁교회가 갈라지게 된 결정적인 계기도 바로 이 성만찬에 대한 이해의 차이 때문이었습니다. 이것은 사도 바울이 "우리가 떼는 떡은 그리스도의 몸에 참여함이 아니냐. 떡이 하나요, 많은 우리가 한 몸이니 이는 우리가 다 한 떡에 참여함이 아니냐"(고전 10:16-17)라고 묻고 있지만 아이러니하게도 '하나 되게 하는' 성만찬이 오히려 '하나 됨을 막고 있는' 상황입니다.

오늘날 교회의 화해와 일치를 위한 노력에서도 여전히 성만찬은 걸림돌로 남아 있습니다. 일례로 1982년의 「세례, 성만찬, 사역」(BEM) 문서에 근거하여 「리마예식서」(Lima Liturgy)를 만들고 세계교회협의회(WCC) 총회 예배에서 사용하였습니다. 그러나 이때 회원교회인 동방정교회 대표들은 다른 모든 순서에는 참여하였지만 성만찬 예식에는 참여하지 않았습니다. 로마가톨릭교회가 개신교회와 에큐메니컬 예배를 드릴 때 개신교 목사가 집례하는 성만찬 예식에 가톨릭 교인이 참여하지 않는 것은 물론입니다. 보수적인 개신교회 역시 이를 혼합주의라고 비난하며 강력하게 거부하고 있습니다. 이는 아직도 성만찬 이해에는 각 교회 간에 넘을 수 없는 간격이 있음을 보여주는 것입니다. 그럼에도 불구하고 오늘날 성만찬의 중요성을 말하는 것은 한편으론 말씀과 성만찬이 올바로 균형 잡힌 예배를 회복하기 위함이며(특별히 개신교의 경우), 다른 한편으론 성만찬 신앙이 지니는 윤리적 함의(含意) 때문입니다.

성만찬의 유래

한때 성만찬의 기원을 미트라스(Mithras) 신비종교의 제의적 식사(食事)의

순교자 유스티누스

틀에서 찾고자 하는 종교사적 흐름이 있었습니다. 그러나 신비종교의 식사가 때로 신성(神聖)과 결합시키고 어떤 방식으로 삶을 매개하는 특정한 역할을 한다는 형식적인 유사성을 제외하고는 내용적으로 기독교의 성만찬과는 다른 것임이 드러났습니다. 일찍이 순교자 유스티누스(Justinus)는 오히려 미트라스의 식사 의식이야말로 성만찬의 사탄적인 모방이라고 일축하였습니다. 오늘날 성만찬의 기원을 구약적-유대교적인 식사 의식에서 찾는 것이 일반적입니다.

기독교회가 성만찬의 근거로 삼고 있는 본문은 「마태복음」 26장 26~29절, 「마가복음」 14장 22~25절, 「누가복음」 22장 15~20절, 「고린도전서」 11장 23~26절입니다. 그리고 후대에 기록된 「요한복음」 6장 51~59절도 성만찬을 암시하고 있습니다. 이 본문들은 서로 유사하면서도 차이점이 있습니다. 학자들은 「마태복음」과 「누가복음」은 거의 전적으로 「마가복음」의 본문에 의존하였으며, 「마가복음」과 「고린도전서」는 서로 독자적인 전승을 가지고 형성되었다고 보고 있습니다. 성만찬에서 제정의 말씀으로 사용되는 두 본문은 다음과 같습니다.

"그들이 먹을 때에 예수께서 떡(빵)을 가지사 축복하시고, 떼어 제자들에게 주시며 이르시되, 받으라 이것은 내 몸이니라 하시고, 또 잔을 가지사 감사기도하시고 그들에게 주시니 다 이를 마시매, 이르시되 이것은 많은 사람을 위하여 흘리는 나의 피 곧 언약의 피니라. 진실로 너희에게 이르노니 내가 포도나무에서 난 것을 하나님 나라에서 새 것으로 마시는 날까지 다시 마시지 아니하리라 하시니라"(막 14:22-25).

"내가 너희에게 전한 것은 주께 받은 것이니, 곧 주 예수께서 잡히시던 밤에 떡(빵)을 가지사 축사하시고 떼어 이르시되 이것은 너희를 위하는 내 몸이니 이것을 행하여 나를 기념하라 하시고, 식후에 또한 그와 같이 잔을 가지시고 이르시되, 이 잔은 내 피로 세운 새 언약이니 이것을 행하여 마실 때마다 나를 기념하라 하셨으니, 너희가 이 떡을 먹으며 이 잔을 마실 때마다 주의 죽으심을 그가 오실 때까지 전하는 것이니라"(고전 11:23-26).

Nicolas Poussin 작,
「성만찬의 제정」
(1640년)

양자를 비교하면, 「마가복음」에서는 "받으라 이것은 내 몸이다"라고 표현한 반면에 「고린도전서」에서는 "이것은 너희를 위한 내 몸이다"라고 표현하고 있습니다. 또한 전자는 "이것은 많은 사람을 위하여 흘리는 나의 피 곧 언약의 피"라고 표현한 반면에, 후자는 "이 잔은 내 피로 세운 새 언약"이라고 표현하고 있습니다. 그리고 후자에서만 "이것을 행하여 나를 기념하라", "너희가 이것을 마실 때마다 이것을 행하여 나를 기념하라"라고 언급되어 있습니다. 어떤 전승이 더 오래된 것인가를 결정하는 것은 쉽지 않지만 유대적 요소가 더 강하고, 신학적 해석이 덜 들어갔다는 점에서 마가의 전승이 더 오래된 것이 아닌가 생각됩니다. 그리고 「고린도전서」의 성만찬을 '거듭 행하고', '기념하라'는 것은 초기 기독교 공동체의 성만찬 규정을 반영한

Otto van Veen 작,
「최후의 만찬」(1592년)

것으로 보입니다.

그렇다면 역사적으로 예수님의 최후 만찬은 어떤 식사 자리였는가? 이에 대하여서는 여러 상이한 견해가 있지만[3], 일반적으로 받아들여지는 것은 예수님의 최후 만찬은 유월절 식사라는 견해(J. Jeremias)입니다. 예수님의 최후 만찬이 어떤 식사였든지 간에 예수님은 이 만찬에 특별한 의미를 부여하였고, 하나의 예식으로 제정하신 것을 알 수 있습니다. 이 최후 만찬이 기독교 성만찬의 최초 모델이 되었고, 그 이후 성만찬 예전의 뼈대가 되었습니다.

고대 교회의 성만찬 이해

디다케 필사본

고대 교회는 예수님의 최후 만찬을 성례전화하여 처음부터 모든 지역교회에서 거행하였습니다. 명확한 교리적 규정은 확립되지 않았지만 기본적으로 성만찬 예식에 예수 그리스도가 신비한 방식으로 현존하며, 성만찬의 요소들(빵과 포도주)이 성만찬에 참여하는 신자들에게 실존적인 영향을 끼친다는 의식을 가지고 있었습니다. 2세기 전반기에 쓰인 디다케(*Didache*, 일명 12사도들의 교훈)는 성만찬에서 '먹고 마심'을 성령론적 관점에서 설명하고 있으며, 이그나티우스는 성만찬의 두 요소인 빵과 포도주를 '불사(不死)의 약'

이란 은유를 통하여 성만찬이 참여자들에게 끼치는 영향을 강조하였습니다.

순교자 유스티누스 역시 최후 만찬 때 예수님께서 하신 말씀을 포함하는 기도를 드린다면, 빵과 포도주는 이미 빵과 포도주가 아니라 "강생한 그리스도의 몸과 피"라고 말합니다. 그는 빵과 포도주를 예수님의 몸과 피로 동일시할 뿐 아니라 이것이 성만찬에 참여하는 자들의 실존적인 변화에 영향을 끼친다고 보았습니다. 이레나이우스는 빵과 포도주 속에 현존하는 로고스-그리스도가 성령을 통하여 성만찬에 참여하는 신자들을 변화시켜, 그들에게 영원한 생명을 보증한다고 보았습니다. 오리게네스는 자신의 로고스론에 근거하여 성만찬의 신비를 현존하는 로고스(말씀)의 작용과 그에 따른 윤리적 변화로 이해하였으나, 거의 받아들여지지는 않았습니다. 일반적으로 말하면, 고대 교회 신학자들은 성만찬에서 영원한 생명의 약속을 보증하는 것으로 이해하였습니다. 그들에게서 죄의 용서로서의 성만찬 이해는 거의 언급되지 않았습니다. 이는 죄의 용서는 세례의 몫이라고 생각하였기 때문일 것입니다.

니사의 그레고리우스

4, 5세기 이래로 동방에서는 성만찬에서 빵과 포도주가 그리스도의 몸과 피로 신비하게 변화된다는 관념이 자리를 잡게 되었습니다. 니사의 그레고리우스는 하나님의 로고스를 통하여 성화된 빵은 하나님의 로고스의 몸으로 변화된다고 주장하였고, 요한네스 크리소스토무스는 그리스도 내지는 그의 말씀 또는 성령이 빵과 포도주를 변화시킴으로써 성만찬에서 그리스도의 몸과 역사적인 그리스도의 몸이 동일해진다고 말하였습니다. 알렉산드리아의 키릴루스는 축성할 때 빵과 포도

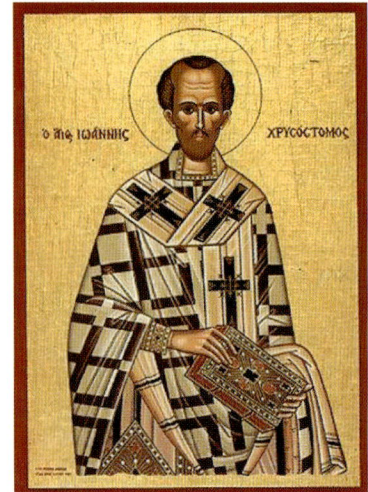
황금의 입이라 불렸던 요한네스 크리소스토무스

알렉산드리아의 키릴루스

주를 내적으로 변화시키는 것은 로고스의 힘이라고 보았습니다. 성만찬에서 빵과 포도주가 그리스도의 몸과 피로 변한다는 주장을 보다 정교한 언어로 가다듬은 사람은 다마스쿠스의 요한네스로, 그는 서방의 중세 스콜라 신학에 영향을 주었습니다.

이에 반하여 서방에서는 처음에 빵과 포도주가 그리스도의 몸과 피로 변한다는 관념이 거의 작용하지 못하였습니다. 서방교회에서 처음으로 이러한 관념을 표명한 것은 암브로시우스였습니다. 그는 말씀으로 세상이 창조된 것을 유비(類比)로 들어 그리스도의 말씀을 통하여 빵과 포도주가 신비롭게 변화됨을 주장하였습니다. 이에 반하여 아우구스티누스(어거스틴)는 성만찬을 영적, 상징적으로 이해하였습니다. 그에게 성례전이란 '보이지 않는 실재'의 '보이는 상징' 입니다. 따라서 성만찬에서 빵과 포도주는 그리스도의 몸과 피를 상징합니다. 그러나 그의 존재론에 따르면 성례전적 행위의 상징 속에 그 본질

Matthias Stom 작, 「성 암브로시우스」 (연도 미상)

도 현재화 됩니다. 왜냐하면 말씀이 신앙을 통하여 현재적 효력을 유발시키기 때문입니다. 그는 성만찬에서 빵과 포도주 자체의 변화보다는 그리스도인의 변화에 더욱 관심을 가졌습니다. 아우구스티누스(어거스틴)의 성만찬 이해는 후에 종교개혁자들에게 깊은 영향을 끼쳤습니다.

성만찬에서 그리스도의 현존을 이해하는 네 가지 방식

'빵과 포도주'가 실체적으로 '그리스도의 몸과 피'로 변한다.

고대 교회의 성만찬에 대한 다양한 관점은 중세 시대에 이르러 로마 가톨릭 교회에서 소위 화체설(transubstantiation)로 고정됩니다. 이것은 성만찬 예식에서 축성(祝聖)을 통해 '빵과 포도주'의 실체가 하나님의 능력에 의해 실제로 '그리스도의 몸과 피'의 실체(substance)로 변한다는 견해입니다.

제4차 라테란 공의회를 소집한 이노센트 3세

중세 서방교회의 성만찬 이해는 암브로시우스의 실재론적 입장과 아우구스티누스(어거스틴)의 성례전적 상징주의 입장이 대립되는 양상으로 나타났습니다. 수세기에 걸쳐 수많은 논쟁을 거친 후에 최종적으로 1215년의 제4차 라테란 공의회에서 화체설이 확정되었습니다. 또한 이 공의회는 분명하게 성만찬을 골고다에서의 예수님 희생을 재연하는 희생제사로 규정하고 유효하게 안수를 받은 사제들에 의한 성만찬만을 유효한 것으로 인정하였습니다. 다음은 성만찬과 관련하여 이 공의회에서 결정된 일부분입니다.

"하나의 보편적인 믿는 자들의 교회만이 있을 뿐이다. 이 교회 밖에는 구원이 없다. 이 교회 안에서 예수 그리스도 자신이 제사장이요 동시에 제물이다. 그의 살과 피는 빵과 포도주의 형태로 제단 위에 놓여 있는 성례 안에 포함되어 있다. 하나님의 능력으로 빵은 그의 몸으로 변하고, 포도주는 그의 피로 변한다. 우리는 신비적 연합에 도달하기 위하여 그리스도께서 우리를 위하여 받으신 바를 그리스도께로부터 받게 되는 것이다. 예수 그리스도께서 자신의 사도들과 그 계승자들에게 물려주신 사죄의 권한(the power of the keys)을 받기 위하여 공식적으로 성직 안수를 받은 사제(priest) 이외에는 그 누구도 이 성례를 효과 있게 할 수 없다."

이러한 로마 가톨릭의 화체론적 성만찬 이해는 성만찬의 요소인 '빵과 포도주'에 실재하는 하나님의 객관적 은총을 강조합니다. 성만찬의 거룩함과 은총의 능력은 성만찬 예식과 성만찬의 요소 자체에 있는 것이지(*ex opere operato*), 성만찬에 참여하는 신자들의 주관적인 신앙의 상태나 응답에 좌우되는 것이 아니라는 입장입니다. 성만찬의 요소인 '빵과 포도주'를 '불사(不死)의 약'이라고 본 이그나티우스에게서 이러한 입장이 이미 표명되었습니다. 이러한 관점은 성례전을 통하여 매개되는 하나님 은총의 객관성을 강조한 나머지 은총을 비인격화 내지는 사물(事物)화할 위험성이 있습니다.

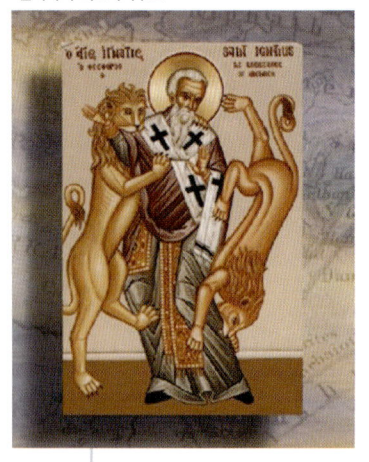

안디옥의 이그나티우스

오늘날 우리에게는 이상하게 보이지만, 중세 시대에는 이러한 논리를 극단적으로 몰고 가서 축성한 후에 흘린 '빵과 포도주'를 먹은 쥐도 구원을 받을 수 있는가 하는 논쟁을 벌이기도 하였습니다. 다른 한편 중세 후기에 이르

148

러 성만찬에서 평신도에게는 '포도주'를 제외한 '빵'만 배분되기 시작했습니다. 이는 '빵과 포도주'를 동시에 배분하는 것이 기술적으로 어렵다는 점(신자들의 부주의로 종종 흘리기도 함)과 성직자들이 평신도와 구별하여 자신들의 권위를 강화하려는 의도가 동시에 작용한 결과입니다. 이에 대해 체코의 종교개혁자 얀 후스는 "이제까지 포도주를 배분하지 않은 사제들은 도적"이라고 격렬하게 비판하였습니다.

프라하에 있는 얀 후스 상

'빵과 포도주'의 실체는 그대로 있지만, 거기에 그리스도가 실제로 현존한다.

이 견해는 루터에 의하여서 대변되는 것인데, 그가 직접 쓴 용어는 아니지만 일반적으로 '공재설'(consubstantiation)로 알려져 있습니다. 그는 로마 가톨릭교회의 희생제사로서의 성만찬과 화체설을 비판하였지만, 성만찬에 부활하신 그리스도께서 '실제적'으로 임재한다는 관점을 피력하였습니다. 여기에서 '실제적'이란 단순히 "영적으로"(spiritually)가 아니라 부활의 '몸으로', 구체적으로 '빵과 포도주의 안에(in), 함께(with), 아래에(below) 현존하는 것'을 의미합니다.

루터는 성만찬을 하나님의 약속(말씀)과 표지(상징)와 신앙의 상호관계 속에서 이해하였습니다. 그리고 성만찬에서 가장 중요한 것은 약속이라고 보았습니다. 약속의

미국 복음주의 루터교회와 감독교회가 워싱턴 대성당에서 함께 성만찬에 참여하고 있는 모습 (2001.1.6)
*출처 : 미국 복음주의 루터교회 홈페이지/elca.org/news/news/images/celebrate.html

내용은 죄의 용서와 영원한 생명이며, 약속과 표지 사이에 매개하는 것을 신앙이라고 보았습니다. 그는 성만찬에서의 빵과 포도주는 "말씀에 부착되어 있는 상징과 표지이며, 그것은 빵과 포도주 아래에 있는 그리스도 본래의 참된 몸과 피다"라고 주장하였습니다. 다시 말해 그는 집례자의 축사기도와 동시에 빵과 포도주는 그대로 있으나 그 안에 육안으로 볼 수 없는 그리스도의 몸과 피가 실제로 존재(real presence)한다고 본 것입니다.

그는 성만찬의 제정사[4]중 "내 몸이다"에서 "이다(is)"란 말은 사물의 본질에 대하여 말하고 있으므로 단순하게 "상징한다(signify)"로 해석되어서는 안 된다고 봅니다. 루터는 비유를 단순한 수사적 어법이라고 보지 않고 사물의 참된 본질을 표현하는 것으로 이해합니다. 다시 말하면 비유에서 '상징'(signum)과 '상징되어지는 것'(res signata) 사이에는 하나의 본질적인 일치성이 있다고 보는 것입니다.

그는 '빵과 포도주'에 말하여진 말씀이 그리스도의 '몸과 피'를 수반하는 능력을 가질 수 있는 것은 그 말씀이 인간의 말씀이 아니라 그리스도의 제정의 말씀이기 때문이고 그리스도의 말씀, 즉 하나님의 말씀은 모든 인간의 이성과 자연 위에 있으며 자연의 법칙은 하나님의 창조의 말씀에 복종되기 때문이라고 보았습니다. 따라서 그에 따르면 성만찬의 가장 깊은 의미는 예수 그리스도 성육신의 기적과 비밀에 상응합니다. 이와 마찬가지로 하나님은 자신을 육체적인 것, 세상적인 것, 지상적인 것에 결합시킨다고 본 것입니다.

그는 단지 신앙만이 성만찬의 '빵과 포도주'에 구원 자체가 주어짐을 인식할 수 있고, 하나님은 인간이 자기 자신 밖에서 자신의 태도에 좌우됨이 없이 위로와 구원을 발견하도록 성만찬의 제정사를 규정하셨고, 성만찬에서 먹고 마시는 자들의 시선(視線)이 외적인 '빵과 포도주'를 향함으로써 신앙이 흔들리는 자들이 자기 자신과 자신의 분명하지 않은 영적인 체험으로부터 자유로울 수 있다고 보았습니다. 루터는 성만찬을 통하여 믿음이 적은 자는 믿음을 더욱 강건하게 할 수 있다고 보았습니다. 루터가 염려한 것은 성만찬이 가지는 위로와 신앙 강화의 기능이 제정사의 상징적 해석을 통하여 약화될까 하는 점이었습니다.

'빵과 포도주'는 상징이며, 그리스도의 고난과 부활을 기억하는 매개물이다.

이 견해는 츠빙글리에 의하여 대변되는데, 소위 '상징설' 또는 '기념설'이라고 합니다. 그는 루터의 실재론이 피조물(빵과 포도주)을 우상화하여, 성만찬 남용과 오용의 원인이었던 중세 후기의 즉물적(卽物的)인 종교성에로 퇴락하는 것이 아닌가 우려하였습니다. 실제로 루터의 입장은 로마 가톨릭교회의 화체설과 츠빙글리의 상징설 중간에 위치한다고 볼 수 있습니다. 츠빙글리의 눈에는 루터가 아직도 로마 가톨릭교회의 미신적 잔재를 완전히 청산하지 못한 것으로 보였습니다.

츠빙글리는 제정사에 대한 해석을 시작으로 자신의 성만찬론을 전개해 나갔습니다. 그는 상징과 실재 자체에 관한 전통적인 아우구스티누스(어거스틴)의 가르침에 따라, 이들 사이에 질적인 차이가 존재하기 때문에 '거룩한 고난의 상징'인 성만찬은 어떤 식으로도 십자가에서 우리에게 주어진 그대로 그리스도의 몸이 될 수 없다고 보았습니다. 그는 경험상, 성서 해석상, 교의학상으로 루터의 실재론에 대한 반론을 전개하였습니다.

첫째로 그는 만일 제정사 중 "이다(is)"란 것이 실체적

Gustav Koenig 작, 「성례전에 대해 츠빙글리와 논쟁하고 있는 루터」(1592년), 49개의 역사적 판화 속에 나타난 루터의 삶 중 제30번 판화

으로 본질적 의미로 이해되어진다면 그리스도의 몸은 자체로서 육체적으로 보여지고, 만져지고, 혀로 맛을 느껴지지 않으면 안 된다고 주장하였습니다. 그에게 보이지 않은 육체성이란 난센스에 불과하였습니다.

둘째로 그는 루터의 실재론 또는 공재론에 반대하는 성경 해석적 근거로 「요한복음」 6장 53~65절을 들고 이 중 특별히 "살리는 것은 영이니 육은 무익하니라. 내가 너희에게 이른 말은 영이요 생명이라"(요 6:63)하는 말씀을 자기 주장의 정당성 근거로 내세웠습니다. 그는 보이는 물질적인 세계인 몸은 구원을 가져오는 영(靈)의 담지자가 될 수 없으며, 몸은 결코 영혼에 영향을 줄 수 없다고 주장하였습니다. 예수님은 영적이고 천상적인 것을 위한 비유로 지상적인 상징을 사용하셨을 따름이며, 이 어법은 몸과 피를 먹는다는 예수님의 말씀에도 그대로 적용된다고 그는 보았습니다.

셋째로 그는 교의학적으로 "하늘에 오르사 하나님 우편에 앉아 계시다가……"란 사도신경의 구절을 들어 루터를 비판하였습니다. 그는 그리스도 안에는 두 가지 본성, 즉 인성과 신성이 존재하지만 성경에서 그리스도에 관하여 말해지는 모든 것이 두 본성에 해당되는 것은 아니라고 보았습니다. 그리스도의 승천이나 재림에 대한 성서의 말씀은 단지 그리스도의 인성에 해당되는 것이지만 그리스도의 신성으로는 언제나 아버지와 함께 계신다(요 1:8)고 보았습니다. 그는 본성의 전이는 일어나지 않으며, 그리스도가

붉은 보좌에 심판자로 앉아 계시는 그리스도 (14세기, 프랑스)

몸으로서 하늘에 계실 때에는 성만찬의 빵과 포도주에 몸으로서 임재할 수 없다고 주장하였습니다. 그는 루터가 주장하는 그리스도의 인성(人性)과 신성(神性)의 속성에 관한 교류 이론을 명백하게 거부하였습니다. 그는 모든 인간과 마찬가지로 예수 그리스도도 인성에 따라 한 곳에만 머무르시며, 신성에 따라서만 편재(遍在)할 수 있다고 주장하였습니다.

이런 논리의 귀결로 그에게 있어서 성만찬은 기억과 감사의 성례임과 동시에 본질적으로 모든 신앙 공동체가 연합되고, 그리스도에 대한 신앙을 고백하며 주님을 따를 각오를 하는 공동 식사의 성격을 지녔습니다. 루터가 성만찬을 통하여 믿음이 적은 자들이 강해질 수 있다고 본 반면에 츠빙글리는 믿음이 없이 성만찬에 참여하는 것은 헛된 일이라고 보았습니다. 츠빙글리의 보다 주관적인 이해는 신자들의 능동적 측면을 강조하는 강점이 있지만 하나님의 은총이 지니는 무조건적이며 객관적인 측면을 간과할 위험성이 있는 것은 사실입니다.

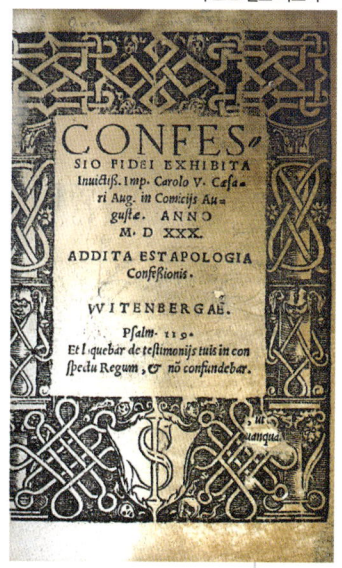

책으로 발행된 아우구스부르크 신조 속표지

루터와 츠빙글리 사이에 일어난 성만찬 논쟁은 단순한 신학적 논쟁을 넘어서 개신교회의 분열을 가져온 교회 정치적 사건이었습니다. 수많은 불신과 대립과 조정 끝에 남서부 독일 지역은 루터교 진영에 머물렀지만, 스위스에서는 제2의 프로테스탄트 교회인 개혁교회(the Reformed Church)가 탄생하였습니다. 츠빙글리 이후 개혁교회의 중심에는 칼빈이 있었습니다. 그는 1530년의 아우구스부르크 신조[5](Confessio Augustana)에 나타난 성찬 이해에 동의하기는 하지만 근본적으로 츠빙글리의 입장과 궤를 같이 하였습니다.

'빵과 포도주'에 그리스도는 성령의 능력으로 현존하며, 믿음에 의해 수용된다.

이 견해는 칼빈에 의하여 대변되는데, 소위 '성령임재설'이라고 합니다. 그의 그리스도 임재에 대한 견해는 아주 미묘합니다. 그는 그리스도를 기계적으로 성만찬의 요소인 '빵과 포도주'에 부착시키는 성만찬 이해를 거부하지만 다른 한편으로 그리스도가 성만찬에 실제로 현존함을 부정하는 견해도 거부합니다. 그는 우리가 믿음으로 '빵과 포도주'를 먹고 마실 때 그리스도께서 성령의 은혜와 능력으로 우리를 자기 자신에게 결합시킨다고 보았습니다. 그는 성만찬에서의 '상징되어지는 것'은 예수 그리스도이며, 성만찬이 집행될 때 예수 그리스도를 임재하게 하는 것은 성령이며, 이 성령의 능력으로 현존하는 그리스도의 몸과 피를 받아들이는 것은 믿음이라고 주장했습니다. 그는 성령의 능력과 믿음 없이는 성만찬은 아무런 유익이 없음을 강조하였습니다.

그는 그리스도가 성만찬 요소에 국한된다기보다 성만찬 전체의 행위 속에 임재한다고 보았습니다. 또한 그는 츠빙글리처럼 그리스도가 단지 상징적으로 또는 기억의 매체로 존재한다고 보지 않았습니다. 브라이언 게리시(Brian Gerrish)라는 학자는 칼빈의 성만찬 이해를 다음과 같이 6가지 항목으로 요약하였습니다: ① 성만찬은 하나님의 선물이다. ② 그 선물은 예수 그리스도 자신이다. ③ 그 선물은 표징으로 주어진다. ④ 그 선물은 성령에 의해 주어진다. ⑤ 그 선물은 성만찬에 참여하는 모든 사람에게 주어진다. ⑥ 그 선물은 믿음에 의해 수용된다.

오늘날의 성만찬 이해과 윤리적 의미

성만찬은 교회사적으로 많은 논쟁을 겪었고, 아직도 해결되지 않는 주제입니다. 성만찬은 교회일치의 노력에서 부닥치는 가장 어려운 주제 가운데 하나입니다. 이러한 어려움 속에서 1982년에 확정된 「BEM」 문서에서 합의된 성만찬 이해와 예식은 아직도 완전하게 지켜지지 않고 있지만 오늘날 교회일치를 위한 좋은 토대가 되고 있습니다. 이 문서에서 성만찬 부분은 크게 제정(Institution), 의미, 예식(Celebration)으로 구성되어 있습니다. 여기에서 성만찬의 의미는 첫째 성부 하나님께 대한 감사(Thanksgiving)로서의 성만찬, 둘째 그리스도에 대한 기념(Anamnesis)으로서의 성만찬, 셋째 성령의 초대(Invocation)로서의 성만찬, 넷째 믿는 자들의 사귐(Communion of the Faithful)으로서의 성만찬, 다섯째 종말론적인 하나님 나라의 식사(Meal of the Kingdom)로서의 성만찬으로 나뉘어 규정하고 있습니다. 이것은 사도신경과 니케아-콘스탄티노플 신조의 신학적 구조를 따른 것입니다.

이 문서는 성만찬 예전의 역사적 기원을 예수와 제자들 사이의 최후 만찬에 두고 있지만 예수님의 지상 생활과 부활 직후의 공동식사까지 포함하고 있습니다. 나아가 성만찬의 구속사적 의미를 구약의 유월절 사건과 연관시키고 있습니다.

Jacopo Bassano 작, 「최후의 만찬」(1542년)

Alonso Cano 작,
「성 요한의
예루살렘에 대한 비전」
(1636-37년)

"기독교인들은 이스라엘 백성들이 이집트의 노예생활로부터의 해방을 기념하는 유월절 식사와 시내산 계약의 식사(출 24장)에 이미 성만찬의 유형이 나타난 것으로 본다. 하지만 그리스도께서 자신의 죽으심과 부활의 기념과 어린 양의 잔치(계 19:9)의 예상으로서 주신 성만찬은 교회의 새로운 유월절 식사요, 새 계약의 식사이다."

오늘날 성만찬의 중요성에 대한 새로운 자각은 성만찬 신앙의 교리적 측면보다 오히려 성만찬 신앙이 지니는 윤리적이고 실천적인 함의에 기인하는 것처럼 보입니다. 인간에게 있어 '먹고 마시는 일'은 인간의 삶 가운데 가장 원초적이며 자연스러운 일입니다. '먹고 마심'을 통해 우리는 생명을 유지하고 삶의 활력과 기쁨을 얻습니다. 이것은 생명 유지의 필수조건일 뿐 아니라 인간의 사회관계에 대한 표현입니다. 누구와 함께 즐겁게 먹고 마시는 일은 그 사람과의 강한 연대감을 드러내며, 함께 생명(삶)을 나누는 행위입니다.

성만찬은 죽음을 앞둔 예수님이 그의 제자들과 함께 마지막으로 나눈 만찬에서 유래합니다. 이 만찬은 당시의 버림받은 자, 죄인과 세리와 창기들과 함께 나누었던 예수님의 '공동식사'의 연장이며, '하나님 나라'의 표징이었습니다. 예수님은 자신이 모든 사람을 위한 '빵과 포도주'가 되신 분입니다. 따라서 성만찬에 참여한다는 것은 예수님의 삶과 고난과 부활과 영원한 생명에 참여하는 것이며, 이 땅에서 그리스도의 몸으로 살아가겠다는 결단을 의미합니다.

　또한 성만찬은 개신교회에 있어서 하나님을 향한 예배와 찬미에 자연(빵과 포도주)이 중요한 요소로 참여하는 성례입니다. 빵과 포도주는 자연의 열매이자 인간이 행하는 노동의 산물입니다. 이 모든 것이 하나님의 창조와 돌봄이 있음으로써 가능한 것입니다. 자신이 직접 심고 길러서 만든 빵과 포도주이든 누군가에 의해 만들어져 슈퍼마켓에서 산 빵과 포도주이든 성만찬 예식에서 그리스도 임재의 표징이 된다는 것은 자연과 일상이 성화(聖化)되는 신비로운 순간이 아닐 수 없습니다. 성례전(sacrament)이라는 말 자체가 신비(mystery)라는 말에서 유래합니다. 여기에서 인간과 자연(피조물)이 하나님을 향한 감사와 찬미 속에서 함께 어우러집니다. 성례전적 삶, 성만찬적 삶이란 이렇듯이 모든 자연과 피조물 속에서 하나님 임재를 경험하는 삶입니다.

Pieter Pauwel Rubens 작, 「바리새인 시몬의 집에 계신 그리스도」 (1618–20년)

6. 성만찬의 의미는 무엇일까?

157

미주

1) 성만찬 또는 성찬을 나타내는 말로 '주님의 만찬'(Lord's Supper), '최후의 만찬'(Last Supper) '감사례'(Eucharist), '거룩한 교제'(Holy Communion) 등이 있습니다. 이 각각의 용어는 종말론적 식사로서의 성찬, 감사와 기념으로서의 성찬, 교제로서의 성찬의 의미를 표현하고 있습니다.

2) 실제로 히폴리투스(Hippolytus)가 쓴 것으로 여겨지는 3세기 초의 『사도적 전승』(The Apostolic Tradition)에서는 '빵과 포도주'와 함께 '우유와 꿀'을 사용하였습니다. 이는 고대 이스라엘에 젖과 꿀이 흐르는 땅을 약속하신 것처럼, 이것이 그리스도를 통하여 실제로 우리에게 주어졌음을 상징하는 것이었습니다. 믿는 사람은 이를 통하여 어린 아이들처럼 양육된다고 믿었습니다.

3) 예수님의 최후 만찬을 '일상적인 만찬'(J. Roloff), '안식일이나 명절에 가졌던 특별한 만찬'(D. Maxwell, Dom G. Dix), 예루살렘 초기 기독교 공동체 성도들의 '공동식사'이던 것이 후에 헬라 문화 속에서 예수님의 죽음과 연결된 성만찬 전승이 된 것(H. Lietzmann, R. Bultmann), '토다'(toda) 즉 '감사와 고백의 희생제물 식사'(H. Gese)로 보는 견해들이 있습니다.

4) 제정사(制定辭)란 예수님께서 성만찬을 세우신 근거가 되는 말씀(the words of institution)으로, 「고린도전서」 11장 23~25절(비교, 마 26:26-29; 막 14:22-25; 눅 22:14-20)을 말합니다. 성만찬 논쟁에서 문제가 되는 것은 "이것은 내 몸이다"와 "이것은 내 피다"라는 구절에 대한 해석입니다.

5) 신성로마제국 황제 카를 5세에 의하여 소집된 아우구스부르크 제국회의에 제출된 최초의 프로테스탄트 신앙고백서입니다. 이 신조는 루터의 동료인 멜란히톤이 작성하였습니다. 그는 루터에 의하여 제기된 프로테스탄트 신앙의 원리와 내용을 요약하였으며, 이것이 로마 가톨릭교회의 신앙과 근본적으로 다른 것이 아니라는 유화적 태도를 보였습니다. 한편 로마 가톨릭교회에서 남용하고 있던 미사와 성만찬 때의 (포도주) 분잔 금지, 독신주의, 수도사의 맹서 등에 대하여서는 비판적이었습니다. 루터는 이 신조가 너무 타협적이며 교황의 수위권과 연옥에 대한 비판이 결여되어 있다는 불만을 토로하기도 하였으나, 프로테스탄트의 기본 교리를 담고 있다는 점에는 의심하지 않았습니다. 그러나 루터교회에 의하여 제출된 이 신조에 동조하지 않고 독일 남서부 지역의 네 도시(슈트라스부르크, 메밍겐, 콘스탄츠, 린다우)와 츠빙글리파 역시 자신의 독자적인 신조를 제출하였습니다. 이렇게 된 이유는 이들이 성만찬 이해에서 루터파를 전적으로 따를 수 없었기 때문이었습니다.

주일인가 안식일인가?

주5일 근무 시대의 주일

한국교회는 "모이기를 폐하는 어떤 사람들의 습관"(히 10:25)과는 다르게 모이기를 잘하는 교회입니다. 유럽이나 북미 교회의 경우 기독교인의 수에 비해 실제로 주일 예배에 출석하는 수가 적음에 반하여, 한국교회는 주일 예배에 참석하는 기독교인의 비율이 아주 높습니다. 또한 한국교회는 미국을 통해 건너온 청교도주의 영향으로 주일을 거룩하게 지키는 주일성수(主日聖守)의 전통을 지니고 있습니다. 주일성수는 교인들의 신앙심을 재는 외적 척도가 되기도 합니다. 교파에 따라 다소 차이가 있지만, 엄격한 교단에서는 주일에 일하는 것은 물론 물건을 사고파는 일이나, 심지어 학생들이 공부하는 것조차 금하기도 합니다.

청교도들의 가정 예배 장면

이러한 한국교회의 주일성수 전통이 주5일 근무제가 보편화되면서 흔들리기 시작하고 있습니다. 어떤 교회는 휴가를 떠나 주일예배에 참석하지 못하는 교인들을 위하여 금요일이나 토요일에 예배를 드릴 수 있도록 편의(?)를 봐주기도 합니다. 나아가 주일예배에 참석하지 못한 사람들을 위해 인터넷 동영상 설교를 마련해 놓기도 합니다. 어떤 이들은 이러한 교회의 변화를 세상과의 타협이라고 강하게 비판합니다. 그러나 다른 편에서는 오히려 세속적인 휴가문화를 교회 안으로 적극 수용하여 세상과의 접촉점으로 활용해야 한다고 주장하기도 합니다. 그래서 오히려 교회를 '주일이나 휴가를 교회에서 즐길 수 있도록' 전원적인 분위기에다가 체육시설, 문화시설, 편의시설을 고루 갖춘 다목적 건물로 짓기도 합니다. 심지어 교회 이름조차 '레포츠'라고 정한 교회도 있습니다.

이러한 변화와는 다른 면에서 구약의 안식일(安息日)을 지키는 자만이 참된 신앙인이라고 주장하는 특정 교파[1]로 인하여 주일에 대한 개념이 혼란스러운 사람들도 있습니다. 과연 주일과 안식일은 같은 것인가 다른 것인가. 주일은 언제부터 시작되었나. 주일과 일요일의 관계는 어떠한가. 역사적으로 기독교회는 주일을 어떻게 확정해 나갔는가. 그리스도의 복음에 의하여 율법의 멍에로부터 자유롭게 된 개신교도들은 율법주의적인 주일성수를 어떻게 볼 것인가. 오늘날 주일성수가 지니는 기독교의 사회윤리적 의미는 무엇인가. 이제 이러한 물음을 염두에 두고 주일과 안식일의 문제를 생각해 보도록 하겠습니다.

일요일(日曜日)과 주일(主日)의 탄생

고대 근동 지방에서는 일찍부터 달이 차고 기우는 순환 주기에 따라 일주일을 7일로 하는 주간 개념을 사용하였습니다. 그러나 로마인들은 이러한 역법과는 달리 한 달을 세 부분으로 나뉘거나, 시장(市場)이 형성되는 때를 기준으로 하여 한 주간을 결정하기도 하였습니다. 이집트 원정을 다녀온 율리우스 카이사르(줄리어스 시저)에 의하여 로마에 태양력이 도입되어 태양을 포함한 행성들의 이름에 따라 주간의 일(日)의 이름이 정하여졌으나, 이러한 7일로 이루어진 주간 개념이 로마 제국에 정착한 것은 기원후 2세기 경이라고 학자들은 보고 있습니다. 이 당시 한 주간의 첫날은 토요일(土曜日)이었습니다.[2]

일요일(Sunday)이 한 주간의 마지막에 위치하고 가장 중요한 날이 된 것은 미트라스 종교의 영향으로 보입니다. 태양숭배 사상이 로마제국 내에 증대되어 가던 중 마침내 274년 로마 황제 아우렐리우스가 '불패의 태양'(*Sol invictus*)을 로마 제국의 신들 중 최고의 신으로 등극시키기에 이르렀습니다. 그리고 321년 콘스탄티누스 황제가 일요일을 모든 시민의 일반적인 휴일로 선포함으로써 이때부터 일요일은 법정 공휴일이 되었습니다. 그 이전에 일요일은 축제일이긴 하였지만 공식 휴일은 아니었습니다. 이로써 오늘날 전 세계 대부분의 국가에서 채택하는 한 주의 마지막 날로서의 일요일이 법적 공휴일이 되는 계기가 되었습니다.

안식교도들은 안식일이 하나님께로부터 온 것임에

Pierre Puget 작, 마르쿠스 아우렐리우스 흉상(1689년 이전)

콘스탄티누스 황제 흉상
(350년경, 파리 루브르 박물관 소장)

반하여 일요일을 주일로 삼은 것은 '태양의 날'(Sunday)을 축일로 삼는 이방 종교인 미트라스의 영향과 콘스탄티누스 황제의 결정이기 때문에 주일을 안식일로 대체하여야 한다고 주장합니다. 사실 321년 콘스탄티누스 황제가 일요일을 휴일로 정한 것은, 그 당시 로마에 있었던 디아스포라 유대인들의 안식일 준수가 영향을 끼쳤을 가능성이 있지만 내용적으로 볼 때 휴식 중 '농사 일'은 제외시켰다는 점에서 유대교의 안식일과는 다른 것이었습니다. 또한 콘스탄티누스 황제의 일요일 휴일법에는 기독교적 내용이 한마디도 없었습니다. 근본적으로 그는 기존의 행성주간에 의존하여 로마적 휴식 규정을 그들의 중요한 날, 즉 일요일로 옮겨 놓은 것에 불과하였습니다. 황제의 결정 배후에는 이미 존재하던 기독교인들의 주일을 존중함과 동시에 태양을 숭배하던 당시 군인들의 요구에 부합하려는 황제의 정치적 동기가 작용하였다고 볼 수 있습니다.

기독교가 일요일을 주일로 삼은 것은 미트라스 종교의 영향이나 콘스탄티누스 황제가 내린 결정의 산물이 아니었습니다. 로르도르프(W. Rordorf)에 따르면 미트라스 제의가 일요일을 축일로 정한 것은 일러야 1세기 말입니다. 이때는 이미 기독교적 주일(매주 행하여지는 성만찬과 연관된 초기 기독교 공동체의 예배)이 이미 오랜 전통을 형성한 때였습니다. 초대 기독교 공동체가 주간 모임의 날로 일요일을 택한 것은 이날이 무엇보다 예수님이 부활한 날이었기 때문입니다. 예수가 '태양의 날'이기에 그날(즉 안식 후 첫날) 부활한 것은 아닙니다. 그래서 초기 기독교 공동체는 이날을 '태양의 날'(*dies solis*)이라고 부르지 않고 '주의 날'(*dies dominicus*), 줄여서 '주일'이라고 부르면서 한 주간의 첫날로 삼았습니다. 초대 교부들은 기존의 태양의 날을 부활하신 주님의 날로 만들기 위하여 적극 활용하였습니다. 그리고 공적 휴일이 된 주일을 하나님의 말씀을 듣고 기독교인의 삶을 실천하는 날로 삼았습니다.

주님이 부활하신 '안식 후 첫날'(오늘날의 주일)은 유대교의 시간계산법으로는 안식일인 토요일과 불과 몇 시간밖에 차이가 나지 않습니다.[3] 그래서 유대교 방식을 따르던 초기 기독교 공동체는 안식일 후 첫 날의 예배를 오늘날의 토요일 밤이나 새벽에 드렸습니다. 그러나 점점 예배시간은 일요일(주일) 오전으로 옮겨졌습니다. 이러한 변화는 주로 서방 지역에서 먼저 이루어졌습니다. 이는 이 지역에서 다수를 형성하고 있던 이방인 그리스도인들의 영향으로 보입니다. 이들은 팔레스타인에 살고 있는 기독교인보다 유대교의 안식일 법으로부터 훨씬 자유롭고 독립적이었기 때문입니다.

안식일과 예수

유대인에게 안식일은 오늘날까지도 엄격하게 준수되는 성일(聖日)입니다.[4] 십계명 중 네 번째 계명은 "안식일을 기억하여 거룩하게 지키라. 엿새 동안은 힘써 네 모든 일을 할 것이나, 일곱째 날은 네 여호와의 안식일인즉 너나 네 아들이나 네 딸들이나 네 남종이나 네 여종이나 네 가축이나 네 문 안에 머무는 객일지라도 아무 일도 하지 말라"(출 20:8-10)라고 명령하고 있습니다. 그리고 안식일에 일하지 않는 이유를 「창세기」 2장 3절에 근거

홍해를 건너는 이스라엘 백성과 물에 빠진 애굽 병사들(학가다 삽입 그림)

하여 "하나님께서 천지 만물을 창조하시고 일곱째 날에 쉬셨고, 안식일을 복되고 거룩하게 하셨기 때문"(출 20:11)이라고 말하고 있습니다. 그러나 「신명기」에서는 안식일을 지키는 이유를 "애굽에서 종살이할 때 이스라엘을 구원하고 인도하신 것을 기억하기 위해서"(신 5:15)라고 말하고 있습니다.

안식일 제도가 우주적 창조의 질서에 속하는 것이든, 출애굽의 구원과 해방에 근거한 것이든 안식일은 유대인들의 자기 정체성을 표현하는 중요한 삶의 양식입니다. 유대인들은 안식일을 지키는 것을 생명처럼 여겼습니다. 실제로 희랍의 군대나 로마의 군대가 예루살렘을 침범하였을 때 안식일을 골라 집중적으로 공격했다고 합니다. 안식일을 지키는 유대인들의 큰 저항이 없으리라는 것을 알았기 때문입니다.

안식일은 한마디로 '일'이 금지된 날입니다. 그러나 구약성경이 그 '일'에 대하여서 명백히 정의를 내려주지 않기 때문에 율법사들은 하여서는 안 되는 일을 세세하게 규정해 나갔습니다. 마침내 이 규정이 금하는 일의 목록은 39가지나 되었습니다. 이 규정에 따르면 심지어 안식일에 자기 아이를 안아주는 것은 무방하지만, 책을 들고 있는 아이를 안아주는 것은 아이의 손에 있는 책을 이동시켰기(즉 일하였기) 때문에 안식일 위반이 됩니다. 여기에서 보듯 안식일 제도는 율법주의화하면서 안식일의 근본정신에서 멀어져 갔습니다. 따라서 노예나 하루 벌어 하루 사는 당시의 일용 노동자들에게는 안식일 제도가 자유와 해방의 제도가 아니라, 어쩔 수 없이 안식일을 범할 수밖에 없는 자신들을 죄인으로 낙인찍는 억압의 도구가 되었습니다.

역사적 예수님은 기본적으로 경건한 유대인의 삶을 살았던 것과 마찬가지로 원칙적으로 안식일을 지켰습니다(막 1:21). 그러나 복음서에 보면 안식일을 둘러싸고 당시의 경건한 유대인들과 충돌하는 장면이 여러 번 등장합니

Raffaello Sanzio 작,
「다리를 저는 자를
고치시는 예수」
(1515-16년)

다. 가령 "안식일에 병을 고치는 것이 옳으니이까?"라는 유대인의 질문에 예수님은 "너희 중에 어떤 사람이 양 한 마리가 있어 안식일에 구덩이에 빠졌으면 끌어내지 않겠느냐. 사람이 양보다 얼마나 더 귀하냐. 그러므로 안식일에 선을 행하는 것이 옳으니라"(마 12:12)라고 대답합니다. 또한 예수님이 제자들과 밀밭 사이를 지나고 있을 때 시장하던 제자들이 밀 이삭을 따 먹은 일이 있었습니다. 이날은 안식일이었으므로 바리새인들은 제자들이 안식일을 범했다고 예수님을 비난하였습니다. 이에 대해 예수님은 "안식일이 사람을 위하여 있는 것이요, 사람이 안식일을 위하여 있는 것이 아니니, 이러므로 인자는 안식일의 주인"(막 2:27-28)이라는 충격적인 발언을 하십니다.

바리새인들은 예수님이 안식일을 범한다고 비난하지만(요 5:18), 예수님이 안식일을 부정하거나 완전히 철폐하려 했다고는 볼 수 없습니다. 예수님은 안식일 제도 자체를 폐지하신 것이 아니라 안식일의 근본정신을 망각한 바리새적 율법주의를 비판하신 것이고, 일로부터의 휴식이라는 소극적 개념에서 선을 행하는 적극적 개념의 안식일을 환기시키신 것입니다. "내가 율법이나 선지자를 폐하러 온 줄로 생각하지 말라. 폐하러 온 것이 아니요 완전하게 하려 함이라"(마 5:17)의 말씀이 안식일에도 그대로 적용된다고 볼 수 있습니다. 그러나 부인할 수 없는 것은 복음서에 나오는 예수님의 안식일에 대한 비판이 나중에 기독교회에서 안식일 대신 주일을 지키는 일을 정당화시키는 논거로 사용된다는 점입니다.

초기 기독교 공동체 – 안식일과 주일의 병행

초기 기독교 공동체의 안식일과 주일에 대한 입장은 모호합니다. 사도 바울은 확실히 자신의 선교여행 중에도 회당예배에 참석하였고, 거기에서 설교도 하였습니다(행 13:14). 또한 예루살렘 기독교 공동체도 계속해서 성전 제사에 참여하였습니다(행 5:42; 21:26). 실제로 초기 기독교 공동체는 유대교 내의 한 분파로 여겨졌습니다. 이로 미루어 초기 기독교 공동체는 공적 안식일을 버리지 않은 것이 분명합니다. 그러나 초기 기독교 공동체는 '안식 후 첫 날'에 일어난 예수님의 부활을 기억하고 기념하는 일이 무엇보다 중요했으므로 안식일과 병행하여 자신들만의 모임을 갖고 '기독교적 예배'를 드렸습니다. 이들에게는 점점 자신들의 모임과 예배에 더 비중이 실렸으리라고 짐작할 수 있습니다.

초기 기독교 공동체가 안식일을 버리지는 않았지만, 유대인들이 지키는 그러한 엄격한 율법적 안식일을 지켰는지는 확실하지 않습니다. 사도 바울의 경우도 예수 그리스도의 복음 속에 있는 자들이 다시 옛 계약인 율법의 절기를 지키는 유대 기독교인들을 향하여 "너희가 날과 달과 절기와 해를 삼가 지키니 내가 너희를 위하여 수고한 것이 헛될까 두려워한다"(갈 4:10-11)라고 말하기 때문입니다. 또한 그는 하나님 백성의 표지인 '할례' 의 경우도 "할례자로 부르심을 받은 자가 있느냐 무할례자가 되지 말며 무할례자로 부르심을 받은 자가 있느냐 할례를 받지 말라"(고전 7:18)라고 말하고 있기 때문입니다. 이로 미루어 사도 바울은 이방 기독교인들이 안식일을 지키는 문제에서도 유연했을 것이며, 결국 이들이 70년 예루살렘 성전이 파괴된 이후 안식일을 주일로 대체하는 데 결정적인 역할을 했을 것으로 짐작됩니다. 물론 여기에 예수님이 안식일에 대한 비판적 전승들이 이러한 변화에 긍정적으로 작용하였을 것입니다.

Wilhelm von Kaulbach 작, 「디도 장군에 의한 예루살렘의 멸망」(1846년)

초기 기독교 공동체에 안식일과 구별되는 주일이 자리 잡기 시작했다는 증거들이 성경에 나타나고 있습니다. 「사도행전」 20장 7~20절은 "그 주간의 첫날(안식 후 첫날)에 우리가 떡을 떼려 하여 모였더니 바울이 이튿날 떠나고자 하여 그들에게 강론할 새 말을 밤중까지 계속하매"라고 보도함으로써 주일에(비록 새벽이나 아침은 아니었지만) 모여 성만찬과 말씀을 나누는 초기 기독교 공동체의 모습을 보여주고 있습니다. 또한 「고린도전서」 16장 2절에서도 "매주 첫날에 너희 각 사람이 수입에 따라 모아 두어서 내가 갈 때에 연보를 하지 않게 하라"라고 보도하고 있습니다. 여기에서는 예배모임 후에 있는 모금을 암시하고 있습니다. '주의 날', 곧 '주일' 이라는 용어가

El Greco 작, 「복음서 기자 사도 성 요한」(1610-14년)   Joos van Wassenhove 작, 「성만찬의 제정」(1473-75년)

    신약에서 처음 등장하는 것은 90년 경에 기록된 것으로 알려진 「요한계시록」에서입니다(물론 기록되기 이전에 구전으로 이 말은 사용되었을 것입니다). 「요한계시록」 1장 10절에서는 "주의 날에 내가 성령에 감동되어"라고 분명하게 '주의 날'(주일)이라는 명칭을 사용하고 있습니다. 요한은 '주일'에 성령을 통하여 하나님의 음성을 들었다고 기록한 것입니다.

    초기 기독교 공동체에는 오늘날과 같은 공식 법정 공휴일로서의 주일이나 일요일이 없었습니다. 그러나 그들은 주님이 부활하셨고, 제자들에게 나타나신 것을 기념하는 모임을 '안식 후 첫날'(주일)에 가졌습니다.[5] 이날에는 예수 그리스도의 죽음과 부활을 기념하는 성만찬 예배를 드렸습니다. 사도 바울은 이것을 자신이 만든 것이 아니라 "주께 받은 것"(고전 11:23)이라고 말합니다. 초기 기독교 공동체는 그리스도의 '몸과 피'를 나눔으로써 부활하신 주님을 기억할 뿐 아니라 그분의 현존에 참여하였던 것입니다.

고대, 중세 교회 – 안식일을 대체한 주일

유대교의 안식일과 분명한 선을 긋는 독자적인 주일신학이 성립되기 시작한 때는 2세기 초였습니다. 고대 교부들은 당시의 로마 제국의 분위기와 함께 점점 반유대주의적 경향으로 나아가 주일을 안식일과 전혀 다른 날로 여겼습니다. 110년 경에 이미 안디옥의 이그나티우스는 "이제 옛 관계 속에서 변화된 사람은 새로운 희망 속에 있기 때문에 더 이상 안식일을 지키지 말고, 주의 날을 지켜라"라고 권유하였습니다. 또한 유스티누스는 "이날은 하나님이 어둠과 원재료를 변화시킴을 통해 세상을 창조한 주간의 첫 번째 날이며, 우리의 구원자 예수 그리스도가 죽은 자들로부터 부활하신 날"이기 때문에 안식일이 아니라 주일을 지켜야 할 것을 신학적으로 변증하였습니다.

바나바의 편지는 주일을 유대인들이 미래적이며 종말론적인 새 창조의 상징으로 여기는 '제8일'이라는 개념으로 설명합니다. 바나바는 "월삭과 안식일과 대회로 모이는 것도 그러하니 성회와 아울러 악을 행하는 것을 내가 견디지 못하겠노라"(사 1:13)라는 이사야의 말씀을 근거로 하나님은 더 이상 안식일을 받지 않으시므로 "우리는 기쁨으로 제8일을 지킨다. 이날은 예수가 죽은 자들 가운데서 부활하신 날이며, 그가 나타나신 후에 하늘로 승천하신 날이다"라고 주장합니다. 여기에서 '제8일'은 칠일 째에 안식을 취하시고, 그 다음 날인 주일에 세상을 새롭게 창조하신다는 상징적 의

Giotto di Bondone 작, 「그리스도의 승천」 (그리스도의 생애 중 일부, 1304–06년)

미를 담고 있습니다.

    이러한 신학적 논리로 유대교의 안식일은 기독교적 주일로 대체되었습니다. 복음을 통하여 안식일의 율법에서 자유로워졌지만 반면에 기독교인들은 교회에 의해 주일에 대한 의무를 강요받기 시작하였습니다. 주일 예배 참석의 교회적 의무에 대한 첫 번째 증거는 "도시에 사는 사람 중에, 세 번 연속 주일 날 교회에 오지 않는 자는 잠시 동안 교회 공동체로부터 제외되어져야 한다"는 305년의 엘비라 공회의 결의 사항입니다. 콘스탄티누스 황제가 법적으로 일요일을 공휴일로 정한 이후 교회도 주일 휴식을 지킬 것을 권고하기 시작했습니다.

    중세 시대에 이르러 새롭게 기독교화한 민족에게는 주일이 기독교 신앙의 표지가 되었으며, 엄격한 법적 명령이 부과되었습니다. 아를의 카이사리우스는 "불행한 유대인들도 안식일에는 어떠한 세상적 일도 하려고 하지 않는데 하물며 은이나 금으로가 아니라 그리스도의 고귀한 보혈로 구원을 받은 우리는 그의 대속을 기억하며, 부활의 날에 하나님께 더욱 헌신해야 한다"라고 주장하였습니다. 교회는 538년 오를레앙의 3차 총회에서 처음으로 주일 안식을 교회법적으로 규정하였습니다. 콘스탄티누스 황제가 허용한 농사일도 구약의 안식일 계명에 따라 금지되었습니다. 동시에 이 총회는 주일예배를 당시 최상의 시간인 오전 9시로 확정하였습니다.

    그 이후 주일 안식법은 더욱 엄격해졌습니다. 주일에는 세속적인 일은 쉬고 전적으로 예배와 기도에 헌신할 것을 요구하며, 구체적인 일의 금지는 교회법으로 규정하였습니다. 전체적으로 스콜라 신학자들은 주일을 영적인 측면과 육체적, 물질적 측면에서 해석하였습니다. 토마스 아퀴나스는 주일의 목적을 안식이 아니라 성화, 즉 성만찬의 축제라고 보았습니다. 노동의 금지는 자연법적 계명도 아니고 신적 계시의 법도 아니라고 보았습니다. 왜냐하면 신약에서는 옛 계약의 제의적 내용이 폐기되었기 때문입니다. 그러므로 그는 주일 계명을 순전히 교회 계명으로 보았습니다. 그에게 주일 휴식은 유대교 안식일의 전적인 노동 휴식이 아니라 예배와 봉사를 의미하였습니다. 그러나 이러한 토마스 아퀴나스의 관점에도 아랑곳하지 않고 중세교회는 안식일적인 주일 계명을 계속하여 관철시켜 나갔습니다. 13세기 이래로 주일에 대한 법제화 노력은 더욱 분명해졌습니다. 15, 16세기에 이르러 주일 계명을 어기는 것을 죽음에 이르는 죄로 규정하기에 이르렀습니다. 부지중에 교회로부터 나온 계명이 다시 하나님의 계명이 되었습니다.

Filippino Lippi 작, 「토마스 아퀴나스의 생애」 중 일부 (1489-91년)

Lucas Cranach, the Elder 작, 「루터의 초상화」 (1543년)

종교개혁시대 - 복음의 자유와 주일의 의무

루터가 주일에 대한 논의를 시작하게 된 것은 극단적 종교개혁자인 카를슈타트와의 논쟁에서였습니다. 카를슈타트는 하나님은 사람들에게 안식일에 일을 하는 것을 금지시켰기 때문에 기독교인의 안식일인 주일에 기독교인도 이 계명을 철저히 따라야 한다고 주장하였습니다. 이에 대해 루터는 주일 준수에 대한 율법적 적용을 거부하며 복음 안에서 그리스도인이 자유롭게 되었음을 역설하였습니다. 루터는 사람들이 카를슈타트를 따른다면, 결국에는 언젠가 유대교 안식일을 지키고 할례를 받아야 한다고 반박하였습니다. 그는 분명하게 "절기와 인간들과 시간과 공간에 관련된 다른 모든 구약의 계명들처럼 이 계명도 그리스도 안에서 자유롭게 되었다"라고 선언하였습니다. 그는 엄격한 안식일 계명은 단지 유대인들에게 명령된 것이지, 그리스도인들에게 해당되는 것이 아니라고 보았습니다. 그는 그리스도인들이 지키는 것은 주일이며 이는 예배와 봉사를 위하여, 특히 언제나 휴식이 보장되지 않은 남녀 종들을 위하여 선물로 주어진 것이라고 이해하였습니다. 주일은 무엇보다 자유롭고 자발적인 동기에서 예배하고 봉사하는 날이 되어야 한다고 믿었습니다. 이런 점에서 그는 엄격한 중세 후기의 주일 규정에 반대하였습니다. 그러나 그는 하나님의 말씀을 듣고 봉사하기 위하여 모인 주일의 전통은 조화로운 질서를 이루며 그리스도인의 자유를 억압하지 않는 한에서 존중되어야 한다고 보았습니다.

Albrecht Dürer 작, 「한 성직자의 초상화」 (울리히 츠빙글리 초상화, 1516년)

츠빙글리 역시 기독교인들은 구약의 율법적 안식일로부터 전적으로 자유롭다고 생각하였습니다. 그는 안식일을 구약의 십계명에 근거시키기보다는 예수님이 모든 율법과 선지자의 강령으로 요약하신 두 계명(마 22:37), 즉 하나님에 대한 사랑과 이웃에 대한 사랑에 근거시켰습니다. 기독교적 안식일로서의 주일은 하나님의 말씀을 듣고, 봉사하는 사람들에게 휴식과 회복을 보증하는 것으로 이해하였습니다. 따라서 주일에 무조건 일을 하지 않는 것이 최상이 아니라, 주일 예배 후에 단지 빈둥거릴 바에야 차라리 꼭 필요한 일을 하는 것이 낫다고 보았습니다. 이를테면 추수 때문에 꼭 필요하다면 예배 후에 일할 수 있으며, 이날을 완전히 옮길 수도 있다고까지 말합니다(CR 91, 128).

칼빈도 주일은 일주일 중 하루를 예배와 봉사를 위해 비워 놓고 종과 같이 자유롭지 못한 자들에게 휴식과 회복을 주려는 데 목적이 있다고 보았습니다. 그는 루터나 츠빙글리와 마찬가지로 기계적(율법적) 안식일로서의 주일 이해를 거부하였습니다. 그는 주님이 우리 안에서 성령을 통하여 역사하도록 하기 위해 우리는 전 생애 동안 모든 우리 자신의 일로부터 완전한 영적 안식을 얻으려고 노력해야 하며 말씀을 듣고, 성례를 행하며, 공적으로 서로 기도하도록 만든 교회의 적법한 질서를 지켜야 한다고 주장했습니다. 나아가 칼빈은 주일은 권세자들의 통제 하에 있는 종이나 노예들에게 자유와 휴식을 주기 위한 것이라고 주장함으로써 주일이 지니는 사회 윤리적 의미를 강조하였습니다. 칼빈 역시 루터와 마찬가지로 주일과 다른 날이 본질적으로 차이가 있다고는 보지 않지만 일주일에 하루는 하나님의 말씀을 듣고 봉사하는 날로 구분되어야 한다는 점에서 전통적으로 내려온 주일을 지키는 것이 공동체의 질서를 유지하는 일이라고 보았습니다.

작자 미상,
「요한 칼빈의 초상화」
(1550년대)

영국의 청교도 – 엄격한 주일성수의 원조

루터나 칼빈이 복음을 통한 그리스도인의 자유를 강조함으로써 주일에 대

마틴 부처가
새겨진 메달
(슈트라스부르크 소장)

한 율법적 준수에 비판적이었던 것에 반하여 영국의 청교도는 안식일과 같은 엄격한 계명을 주일에 적용하려고 하였습니다. 이러한 청교도들의 태도는 종교개혁자 부처(Martin Bucer)의 영향으로 여겨집니다(R. Stupperich). 부처는 1548년 영국으로의 망명 이후 1551년에 거기에서 죽을 때까지 영국의 종교개혁에 강한 영향을 끼쳤습니다. 그는 특히 말년에 실제적인 기독교인의 삶 형성에 관심을 가졌고, 이에 대해 『그리스도의 통치에 관하여』(De Regno Christi)라는 마지막 저서를 저술하였습니다.

그는 구약성서적 근거, 특히 「출애굽기」 31장 14절 이하와 「민수기」 15장 32절 이하의 안식일 위반 시 처벌 규정을 주일에 적용시킵니다. 안식일 계명과의 관계에 있어서 그리스도인의 자유는 단지 하위 개념에 불과하였습니다. 그는 비록 「갈라디아서」 4장 10절과 「골로새서」 2장 16절에 나오는 율법으로부터의 자유를 인용하지만, 그는 다음과 같이 역설적인 결론을 내립니다: "비록 우리는 모든 모세의 가르침으로부터 자유롭고, 고대 이스라엘에 부과되었던 안식일과 다른 절기를 지킬 의무는 없지만 그럼에도 우리는 그리스도에 대한 믿음을 증대하기 위하여, 그리스도의 왕국이 더욱 많이 드러나게 하기 위하여 옛 규정보다도 더 열심히 주일을 지켜야 한다. 그러므로 주일을 분명하게 신앙적 일로 거룩하게 하는 것은 우리의 의무이다." 이러한 논리로 그는 구약의 규정과 같이 주일을 거룩하게 하지 못하는 것들에 대하여 엄한 벌을 가하는 법을 제정할 것을 왕에게 촉구하였습니다. 그는 주일에 일하는 것은 물론 육신의 일에 전념하고 돈을 버는 일, 형제의 거룩함을 방해하는 일, 연극과 서커스와 놀이와 쾌락을 법으로 금지시키고자 하였습니다.

  1603년 엘리자베스 여왕이 죽을 때만 해도 이러한 부처의 생각을 따르는 청교도는 소수였습니다. 그러나 슈트어드 왕가의 등장과 함께 그들은 영국의 지도적 정당이 되었습니다. 청교도들은 주일에 일하는 것을 엄격하게 금지하였을 뿐만 아니라 광범위하게 퍼져 있던 민중의 오락과 놀이(이를테면 연극, 동물사냥, 활쏘기, 춤, 공놀이 등)를 금지하고자 하는 주일에 관한 법을 의회에서 통과시키고자 하였습니다. 그러나 제임스 I세(1603-1625)는 그 유명한 『스포츠 책』(Book of Sports, 1616/1617)을 통해 방어하면서 예배시간 이외에 행하는 예부터 내려오는 무해한 백성들의 놀이를 허용하였습니다. 그러나 그의 후임자인 찰스 I세(1625-1649) 치하에서는 1625년에 절대적인 주일 휴식을 법적으로 규정하는 '주일 준수법'(Sunday Observance Act)이 통과되었습니다. 청교도 혁명 중인 1644년에는 이 법이 더욱 강화되어 『스포츠 책』은 완전히 폐기되었습니다. 이듬해에는 주일 엄격주의가 더욱 확장되어 다른 모든 축제가 철폐되기에 이르렀습니다. 이러한 청교도 정신은 1647년에 나온 『웨스트민스터 소요리문답』(The

Anthony van Dyck 작, 「사냥터에서의 잉글랜드 왕 찰스 1세」(1635년) ▶

▼ 웨스트민스터 회의 장면

Westminster Short Catechism)에 잘 나타나 있습니다: "모든 신자는 주일에 세상일을 멈추고 안식해야 하며, 오락뿐만 아니라 모든 세상적인 언어와 생각까지도 삼가며, 하나님께 예배하는 공적 일뿐만 아니라 사적인 훈련을 온전히 해야 한다."

1657년 '주일 준수법'은 더욱 강화되어 주일에는 모든 운송과 여행을 금지하였습니다. 예외적으로 주일날 식사 준비하는 것과 우유를 파는 것은 허용하였습니다. 가까스로 이 법의 시행을 감시하기 위하여 판사의 영장 없이 경찰이 개인의 집에 침입하는 것을 합법화시키는 부가조항 만큼은 아슬하게 통과하지 못하였습니다. 1660년 왕정복고와 더불어 이러한 엄격한 주일 규정은 폐기되었습니다. 그러나 18세기 각성운동의 전개로 개인적 차원에서 주일성수가 다시 강조되었습니다. 각성운동가들은 주일성수를 지킬 때 따른 어려움을 자신들의 영적인 각성의 표징으로 간주하였습니다. 주일학교의 시작도 이러한 주일성수의 전통 속에서 탄생되었습니다.

필리프 야코브 슈페너 초상화

영국 청교도들의 주일성수 전통은 유럽 대륙의 신학적 논의에도 영향을 미쳤습니다. 경건주의자 슈페너(Ph. J. Spener)는 이러한 주일 성수의 내용을 부분적으로 받아들였습니다. 그는 모든 신자가 주일에 일하지 않고, 개인적이고 공적인 예배에 참석하고, 이웃을 향해 사랑을 실천하고, 모든 죄짓는 일과 육체의 쾌락을 도모하는 일을 금지하도록 권면하였습니다. 주일을 안식일 계명에 연관시키는 일이 루터의 경우보다 비교할 수 없을 만큼 강하게 나타났습니다. 그러나 전체적으로 볼 때 유럽 대륙에서 영국에서와 같은 엄격한 주일성수운동은 일어나지 않았습니다. 북미에서는 청교도적 주일 개념이 이민자들의 영향으로 확산되었습니다. 버지니아에서는 1610년 법률을 통하여 모든 성인이 주일에 두 번(아침과 저녁) 공적 예배에 참석하는 것을 의무화하였습니다. 다른 식민 주에서도 주일에 일하는 것과 교역과 운송과 공적인 놀이를 금지시켰습니다. 그러나 극히 일부를 제외하고는 1776년 대부분이 무효화되었습니다. 그러나 19세기 대각성운동을 통하여 주일성수의 전통은 개인적 차원에서 되살아나기도 하였으나 오늘날에는 급격한 세속화와 여가문화 발달로 거의 사라지고 있습니다.

오늘날 주일의 의미는 무엇인가

주일은 무엇보다 '안식 후 첫 날' 부활하신 주님을 기념하는 기독교인들의 축일(祝日)입니다. 그러나 처음 기독교인들은 유대인이었기 때문에 전통적으로 지켜오던 안식일은 그대로 유지하면서 주일을 지켜오다가 예루살렘 성전이 로마에 의해 파괴되고, 유대교 회당으로부터 기독교인이 축출된 이후에는 독립적인 기독교인의 축일이 되었습니다. 그 이후 주일은 내용과 형식에 있어 율법적 안식일과의 단절을 시도하기도 하고, 이와 정반대로 안식일의 율법적 내용을 기독교화하여 주일을 기독교인의 안식일[6]로 만들려는 노력도 하였습니다. 전자는 무엇보다 그리스도에 의한 새로운 계약과 복음으로 주어진 그리스도인의 자유를 강조하는 루터나 츠빙글리나 칼빈의 입장이고, 후자는 주일을 거룩하게 지키기 위하여 교회의 법으로 주일의 계명을 규정하였던 중세 로마 가톨릭교회나 극단적인 청교도들이 대변하는 입장입니다.

오늘날 안식일과 주일의 관계를 논할 때 율법이냐 복음이냐, 강제냐 자유냐의 이분법적 접근은 올바른 방법이 아닌 것으로 여겨집니다. 예수님도 안식일 자체를 폐기하려는 것이 아니라 안식일의 기본정신을 되살리려고 하셨습니다. 예수님의 선포의 핵심인 '하나님 나라'도 하나님의 평화(샬롬), 영원한 안식과 분리될 수 없습니다. 하나님 나라의 도래는 인간의 모든 생활 영역과 역사와 우주 안에 임하는 영원한 하나님 안식의 도래를 의미합니다. 부활은 바로 이러한 하나님 나라가 이미 우리 가운데 시작되었음을 확증하는 사건입니다.

독일의 신학자 위르겐 몰트만

신학자 몰트만은 부활은 예수 안에서 이루어진 새로운 창조와 영원한 안식의 표징이므로 부활을 기념하는 주일은 새로운 창조의 비전 속에서 드려져야 한다고 보았습니다. 그는 "부활절 후의 기독교 공동체에 있어서 하나님은 십자가에 달린 그분의 형태 속에서 하나님 없는 이 세계의 한가운데에 '거하시며', 부활하신 그 분의 형태 속에서 새 창조 안에 있을 그의 보편적인 신적 내주(內住)(Schechna)를 그의 영의 현존을 통하여 앞당겨 온다"[7]라고 말합니다. 우리가 이 말에 동의한다면 주일은 부활하신 주님 안에서 새 창조와 영원한 안식, 하나님의 보편적인 내주를 앞당겨 체험하는 날이 되어야 합니다.

종교개혁자 칼빈은 주일은 권세자들의 통제 하에 있는 종이나 노예들에게 자유와 휴식을 주기 위한 것이라고 주장함으로써 주일이 지니는 사회 윤리적 의미를 강조하였습니다. 사실 안식일 계명에서 안식할 대상에 '네 남종이나 여종, 그리고 네 문안에 유하는 객'이 포함되어 있다는 것은 당시로서는 획기적인 일입니다. 「신명기」 5장에는 안식일을 지켜야할 근거를 다음과 같이 말하고 있습니다: "너는 기억하라. 네가 애굽 땅에서 종이 되었더니, 너희 하나님 여호와가 강한 손과 편 팔로 너를 거기서 인도하여 내었나니 그러므로 너의 하나님 여호와가 너를 명하여 안식일을 지키라 하시느니라"(신 5:15). 이 말은 너희들을 종살이에서 해방시키신 하나님의 은혜를 기억하고 지금 너희들이 거느리고 있는 종과 나그네들에게도 자신과 똑같이 하나님이 주시는 안식에 참여하게 하라는 말씀입니다. 이것은 일종의 약자보호법이라고 할 수 있습니다. 이 안식일의 정신에서 갇힌 자, 억눌린 자, 약한 자와 약탈된 자연에 자유와 해방을 주는 안식년(매 7년)과 희년(안식년이 7번 지난 다음해, 즉 50년) 제도가 생긴 것입니다.

   오늘날 주일에 율법주의적 안식일 계명들을 시대착오적으로 그대로 반복할 수는 없지만, 안식일의 근본 정신을 지키는 일은 중요하다고 생각합니다. 노동의 능력과 효율성 만으로 사람의 가치를 평가하는 오늘날의 경제 제일주의적 세계에 저항하여 안식은 노동의 대가로 주어지는 인간의 성취물이 아니라 모든 피조물에게 주어지는 하나님의 은혜의 선물임을 인식해야 합니다. 노동 능력이 없는 노약자나 병자나 장애우에게 있어서 하나님 은혜로 주어지는 안식을 누리는 것은 하나님이 보장한 피조물로서의 권리입니다. 또한 여가 산업 증대로 여유 있는 사람들은 주일에도 레크리에이션을 즐기지만 가난한 사람들은 이들을 위해 주일에 더욱 많이 노동해야 하는 반안식일적 구조도 개선하여야 합니다. 인간의 무한한 욕망에 의하여 약탈되는 자연과 생태계에도 하나님의 안식이 필요합니다. 인간만이 아니라 이 우주에 거하는 모든 생명이 하나님의 창조물이므로 모든 피조물은 하나님이 선물로 주신 안식을 누릴 권리가 있음을 인정하여야 합니다.

오늘날 교회가 주일을 올바로 지키기 위하여서는 점증하는 쾌락적 여가문화와 이에 따르는 소외감과 공허감을 극복하기 위한 의미 있는 주일과 휴일 문화를 창출하지 않으면 안 됩니다. 이는 청교도적 율법주의도 아니고, 개인적 차원에서 그리스도인의 자유에 전적으로 맡기는 것도 적합하지 않습니다. 주일은 단순한 노동의 휴식이 아니라 무엇보다 예배와 기도와 봉사를 통하여 영적 고양과 거룩함을 이루는 날이 되어야 합니다. 교회는 기독교인들에게 가능하면 자주 예배하기 위하여, 말씀을 듣기 위하여, 기도와 찬양 속에서 주님을 부르기 위하여, 주의 만찬을 나누기 위하여 성도의 교제를 위해 모이도록 권면하여야 합니다. 초기의 주일 예배가 그렇듯이 '함께 모여 떡을 떼는 일'이 중요합니다. 주일 예배가 단순히 설교만 듣는 것이 전부라면 굳이 교회에 출석하지 않고 인터넷을 통하여 보고 들으면 그만일 것입니다. 주일은 점증하는 여가의 한 부분으로 동화되거나, 경제적 압력에 의하여 본래 의미가 상실되어서는 안 됩니다. 주일은 부활하신 주님의 날이며, 신앙공동체의 주간 부활 축제입니다. 주의 날에 확증되는 새로운 계약이 그리스도인들을 모든 억압으로부터 해방시킵니다. 그리스도인들은 이러한 구원과 해방의 기쁨이 모든 피조물에게 확대되도록 노력하여야 합니다.

미주

1) 이러한 주장을 하는 대표적인 교파는 '제7일 안식일 예수재림교'입니다. 이 교파의 여선지자 화이트(Ellen G. White)는 환상 중에 천국에서 언약궤에 담긴 십계명을 보았는데, 여러 계명 중 안식일 준수를 명령하는 '제4계명'에서 더욱 광채가 났다고 합니다. 그녀는 이 환상에 근거하여 안식일만은 성일로 지킬 것을 주장하는 한편 예수님의 재림이 지연되는 것도 이 안식일을 제대로 지키지 않기 때문이라고 강변하였습니다.

2) 따라서 행성 이름에 따른 요일의 순서는 토(Saturn) – 일(Sun) – 월(Moon) – 화(Mars) – 수(Mercury) – 목(Jupiter) – 금(Venus)입니다.

3) 유대인들에게는 안식일이 일주일의 중심이 되며 요일의 이름이 따로 있는 것이 아니라 단지 안식 후 첫째날, 둘째날, 셋째날 등으로 불릴 뿐입니다. 안식일 전날인 금요일은 다음날 먹을 음식을 준비하고 등불을 켜는 일을 했으므로 '준비일' 또는 '안식일 전날'이라고 불렀습니다. 유대인들에게 있어서 하루는 일몰로부터 시작해서 다음날 일몰까지입니다. 따라서 자정부터 시작하여 다음날 자정까지를 하루로 계산하는 오늘날의 계산법과는 밤 몇 시간이 겹치게 됩니다. 다시 말하면 늦은 저녁이나 밤 시간도 유대인의 경우 다음날로 계산할 수 있습니다.

4) 오늘날도 정통파 유대인들은 안식일을 엄격하게 지키고 있습니다. 이들은 구약의 말씀(레 19:27)에 근거하여 귀 옆의 머리와 수염을 자르지 않고, 아무리 더운 여름이라도 검은색 옷과 검은색 모자를 쓰고 다닙니다. 이들은 안식일을 철저하게 지키며, 안식일에 자신들이 사는 지역에 차량이 지나가면 차를 향해 돌을 던지기도 합니다. 이는 안식일을 범하는 자는 '돌로 치라'(민 15:32-36)에 근거하여 그런 행동도 서슴지 않고 합니다. 이에 반해 개혁파 유대인들은 안식일 법도 변화된 시대적 상황에 맞추어 적용되어야 한다고 보며, 안식일에 차를 타는 것을 전혀 문제시 하지 않습니다.

5) 기독교 문서 이외에 주일의 존재를 알려주는 문헌으로는 비두니아(비티니아)의 총독 플리니우스가 112년 경 트라야누스 황제에게 보내는 편지입니다. 그는 그리스도인에 대한 심문을 보고하는 가운데 "그리스도인들은 습관적으로 하루가 시작하는 새벽에 특정한 날에 모여 서로 하나님으로서의 그리스도를 찬양하며, 서로 도덕적인 성결한 삶을 살도록 권면하였다. 이것이 끝난 후 헤어졌다가, 후에 식사를 나누기 위해 다시 모였다"라고 증언하고 있습니다. 그는 안식일에 대하여서도 자세하게 기술함으로써 안식일 이외에 기독교인의 특정한 '주일'이 있었음을 확인하고 있습니다.

6) 기독교적 안식일은 안식교의 주장처럼 주일 대신에 안식일을 지켜야 한다는 유대교적이며 문자주의적 입장이 아니라, 주일은 부활하신 주님을 기념하는 날임을 분명히 하면서 이날을 거룩하게 지키기 위하여 안식일적 요소를 취하는 것을 의미합니다.

7) 위르겐 몰트만, 김균진 역, 『오시는 하나님–기독교적 종말론』(서울: 대한기독교서회, 1997), 457쪽.

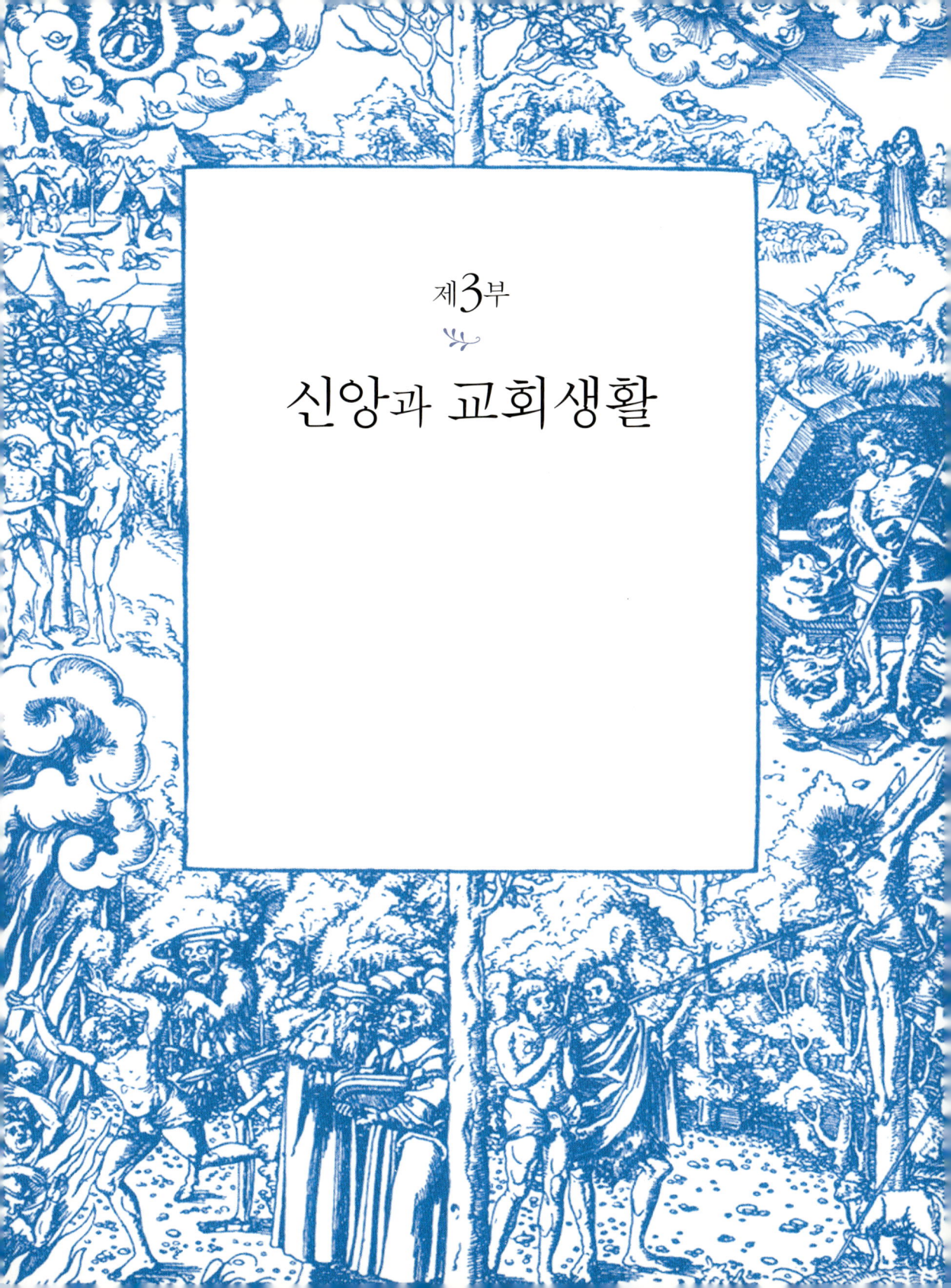

제3부

신앙과 교회생활

주기도문의
유래와 의미는 무엇일까?

주께서 가르치신 기도

James Jacques Joseph Tissot (1836-1902년) 작, 「그리스도의 생애」(1899년)에 실린 「주기도문」 그림
*출처 : feardearg.com/pages/62.htm

기도는 신앙생활에서 호흡과 같은 일입니다. 숨을 쉬지 않고 생명체가 살 수 없듯이 기도하지 않고 올바른 신앙을 유지한다는 것은 불가능한 일입니다. 신앙인은 기도를 통하여 하나님과의 살아 있는 관계를 유지하며, 하나님의 뜻을 묻고 지혜와 능력을 간구합니다. 예수님도 역시 기도의 사람이었습니다. 예수님은 자신을 따르는 무리를 피하여 한적한 곳에서 기도하셨으며(눅 5:16), 때로는 산으로 가서 밤을 맞도록 기도하셨습니다(눅 6:12). 예수님의 하나님 나라 운동의 내적 능력 원천은 바로 기도였습니다. 스승의 이러한 모습을 눈여겨 본 제자들은 자기들에게도 기도하는 법을 가르쳐 달라고 요청합니다(눅 11:1).

이러한 제자들의 요청에 응하여 "예수(주)께서 가르쳐주신 기도"가 바로 우리가 '주기도문'[1]이라고 부르는 기도입니다.

그때나 지금이나 우리는 기도는 하지만 어떻게 하는 것이 올바른 기도인지 제대로 모릅니다. 우리는 기도라는 이름으로 우리의 욕망과 뜻을 하나님에게 강요하기도 하고, 때로는 기도를 단지 자기확신과 최면의 수단으로 사용하기도 합니다. 더 나쁘게는 기도를 통하여 미래를 점쳐 사람들의 불안한 심리를 파고들어 이득을 취하기도 합니다. 따라서 우리의 기도가 "이방인과 같이 중언부언하지 않기"를 바라시면서 "너희는 이렇게 기도하라"라고 가르치신 주님의 기도가 올바로 기도할 줄 모르는 우리에게는 참된 기도의 모범이라고 할 수 있습니다.

주기도문에는 단순한 기도의 의미를 넘어 기독교 신앙의 핵심적 내용이 담겨져 있습니다. 이에 따라 교부 테르툴리아누스는 주기도문을 전체 기독교 복음과 도덕의 요약으로 생각했습니다. 또 다른 기독교 신앙의 요약인 사도신경은 초대 교회에서 유래하지만, 주기도문은 예수님 자신에게서 유래하기 때문에 의미는 더욱 크다고 할 수 있습니다. 오늘날 주기도문은 공중예배나 소모임에서 지나치게 습관적으로 암송되는 경향은 있지만 교리적으로 채색되지 않은 예수님의 생생한 목소리를 담고 있다는 점에서 의미를 깊이 되새길 필요가 있습니다.

두 개의 주기도문?

오늘날 교회에서 사용하는 주기도문은 찬송가 앞이나 뒤에 있는 하나의

시리아어로 된 주기도문

주기도문입니다. 그러나 복음서에 보면 주께서 가르치신 기도, 즉 주기도문은 두 가지 형태로 전해지고 있습니다. 단지 5개의 간구(청원)로 이루어진 누가의 짧은 본문(눅 11:2-4)과 비교적 긴 마태의 본문(마 6:9b-13)이 바로 그것입니다. 「누가복음」의 본문은 짧은 호격인 '아버지'(πατήρ), 하나님을 지칭하는 이인칭을 사용하는 두 개의 간구와 우리 자신을 지칭하는 일인칭 복수를 사용하는 세 개의 간구로 이루어져 있습니다. 이에 반해 마태의 본문은 "하늘에 계신 우리 아버지"란 말로 시작하여 세 개의 이인칭 간구들과 세 개의 좀 더 긴 삼인칭 간구들로 이루어져 있습니다. 서방교회에서는 아우구스티누스(어거스틴) 이래 마지막 간구를 두 독립된 간구로 계산하여 모두 7개의 간구로 보았습니다.

초대 교회에서 사용된 주기도문은 이 두 가지 말고 하나가 더 있습니다. "열두 사도들의 가르침"으로 알려진 '디다케'(Didache)에 나오는 주기도문이 그것입니다. 이 본문은 「마태복음」의 주기도문과 거의 같은데 마지막에 송영("권능과 영광이 영원히 하나님의 것입니다")이 덧붙여 있습니다. 후대에 나타난 「마태복음」의 사본 가운데에는 이 송영 부분을 첨가한 사본이 있습니다. 여기에서 볼 수 있는 본문은 단순히 '디다케'의 송영 부분을 반복한 것이 아니라 하나님의 '나라'라는 단어를 첨가하여 "나라와 권능과 영광이 영원히 하나님의 것입니다"라고 고백하고 있습니다. 오늘날 교회에서 사용하는 주기도문의 본문은 이 전통에 따른 것입니다.

왜 이렇게 주기도문의 본문이 서로 다른 모습을 하고 있을까요? 이것이 오늘날의 기독교인들에게 혼동을 줄 수 있지만, 각각의 본문은 이 본문을 사용한 공동체의 '삶의 자리'를 반영하고 있습니다. 학자들에 따르면 마태와 누가는 예수님의 어록으로 추정되는 Q 문서[2]에 나타난 주기도문을 근거로 자신들 공동체의 예전적 전통 속에서 각자의 본문을 형성한 것으로 보고 있습니다. '디다케'의 주기도문은 「마태복음」이 쓰인 공동체와 연관이 있으며, 그 본문에 기초하여 형성된 것으로 추정됩니다.

Carl Heinrich Bloch 작,
「산상 설교」
(1865-79년)

유대인들의 기도와 주기도문

오랫동안 기독교회는 주기도문을 유대교의 기도와 전혀 다른 새로운 기도의 내용과 형식이라고 생각하였습니다. 말하자면 주기도문은 '새로운 포도주'를 담는 '새로운 부대'였습니다. 그러나 계몽주의 시대 이후 학자들의 연구에 의하여 주기도문이 유대교적 기도와 무관하지 않다는 사실이 밝혀졌습니다. 학자들의 관심은 주기도문에 어느 정도의 유대교적 요소가 들어 있으며, 어느 점에서 유대교와 구별되는 기독교적 독특성을 띠게 되는가를 밝히는 데 있습니다.

분명한 것은 예수 당시에 주기도문과 똑같은 형식의 유대교 기도문이 존재하지 않는다는 점입니다. 주기도문과 유사한 것을 유대교적인 예전적 기도문에서는 찾을 수가 없습니다. 주기도문과 같은 성격의 기도문은 유대교에서 개인적 기도에 해당되는 것이었습니다. 그러나 주기도문 속에 나타난 적지 않은 요소가 구약성서와 유대인들의 개인적인 기도, 그리고 훨씬 후대에 생성되는 비규범적인 유대교 랍비문학 속에서 발견된다는 점에서 주기도문과 유대교적 기도의 연관성을 무시할 수는 없습니다.

주기도문과 내용적, 구조적으로 가장 유사한 유대교 기도의 병행구는 아람어 카디시(Kaddish)의 첫 부분입니다. 그 내용은 다음과 같습니다: "그의 위대한 이름이 그의 뜻에 따라 창조된 이 세상에서 위대하게 되고 거룩하게 되옵소서/ 그의 통치(나라)가 전 이스라엘의 삶과 날에 속히 가까운 시간에 이루어지게 하옵소서."

히브리어 카디시

모세가 10계명을 받고 있는 그림이 그려진 유대인 기도서

카디시는 오늘날의 종결 송영에 해당하는 것으로 유대교 예전의 마지막을 장식합니다. 고대에는 설교에 대한 대중의 응답으로 사용되었습니다. 카디시의 온전한 모습은 9세기에 비로소 나타납니다. 바이츠만(Weizman)은 이것의 처음 시작을 탈무드 학자들의 첫 번째 세대 시대인 4세기 경으로 잡습니다. 카디시 기도는 하나님에 대한 친밀한 부름으로 시작하지 않습니다. 그러나 수동형의 형식은 주기도문과 같습니다. 카디시가 주기도문과 다른 중요한 점은 '이스라엘 공동체의 조속한 회복'을 강조한다는 것입니다.

이외에도 유대인의 소위 '18 간구기도'(Schemone-Esre Berakhoth)에도 유사한 부분이 있지만 시대적으로 주기도문보다 훨씬 후대에 생성된 것이어서 주기도문이 영향을 받은 것은 아닙니다. 신약학자 예레미아스(Jeremias)는 주기도문이 기존의 유대교 기도와 달리 예수님의 독특성을 지니고 있다고 보는 이유로 첫째 단순하고 직접적인 '아빠(압바)' 호칭을 사용하고, 둘째 주기도문의 형식과 내용이 간결하고 함축성이 있어 이에 대한 해석이 열려 있고, 셋째 주기도문의 주 모티브가 종말론적 경향을 띠고 있음을 들고 있습니다.

교회 역사 속의 주기도문

초대교회의 '디다케'는 주기도문을 하루에 세 번 기도하라고 가르쳤습니다. '디다케'의 주기도문은 「마태복음」 본문에 기초되어졌고, 처음으로 송영을 덧붙였습니다. 주기도문은 처음에는 개인적이고 가정적인 기도로 사용된 것으로 추정됩니다. 사도적 전승에 따르면 주기도문이 예전적으로 처음 사용된 것은 세례자 교육에서입니다. 주기도문은 세례교육 시 비밀 전수 방식(Arkandisziplin)으로 성만찬 참여가 허용되기 이전에 수세자에게 전승되었습니다. 이

Nicolas Poussin 작, 「세례식」(1642년)

것은 기독교 신앙의 근본적이고 가장 내밀한 부분을 이해하지 못하거나 적대적인 사람들의 공격으로부터 보호하려는 의도에서 비공개적으로 주어진 것입니다. 구두로 전달되기는 하지만 이미 예전적인 예문 같은 것이 있었으리라고 추정할 수 있습니다. 그러나 주기도문이 언제부터 공중예배에 받아들여졌는가를 우리는 알 수 없습니다.

고대 교회에서 주기도문은 오로지 세례 받은 자들의 기도문이었습니다. 왜냐하면 세례 받은 자만이 비로소 하나님을 아버지라고 부를 수 있기 때문이었습니다. 성만찬 예배에서 주기도문은 성찬을 분배하기 전에 하나님 가족의 식탁기도로서 이해되었습니다. 이때 주기도문의 네 번째 간구인 빵(양식)에 대한 간구는 직접적으로 성만찬의 빵과 연결되었습니다. 그리고 다섯 번째와 일곱 번째 간구는 성만찬에 참여하기 위한 전제와 준비로서 이해되었습니다. 동방교회와 서방교회에서 형성된 미사 순서에서 주기도문은 언제나 성경 말씀 다음에 자리하였습니다.

6세기 중반에 들어와 주기도문은 복음서와 신조 다음으로 중요하게 간주되었습니다. 주기도문은 하나님의 자녀가 누리는 특권으로, 모든 기도의 중심에 자리잡고 있으며 삶의 자리에서 뿐만 아니라 죽음의 자리에서도 강조되었습니다. 중세교회는 "환자들은 주의 기도와 사도신경을 암송하며, 자신의 영혼을 하나님의 손에 맡기고, 십자가를 그으며, 산 자들과 작별하여야 한다"라고 가르쳤습니다.

1500년 경의 세례 의식은 축사(逐邪)의 도입 행위가 끝난 뒤에 주기도문-아베마리아 송-신앙고백의 순으로 이루어지는 것이 일반적이었습니다. 종교개혁자 루터는 여기에서 아베 마리아 송을 빼고 주기도문을 복음

루터가 번역한 독일어 주기도문

DAS VATERUNSER

Vater unser, der du bist im Himmel,
geheiligt werde dein Name;
dein Reich komme;
dein Wille geschehe,
wie im Himmel, also auch Erden.

Unser täglich Brot gib uns heute,
und vergib uns unsere Schuld
wie wir vergeben unsern Schuldigern;
und führe uns nicht in Versuchung,
sondern erlöse uns von dem Uebel.

Den dein ist das Reich, und die Kraft und
die Herrlichkeit, in Ewigkeit. Amen.

서 낭독 뒤에 위치시켰습니다. 그는 1520년 『십계명, 신조, 주기도문에 관한 소고』에서 주기도문을 예배에서 뿐만 아니라 가정에서나 사적으로 사용하도록 권유하였습니다. 어린 아이들이 아침이든 저녁이든, 식사 전후든, 성만찬 전후든, 일을 시작하기 전이나 무엇을 시작하든 그것에 익숙해지도록 "주기도문은 일반적인 기도가 되어야 한다"라고 주장하였습니다.

또 그는 1523년의 『세례 소책자』에서 '어린이복음' (막 10:13-16)을 낭독한 다음에 안수와 함께 주기도문을 낭독하도록 하였습니다. 안수할 때 주기도문을 낭독하는 것은 주의 기도 전승이 세례 교육적인 사고를 넘어서 중보적인 축복기도가 됨을 의미합니다. 이것은 루터교 세례예식의 고유한 특성이 되었으며, 안수할 때에는 다음과 같은 말로 시작합니다: "우리는 또한 이 어린 아이를 위하여 이 축복을 간구합니다. 그러므로 그에게 손을 얹고 함께 주께서 가르쳐 주신 기도를 드립시다." 그러나 개혁교회 세례예전은 안수할 때 주기도문 낭독을 제외시켰습니다. 개혁교회는 주기도문을 성만찬 예배에서 성만찬을 준비하는 의미에서, 설교예배에서 마침 축복 전의 기도로, 세례나 혼인이나 안수 시 축복기도의 의미로 사용합니다.

주기도문[3] 다시보기

"하늘에 계신 우리 아버지여"

누가의 주기도문에서는 하나님을 아무런 수식 없이 그냥 '아버지' (πατήρ)로 부릅니다. 이 말은 아람어 '압바(아빠)' (abba)에 해당하며, 어린 아이들이 자신의 아버지를 친밀하게 부르는 말입니다. 예레미아스는 이 말이 예수님 자신의 '고유한 목소리'(ipsissima vox)이며, 이는 바로 아들 예수와 하나님의 독특한 관계를 표현한다고 주장합니다.

당시 유대인의 기도에서 하나님에 대한 호칭이 주로 창조자, 유지자, 세계의 최고 통치자 등으로 표상되었음에 반하여 예수님이 사용한 이 호칭은 예수님의 자의식과 그의 선포로 미루어 볼 때 '하나님의 가까움'과 그의 사랑을 표현하고 있다고 볼 수 있습니다. 이 용어에 예수님의 독특성이 있다고 하더라도 비유대적인 것은 아닙니다. 마태의 주기도문은 '아버지'를 "하늘에 계신 우리 아버지"로 부름으로써 당시의 회당에서 중요하게 사용되는 유대교적 어법인 "하늘에 계신" 분으로서의 '아버지'를 강조합니다. 훨씬 후대에 나온 유대인들의 소위 '18 간구기도'에도 "우리 아버지"(4. Ber.)라는 표현이 나오기는 하지만 이는 그 앞에서 열거한 극존칭의 수사(修辭) 후에 오는 것으로 주기도문의 맥락과는 의미가 다르다고 할 수 있습니다.

15세기 후반 영국에서 출간된 성경의 주기도문 부분
(British Library 소장)

"이름이 거룩히 여김을 받으시오며"

이 첫 번째 간구를 그리스어 원문에 따라 문자적으로 번역하면 "(당신이) 당신의 이름이 거룩하여지게 하시며"입니다. 이 문장에서 주어는 아버지이므로 아버지의 이름을 거룩하게 하는 주체가 아버지인 셈입니다. 거룩함은 하나님의 속성입니다. 하나님은 거룩하신 분이므로 유대인들은 하나님의 이름을 함부로 부를 수 없었습니다. 그 신적인 거룩함은 인간에 의하여 주어지는 것이 아니라 하나님 자신에게서 오는 것입니다. 따라서 이 문장에서 쓰인 수동형은 신적인 수동형(Passivum Divinum)입니다. 이 문장은 분명히 "우리가 하나님의 이름을 거룩하게 합시다!'라는 식의 청유형이 아니라 인간의 간구(청원)문입니다. 이러한 간구 속에는 아버지께서 우리를 통하여 당신의 이름을 거룩하게 하시기를 바라는 겸손한 소망과 이를 위해 자신의 생각과 행동을 바꿀 결단의 마음이 담겨져 있습니다. 하나님에 의하여 인간을 통해 하나님의 이름이 거룩하게 되는 길은 인간이 하나님 말씀의 진리 안에 거하는 것입니다(요 17:17).

"나라가 임하시오며"

이 부분은 주기도문에서 가장 중요한 간구라고 할 수 있습니다. 원문에는 '나라' 앞에 '당신의'라는 소유격이 있습니다. 그래서 원래 문장은 "당신의 나라가 임하시오며"가 됩니다. 여기에서 당신은 물론 앞에서 호칭으로 부른 '아버지'입니다. 이 아버지는 바로 하나님이므로 이 부분의 내용은 '하나님의 나라'에 대한 간구입니다. '하나님의 나라'는 예수님 선포의 핵심이었습니다. 그런데 이 '하나님의 나라'를 이해하기가 쉽지 않습니다. 보통 이것을 공간적으로 이해하여 죽어야만 '들어갈' 수 있는 사후 세계로 이해하기도 합니다.[4] '하나님의 나라'를 이렇게만 이해할 때 '하나님의 나라'가 '임(臨)하기'를 바라는 간구는 다소 의외일 수 있습니다. 그러나 예수님의 공생애 첫 선포 내용이 "회개하라 천국이 가까이 왔다"(마 3:2)임을 생각하면 '하나님 나라의 도래'는 예수님 가르침의 핵심이라는 사실을 알 수 있습니다.

사도들에게 하나님의 나라를 보여주는 그리스도
(British Library 소장 성경 삽화)

'나라'(βασιλεία)라는 개념에는 왕국이라는 물리적 개념뿐만이 아니라 통치(The act of ruling)라는 추상적 개념도 포함됩니다. "하나님의 나라는 ~와(과) 같으니"라고 시작되는 예수님의 '하나님의 나라' 비유들에서는 오히려 추상적 개념으로 더 많이 사용되고 있습니다. 이 경우 '하나님의 나라'는 하나님의 통치가 실현되는 곳, 하나님의 뜻이 이루어지는 곳이나 상태 또는 과정이라고 말할 수 있습니다. 예수님은 하나님의 통치가 시간과 공간을 초월한 모든 영역에 실현되어야 한다고 보았습니다. 어떠한 어둠의 권세가 이를 방해하고 저지하려고 하여도 이미 이곳에서 자신과 더불어 시작된 하나님의 나라는 "겨자씨가 자라 나무가 되어 그 가지에 새들이 깃드는 것과 같이"(눅 13:19) 유기적인 성장을 할 것이라고 예수님은 믿으셨습니다. 예수님은 어둠이 아직 완전히 사라진 것은 아니지만 여명처럼 밝아 오는 하나님 나라의 빛 앞에서는 사라질 운명이며 지금 사라지고 있다고 보았습니다.

이러한 '하나님의 나라'에 대한 예수님의 이해와는 달리 유대인들은 '하나님의 나라(통치)'를 전적으로 현재적이며 정치적인 것으로 이해하거나 묵시적인 것으로 보았습니다. 이들이 기대하는 '하나님의 나라'는 옛 다윗 시대의 영광을 회복하는 것입니다. 바벨론에 의해 나라가 망한 후 식민지 백성으로서의 한(恨)이 다윗과 같은 정치적인 메시아를 기대하게 하거나, 후기 유대교 묵시문학에서 보듯이 우주의 종말과 심판을 가져올 묵시적인 메시아를 기대하게 하였습니다. 심지어 부활 이후 예수님의 제자들이나 초기 기독교 공동체 내에도 이러한 정치적 메시아에 대한 기대가 완전히 사라지지 않았습니다(행 1:6). 예수님을 거부하던 유대인들이 제2차 유대전쟁을 이끈 바르 코흐바(Bar Kochba, '별의 아들'이란 뜻)를 메시아로 인정한 일에서 그들의

시몬 벤 코시바(바르 코흐바)의 동전.(대영 박물관 소장) 지붕 위에 있는 메시아를 상징하는 별과 내부의 언약궤가 눈에 띈다.

강한 현실적이고 정치적인 메시아 왕국에 대한 기대를 볼 수 있습니다.

예수님은 하나님의 나라를 단지 묵시적이거나 정치적인 것으로 이해하지 않았습니다. 그는 하나님의 나라를 묵시문학적으로 그리거나 구체적인 정치적 프로그램으로도 제시하지 않았습니다. 그는 하나님의 뜻인 사랑과 용서가 이루어지는 곳, 하나님의 치유와 회복이 이루어지는 곳, 하나님의 정의와 평화(샬롬)와 내주(셰키나)가 이루어지는 곳은 이미 그것이 개인이든 공동체이든 하나님의 나라가 시작된 것이라고 가르치셨습니다.

예수님이 시작한 하나님의 나라는 폭력이나 힘에 의하여 세워지는 정치적인 메시아 왕국이 아니었습니다. 그렇다고 그가 세상과 초연한 내면의 세계로 도피한 것도 아닙니다. 오히려 더욱 근원적이고 강력한 사랑의 힘과 하나님의 지혜 힘으로 이 세상의 폭력과 무지에 저항하며 하나님 나라의 가치를 이 땅에 실현시키려고 애쓰셨으며, 이를 위하여 자신의 몸을 버리셨습니다. 예수님과 함께 시작된 하나님의 나라는 '지금 이곳'에서 시작되고 자라고 있으나 '아직 완성되지 않은' 나라입니다. 하나님의 나라는 고정된 형태가 아니라 역동적인 것입니다. 인간들은 유토피아라는 유사 '하나님의 나라' 건설을 위해 폭력을 사용하기도 하지만, 참된 '하나님의 나라'는 하나님의 은총으로 인하여 우리에게 주어지는 선물입니다. 그러므로 우리는 하나님의 나라를 위하여 일하지만, 동시에 그 나라가 임하길 간구하는 것입니다.

"뜻이 하늘에서 이루어진 것 같이 땅에서도 이루어지이다"

이 구절은 「마태복음」 6장 10절 후반부에만 나오는 것으로 앞의 "하나님 나라의 도래" 간구와 같은 맥락에서 추가된 것입니다. 이 부가문은 하나님의 뜻이 하늘에서 이미 이루어졌고, 그것처럼 땅에서도 하나님의 뜻이 이루

Giacinto Brandi 작,
「겟세마네 동산에 계신 그리스도」(1650년경)

어지기를 간구하고 있습니다. 하나님의 뜻이 이루어진 곳이나 상태가 바로 하나님의 나라입니다. 예수님이 십자가를 지기 전 겟세마네에서 '땀방울이 핏방울이 될' 정도로 처절하게 기도하신 것도 자신의 뜻이 아니라 '하나님의 뜻(원)대로' 되어지기를 간구하는 것이었습니다(마 26:39). 예수님께서 '하나님의 뜻이 이루어지기'를 간구할 때 하나님이 원하는 것을 하나님이 하시기를 간구할 뿐만 아니라 동시에 자기 자신도 능동적으로 하나님의 뜻에 따를 수 있는 힘을 달라고 간구하는 것입니다. 구약의 사고에서는 능동적인 하나님의 의지는 언제나 능동적인 파트너에 대한 요구로 이해됩니다.

"오늘 우리에게 일용할 양식을 주시옵고"

빵(양식)에 대한 간구는 이곳 이외에는 거의 사용되지 않은 단어 에피우시오스(ἐπιούσιος)때문에 해석에 큰 어려움이 있는 구절입니다. 우리말로는 '일용할', 영어로는 'daily'로 번역된 이 말의 어원을 둘러싸고 학자들 간에 이견이 있습니다. 그 핵심은 이 용어가 현재적 의미를 지니는가, 미래적 의미를 지니는가 하는 것입니다. 즉 오늘 당장 필요한 양식인가, 다가오는 날(미래의 날)을 위한 양식인가 하는 점입니다. 이 용어의 미래적 의미를 강조하는 사람들은 이 구절을 "오늘 우리에게 우리의 내일의(미래의) 빵을 주십시오"라고 해석합니다.[5] 이 간구되어지는 빵(양식)은 미래적인 하늘의 빵, 즉 (미래의) 하나님 나라에서의 종말론적인 식탁의 빵입니다. 그러나 이 해석은 '우리의'라는 소유대명사와 '오늘'(σήμερον)이라는 부사에 의하여 한계를 드러냅니다. 왜냐하면 이 말들은 먼 미래가 아니라 임박한 현재적 의미를 나타내고 있기 때문입니다. 이러한 현재적 의미를 강조할 때, 이 빵은 「출애굽기」 16장 4절에 나오는 만나와 비슷하다고 생각할 수 있습니다: "그때에 여호와께서 모세에게 이르시되, 보라 내가 너희를 위하여 하늘에서 양식을 비같이 내리리니 백성이 나가서 일용할 것을 날마다 거둘 것이니라. 이같이 하여 그들이 내 율법을 준행하나 내가 시험하리라…… 너희가 각 사람의 먹을 만큼만 거둘지니"(16:16); "많이 거둔 자도 남음이 없고, 적게 거둔 자도 부족함이 없이 각 사람은 먹을 만큼만 거두었더라"(16:18).

Tintoretto 작,
「만나의 기적」(1577년)

'내일의 빵(양식)' 또는 '일용할 빵(양식)'이란 결코 예비적 부의 축적이 아니라 생존 가능성의 문제인 것입니다. '오늘'이라는 단어는 간구의 긴박성을 나타내고 있습니다. 또한 '우리에게'라는 공동체적 연대성이 있습니다. 이 빵에 대한 간구는 다음날의 양식을 보장받지 못하는 현재의 사회적 상황이 궁핍한 사람들의 간구라고 할 수 있습니다. 일용할 양식의 간구는 욕심을 채우기 위한 욕망의 기도가 아니라 최소한의 생존을 위한 생명의 빵을 간구하는 것입니다. 이 세상의 재화는 모든 사람의 욕심을 만족시키기에 부족하지만 모든 생명의 필요를 만족시키기에는 충분합니다. 이 빵(양식)에 대한 간구는 함께 충분히 빵을 나눌 수 있는 공동체가 깨어진 탐욕스러운 세상 속에 하나님의 정의와 평화가 속히 이루어지길 바라는 염원을 담고 있습니다.

"우리가 우리에게 죄 지은 자를 사하여 준 것 같이 우리 죄를 사하여 주시옵고"

이 구절에서 「마태복음」에서는 그리스어로 단지 '부채(빚)'를 의미하는 '오페일레마'(ὀφείλημα)라는 단어를 사용하는 데 반하여 「누가복음」에서는 은유적인 의미로 '죄'를 뜻하는 '하마르티아'(ἁμαρτία)라는 단어를 사용합니다. 학자들은 마태가 사용한 용어가 본래적일 것이라고 보고 있습니다. 이것은 빵(양식)에 대한 간구와 마찬가지로 부채(debts)에 짓눌려 살고 있는 가난한 사람들의 절박한 간구입니다. 그러나 이 부채에는 물질적인 것뿐만 아니라 정신적인 것도 포함됩니다. 여기에서 은유적으로 사용되는 죄는 소극적으로 하지 말아야 할 것을 포함할 뿐만 아니라 당연히 해야 할 것을 하지 않는 적극적 의미의 죄를 포함하고 있습니다. 하나님 나라에서는 하나님 은총으로 인하여 빚의 탕감과 죄의 용서가 이루어집니다.

Rembrandt Harmenszoon van Rijn 작, 「간음죄로 붙잡혀 온 여인과 그리스도」(1644년)

전통적으로 '오직 믿음으로 말미암는 구원'을 강조하는 개신교회에서는 이 구절을 해석하는 데 어려움을 느낍니다. 이 구절은 마치 인간에 대한 용서가 하나님이 인간을 용서하시는 전제와 조건처럼 보여집니다. 이것은 값 없이 주시는 하나님의 은총에 대한 믿음과 배치됩니다. 주문장과 부문장을 바꾸어서 인간이 죄의 용서를 하나님으로부터 받고, 그 다음에 다른 사람을 용서하는 것이 형식 논리상 맞을 듯합니다. 그러나 이 부문장을 연결하는 '같이'를 조건적으로 해석하는 것은 문제가 있습니다. 이 구절에는 용서는 하나님으로부터 오는 것이라는 믿음이 전제되어 있습니다. 따라서 이 구절은 '하나님으로 인해 우리가 다른 사람의 죄를 용서한 것처럼 우리에게도 용서를 베풀어 주십시오'라고 해석할 수 있을 것입니다.(당시 유대교에서는 죄는 성전에 가서 희생제물을 드려야 용서가 되는데, 예수님은 이것보다 더 근본적인 것은 마음의 용서임을 말하고 있습니다)

"우리를 시험에 들게 하지 마시옵고"

여기에서 '시험'(πειρασμός)은 '유혹'이라고 번역될 수 있습니다. 이 시험은 종말론적 곤경을 의미할 수 있습니다. 이 경우의 시험은 하나님 나라가 온전히 성취되기 직전에 어둠의 권세가 부리는 마지막 기승이라고 해석할 수도 있습니다. 다른 한편 어떤 주석가들은 이 시험을 일상적인 삶에서 부딪치는 유혹으로 보고 있습니다. 이것은 인간의 욕망과 악한 충동에 의하여 야기되는 것입니다.

Sandro Botticelli 작,
「그리스도께서 받으신 세 가지 시험」
(1481-82년)

"다만 악에서 구하시옵소서"

「마태복음」에만 이 구절이 추가됩니다. 이 간구는 유혹의 배후에 웅크리고 있는 악한 힘의 실제를 강조합니다. 여기에서 '악'은 남성명사도 되고 중성명사도 될 수 있습니다. 남성명사인 경우라면 '악한 자에게서' 구하여 달라는 것이 되고, 중성명사인 경우라면 '악한 것'에서 구원해 달라는 것이 됩니다. '다만'은 원어상 차이나 대조를 나타내는 반의적 접속사로 '그러나'의 뜻이 있으며 '또한'이란 의미로 쓰이기도 합니다.

"나라와 권세와 영광이 아버지께 영원히 있사옵나이다. 아멘."

주기도문의 마지막 이 송영 부분은 「누가복음」에 빠져 있을 뿐만 아니라 「마태복음」의 원초적(최상의)인 사본에도 빠져 있습니다. 앞에서 이미 언급한 대로 이 구절은 '디다케'에 나오는 것입니다. 그러나 본래 '디다케' 본문에는 '나라'라는 단어가 빠져 있습니다. '나라'라는 단어가 첨가되어 나오는 것은 후대에 나타난 「마태복음」의 사본 가운데에서입니다. 오늘날 교회에서 사용하는 주기도문의 본문은 이 전통에 따른 것입니다. 주기도문이 초기 공동체에서 송영으로 불렸다는 점에서 이 전통은 큰 의미를 지니고 있습니다.

사복음서 기자들의 상징과 함께 있는 영광 중에 계신 그리스도
(약 1200년 경, 영국)

이 송영 부분과 관련하여 한국교회 교인들이 정확한 의미를 모른 채 관습적으로 반복하는 단어가 있습니다. "대개 나라와 권세와 영광이 아버지께……"에서 나오는 '대개'라는 말입니다. 개역성경에는 이 말이 나타나지 않음에도 불구하고 교인들이 이 단어를 예배 시에 사용하는 것은 아마도 찬송가 표지 안쪽에 실려 있는 주기도문의 영향으로 보입니다. 찬송가위원회에서 무슨 연유로 '대개'라는 낱말을 삽입하였는지에 대하여서는 명확하지 않습니다.[6] ' 대개'란 '대체로, 대략, 대강' 등의 의미를 지닙니다. 그러나 '대략'으로 번역된 그리스 원어로는 '왜냐하면 …… 때문이다'라는 의미의 접속사입니다. 따라서 이 번역은 불필요한 오역이라고 말할 수 있습니다. 한국기독교총연합회(한기총)와 한국기독교교회협의회(KNCC)가 공동으로 재번역한 주기도문에서는 이 단어가 빠져 있습니다.

우리말 주기도문의 재번역

사도신경과 마찬가지로 주기도문도 문법이나 문체의 어색함으로 인해 재번역의 필요성이 제기되어 왔습니다. 이를 위하여 한국의 대표적인 기독교 연합기관인 한기총과 KNCC는 공동으로 연구한 결과 재번역 주기도문을 확정하기에 이르렀습니다.[7] 재번역된 주기도문의 본문은 다음과 같습니다.

> 하늘에 계신 우리 아버지, 아버지의 이름을 거룩하게 하시며
> 아버지의 나라가 오게 하시며, 아버지의 뜻이 하늘에서와 같이
> 땅에서도 이루어지게 하소서.
> 오늘 우리에게 일용할 양식을 주시고,
> 우리가 우리에게 잘못한 사람을 용서하여 준 것같이 우리 죄를 용서하여 주시고,
> 우리를 시험에 빠지지 않게 하시고 악에서 구하소서.
> 나라와 권능과 영광이 영원히 아버지의 것입니다. 아멘

재번역 주기도문이 기존의 개역판과 다른 점은 "하늘에 계신 우리 아버지여"에서 아버지와의 친밀감을 나타나기 위하여 호격 어미 '여'가 빠졌습니다. "이름이 거룩히 여김을 받으시오며"는 원어에서 "당신의 이름을……"이라고 되어 있는데, 이 단수 2인칭 소유대명사를 '아버지'로 되살려 "아버지의 이름을……"으로 번역하였습니다. 이 '당신의'라는 소유대명사는 다음의 구절들에서도 "아버지의"라고 강조하여 표현됩니다. "거룩히 여김을 받으시오며"는 "거룩하게 하시며"로 번역하였습니다. 마찬가지로 "나라(이)[8]

가 임하옵시며"는 "아버지의 나라가 오게 하시며", "뜻이 하늘에서 이루어진 것 같이 땅에서도 이루어지이다"는 "아버지의 뜻이 하늘에서와 같이 땅에서도 이루어지게 하소서"로 각각 번역하여 같은 동사(이루어지다)의 반복을 피하였습니다. "오늘(날)[9] 우리에게 일용할 양식을 주시옵고"는 "오늘 우리에게 일용할 양식을 주시고", "우리가 우리에게 죄 지은 자를 사하여 준 것 같이 우리 죄를 사하여 주시옵고"는 "우리가 우리에게 잘못한 사람을 용서하여 준 것같이 우리 죄를 용서하여 주시고", "우리를 시험에 들게 하지 마시옵고, 다만 악에서 구하시옵소서"는 "우리를 시험에 빠지지 않게 하시고 악에서 구하소서", 마지막인 "나라와 권세와 영광이 아버지께 영원히 있사옵나이다. 아멘"은 "나라와 권능과 영광이 영원히 아버지의 것입니다. 아멘"으로 각각 재번역되었습니다.

이러한 공동번역에 대해 여성 신학자들은 특별히 '당신의'라는 표현 대신 '아버지의'라는 표현을 반복하여 사용한 데 대해 유감을 표시하였습니다. 이들은 이 공동재번역이 남성 번역자들에 의해 가부장적 색채가 이전보다 더욱 강하게 드러났다고 비판합니다. 그래서 차라리 "아버지의"를 이전처럼 빼거나 원문대로 "당신의"로 대체할 것을 주장합니다. '당신'은 2인칭 단수로 사용될 뿐만 아니라 재귀대명사나 삼인칭 대명사로 쓰일 경우 극존칭을 뜻하기 때문에 아무런 문제가 없다고 보기 때문입니다.

오늘날 우리에게 주기도문은 무엇인가

한국 기독교회는 모이기도 잘 할뿐만 아니라 기도의 열심이 있는 교회입니다. 각종 명목의 기도회가 도처에서 열립니다. 때로는 정치집회인지 기도회인지 모를 정도로 기도회의 성격이 모호한 경우도 있습니다. 우리의 기도는 우리의 생각과 뜻을 내려놓고 하나님의 생각과 뜻을 묻는 것이 아니라 이미 결정된 우리의 욕망과 판단을 하나님께 강요하는 경우가 허다합니다. 이런 상황에서 주께서 "너희는 이렇게 기도하라"라고 가르쳐 주신 참된 기도의 모범을 진지하게 음미하는 일은 절대적으로 필요합니다. 기도의 열심이 중요한 것이 아니라 무엇을 위한 기도인가가 더욱 중요하기 때문입니다.

주기도문에는 "너희는 먼저 그의 나라와 그의 의를 구하라"라는 예수님의 가르침이 그대로 담겨 있습니다. 하나님의 나라와 그의 의가 이루어지기를 바라는 간절한 열망을 갖지 않고는 드릴 수 없는 기도입니다. '일용할 양식' 또는 '내일의 양식' 조차도 전적으로 하나님께 의지하여 살아갈 수밖에 없는 가난한 사람의 마음이 아니고는 드릴 수 없는 기도입니다. 그리하여 우리가 '일용할 양식' 이상을 가지고 있다면 무엇을 요구하기 이전에 이미 우리가 가진 것이 충분하다는 감사의 마음이 아니고는 드릴 수 없는 기도입니다. 이 기도는 남이 나에게 행한 잘못을 용서하는 것이 얼마나 어려운지, 그것은 하나님의 마음이 아니고서는 불가능하다는 것을 뼈저리게 느끼는 사람이 드리는 기도입니다. 이 기도는 이 땅에서 우리가 얼마나 자주 악의 유혹에 흔들리는 연약한 존재인가를 아는 사람이 드리는 기도입니다.

우루과이의 한 작은 성당 벽에는 다음과 같은 글이 적혀 있다고 합니다.

'하늘에 계신' 이라고 하지 말라 / 온통 세상일에만 빠져 있으면서

'우리' 라고 하지 말라 / 오직 나 혼자만 생각하며 살아가면서

'아버지' 라고 하지 말라 / 하나님의 아들과 딸로 살지 않으면서

'아버지의 이름이 거룩히 여김을 받으시오며' 라고 하지 말라 / 오직 자기 이름을 빛내기 위하여 안간힘을 쓰면서

'아버지의 나라가 임하옵시며' 라고 하지 말라 / 물질 만능의 나라를 원하면서

'아버지의 뜻이 땅에서도 이루어지이다' 라고 하지 말라 / 내 뜻대로 되기를 원하면서

'오늘날 우리에게 일용할 양식을 주옵시고' 라고 하지 말라 / 죽을 때까지 먹을 양식을 쌓아두려 하면서

'우리가 우리에게 죄 지은 자를 용서해준 것 같이 우리의 죄를 용서하여 주옵시고' 라고 하지 말라 / 누구에겐가 아직도 앙심을 품고 있으면서

'우리를 시험에 빠지지 않게 하옵시고' 라고 하지 말라 / 죄 지을 기회를 찾아다니면서

'다만 악에서 구하옵소서' 라고 하지 말라 / 악을 보고도 아무런 양심의 소리를 듣지 않으면서

'아멘' 이라고 하지 말라 / 주님의 기도를 진정 나의 기도로 바치지 않으면서

미주

1) 주기도문(主祈禱文)은 라틴어로 'Oratio Dominica'(주의 기도) 또는 'Pater Noster'(우리 아버지)라고 합니다. 영어로는 전자에 따라 'Lord's Prayer'라 하고, 독일어로는 후자를 따라 'Vaterunser'라 합니다.

2) Q란 독일어로 원천(源泉) 또는 자료를 뜻하는 'Quelle'의 첫 자에서 온 것입니다. 공관복음(마태, 마가, 누가)은 내용적으로 겹치는 부분이 빈번하게 나타납니다. 특별히 마태와 누가의 본문은 동일하거나 약간의 차이가 나는 본문(특히 예수님의 말씀)이 너무나 많습니다. 이로 미루어 지금 현실적으로 존재하지는 않지만 마태와 누가가 함께 참고한 문서가 있을 것으로 가정할 수 있는데, 이 가설적인 문서를 Q문서라고 합니다. 정확하게 말하자면 「마태복음」과 「누가복음」에는 동일하게 나타나는데, 「마가복음」에 나타나지 않는 예수님의 어록 본문들이 이에 해당됩니다. 1994년 제임스 로빈슨(James M. Robinson)을 비롯한 Q 연구자들이 가설의 단계를 넘어 독립된 문서로 본문을 확정하기도 하였습니다. 그러나, Q문서의 실재성과 성격을 둘러싼 논쟁은 지금도 계속되고 있습니다.

3) 여기에서는 일단 개역개정판의 주기도문을 본문으로 사용하여 설명하며, 한국기독교총연합회(한기총)와 한국기독교교회협의회(KNCC)에 의한 새로운 번역문에 대한 논의는 '6. 우리말 주기도문의 재번역'에서 자세히 다룰 것입니다.

4) '하나님의 나라'를 '천국'(天國)이나 '천당'(天堂)으로 번역하여 사용할 때에는 흔히 이런 사후 세계의 의미로 쓰입니다. 이런 경우 하나님의 나라는 죽은 자들의 나라이지 이곳에서 살고 있는 산 자들의 나라는 아닐 것이며, 지금 이 세상은 하나님의 나라 영역에서 제외될 것입니다.

5) 이 단어 자체의 어원상으로는 '다가오는' 또는 '내일'이라는 의미를 지니고 있다는 것이 학자들의 대체적인 견해입니다.

6) 혹자는 이렇게 된 것을 중국어 번역 성경의 영향으로 봅니다. 중국어본 성경은 개(介)를 사용하여 번역하였는데, 이것을 우리말로 옮길 때 '대개'라고 번역한 것으로 추정합니다. 그러나 초기 중국어 성경에서 사용한 '덮을 개'(介)라는 단어는 이후에 '써 이'(以)를 사용하거나 '원인 인'(因), '될 위'(爲)로 대체됨으로써 본래 의미가 살아났습니다.

7) 2006년 9월에 열린 제91차 대한예수교장로회(예장통합) 총회가 이 재번역된 주기도문을 사용하기로 결의함으로써 다른 교단에도 영향이 미칠 것으로 기대됩니다.

8) 개역판에서는 "나라이", 개역 개정판에서는 "나라가"로 각각 되어 있습니다.

9) 개역판에서는 "오늘날" 개역 개정판에서는 "오늘"로 각각 되어 있습니다.

구약의 십계명을 어떻게 이해해야 할까?

십계명(十誡命)에 관한 물음들

　사람의 손가락이 열 개여서 그것을 늘 보고 기억하며 양손을 써서 행하라고 그러는지는 모르지만 중요한 가르침이나 원칙을 제시할 때에는 10개의 조항으로 요약하기를 즐겨합니다. 이 때문인지 우리는 '부부 십계명', '성공 십계명' 등과 같이 'ㅇㅇ 십계명'이라는 표현들을 쉽게 발견합니다. 10이란 숫자는 손가락 수와 더불어 기억과 실천의 효과적인 상징 기제인 것 같습니다. 이러한 십계명의 원조 격이 바로 유대교와 기독교에서 같이 보존하고 있는 십계명입니다.[1]

　십계명은 기독교인이 아니더라도 찰턴 헤스턴(모세 역)과 율 브리너(이집트의 바로 역)가 주연하고 세실 B. 드밀이 감독한 「십계」(The Ten Commandments)라는 영화를 통하여 잘 알려져 있습니다. 이집트를 탈출한 히브리인들이 영도자 모세의 인도로 '홍해를 가르고, 바다를 건너는' 장면은 이 영화의 압권입니다.

이 영화는 구약성경의 「출애굽기」를 바탕으로 이집트에서 종살이하던 이스라엘 민족이 모세의 영도로 이집트를 탈출하여 홍해를 건너고, 40년의 광야 생활을 거쳐 약속의 땅인 가나안으로 들어가는 이야기를 영상화하였습니다. 히브리인들이 십계명을 받게 되는 것은 이집트를 탈출한 지 석 달 후에 시내산에서입니다. '하늘로부터 불이 내려와 두 개의 돌 판에 십계명이 새겨지는 장면'은 이 영화의 또 다른 인상적인 장면입니다.

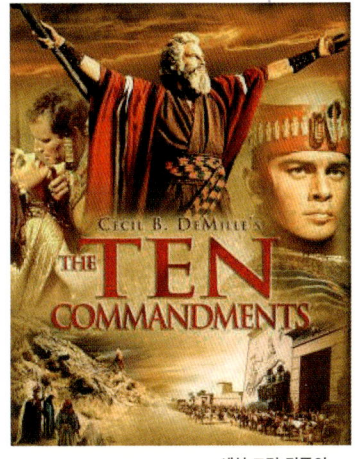

세실 드밀 감독의 영화 「십계」 포스터

십계명의 존재나 내용에 전혀 무관심한 사람도 많지만, 기독교 신앙을 갖게 된 사람들 중에 십계명에 대하여 여러 물음을 품고 있는 진지한 사람도 적지 않습니다. 정말 십계명은 한순간에 하늘로부터 불이 내려와 돌 판에 새겨진 하나의 완성된 본문일까, 십계명이 기본적으로 고대 이스라엘 민족과 유대교의 산물이라면 유대인도 아닌 우리에게 십계명은 무슨 관계가 있는 것인가, 예수님은 십계명을 어떻게 이해하였는가, 기독교회에서는 십계명을 어떻게 받아들였는가, 십계명이 다른 윤리적 규정들과 다른 독특한 점은 무엇인가, 십계명이 윤리적인 모호성 속에 살고 있는 오늘날의 우리에게 무슨 의미를 가질 것인가.

이러한 물음들을 염두에 두고 십계명에 대하여 하나하나 고찰하도록 하겠습니다.

유대인과 토라, 그리고 십계명

유대인들은 하나님의 백성으로서 자신들이 살아가야 할 길을 하나님께서 직접 가르쳐 주셨다고 믿고 있습니다. 그 하나님의 가르침을 '토라'(Torah)라고 합니다. '토라'는 주로 율법 규정의 형태로 표현되기 때문에 '율법'이란 말로 대체(번역)되기도 합니다. 그러나 원칙상 '토라'는 율법을 포함한 '하나님의 가르침' 전체를 의미합니다.

El Greco 작,
「시내산」(1570-72년)

유대인들은 이 '토라'를 이집트를 탈출하여 고난의 광야 생활을 할 때 하나님으로부터 직접 받았다고 주장합니다. 「출애굽기」 19장 1절은 이스라엘이 이집트를 탈출한 지 석 달 만에 시내산에 도착하였다고 기록하고 있습니다. 「출애굽기」 19장부터 마지막 40장까지, 「레위기」 전체, 「민수기」 10장 10절까지는 시내산 지역에 머무르는 동안에 일어난 일을 다루고 있습니다. 체류 기간이 일 년이 채 되지 않습니다. 40년의 광야 생활에 비하면 짧은 기간이지만, 이 때 이스라엘은 모세를 통하여 하나님으로부터 '토라'를 받게 됩니다. '토라' 중에서 핵심적인 것이 바로 '십계명'입니다.

그러나 구약성경에는 '십계명'이라는 용어가 없습니다. 단지 '열 개의 말씀들'(Ten Words)이란 뜻을 지닌 히브리어 '아세레트 하데바림'('aseret hadevarim)이라는 표현만이 있을 뿐입니다(출 34:28; 신 4:13; 10:4)[2]. 이 단어를 그리스역인 70인 역에서는 '데칼로고이'(dekalogoi)로 번역하였습니다. '데카'(deka)는 '10'을 뜻하며, '로고이'는 '말씀' 또는 '법(계명)'으로 번역되는 '로고스'(*logos*)의 복수형입니다. 여기에서 십계명이란 뜻의 '데칼로그'(영어로는 Decalogue, 독일어로는 Dekalog)라는 말이 생겼습니다. 이것을 다시 영어로 풀어서 'Ten Commandments'라고 합니다.

모세가 십계명을 받고 이스라엘 백성에게 돌아오는 그림이 그려진 「출애굽기」 성경 본문 (11세기 중엽, 영국, British Library 소장)

유대인들은 본래 하나님이 주신 '토라'는 모두 613개의 계명으로 이루어졌다고 주장합니다. 십계명은 이러한 계명들의 축약이며, 613개의 계명들은 십계명의 각각의 범주로 분류됩니다. 613개의 계명 중에 248개는 '~을 하라'는 긍정적인 계명들이며 이는 사람의 뼈마디 수와 일치하고, 나머지 365개는 '~하지 말라'는 부정적인 계명들이며 이는 일 년의 날 수와 일치한다는 것입니다.[3] 따라서 248개의 뼈마디로 구성되어 있는 인간은 일 년 365일 동안 하루도 빠짐없이 613개의 계명을 지켜야 한다는 것입니다. 전통적으로 유대인들은 13세가 되면 성년 의식을 행하고, 이때부터 모든 토라의 말씀을 준수할 의무를 갖게 됩니다. 기독교인들은 십계명을 다소 성경적 맥락과 독립적으로 사용하는 경향이 있지만, 유대 랍비적 전통은 십계명을 하나님의 말씀으로서의 율법이라는 보다 큰 틀로부터 격리시키는 것을 거부합니다. 이러한 태도는 모든 율법이 아니라는 십계명만이 하나님에 의해 주어졌다는 관념을 거부하기 위한 것이라고 볼 수 있습니다.[4]

두 개의 십계명?

구약성경에는 십계명 본문이 두 곳에서 나옵니다. 「출애굽기」 20장 1~17

Aaron Ben Moses 가 필사한 안식일을 위한 축복기도문(1714년, 런던, British Library 소장)

절과 「신명기」 5장 6~21절이 바로 그것입니다. 전자는 하나님의 시내산 현현 사건 속에 나타나고, 후자는 모세가 이스라엘 백성이 약속의 땅에 들어가기 전에 고별 설교를 하는 가운데 나타납니다. 두 본문은 「신명기」 본문에서의 약간의 추가적인 단어를 빼고는 대부분 일치하나, 결정적으로 안식일 계명인 제4계명에서 언어적인 면뿐만 아니라 신학적인 면에서 큰 차이를 보이고 있습니다.

「출애굽기」 본문은 "안식일을 기억하여 거룩하게 지키라(8절). 엿새 동안은 힘써 네 모든 일을 행할 것이나(9절), 일곱째 날은 네 하나님 여호와의 안식일인즉 너나 네 아들이나 네 딸이나 네 남종이나 네 여종이나 네 가축이나 네 문 안에 머무는 객일지라도 아무 일도 하지 말라(10절). 이는 엿새 동안에 나 여호와가 하늘과 땅과 바다와 그 가운데 모든 것을 만들고 일곱째 날에 쉬었음이라. 그러므로 나 여호와가 안식일을 복되게 하여 그날을 거룩하게 하였느니라(11절)"라고 말하고 있습니다.

그러나 「신명기」 본문은 이와 몇 가지 점에서 차이를 보입니다. 먼저 「출애굽기」는 히브리 어원상 안식일을 '기억하여'(remember) 거룩하게 하라고 하는 반면에 「신명기」는 안식일을 '지켜'(observe) 거룩하게 하라고 명령합니다. 또한 「신명기」 본문은 「출애굽기」 20장 8절 앞에 "네 하나님 여호와가 네게 명령한 대로"를 추가함으로써 안식일을 지키는 것이 하나님의 명령임을 분명히 하고 있습니다. 「출애굽기」 20장 10절은 안식일을 지켜야 하는 대상으로 사람 이외에 "네 가축"이라는 표현을 쓰는 반면에 「신명기」에서는 "네 소나 네 나귀나 네 모든 가축"이라는 보다 세분화된 표현을 쓰며,

무엇보다 "네 남종이나 여종에게 너와 같이 안식하게 할 것"을 덧붙여 강조하고 있습니다. 두 본문의 결정적인 차이는 안식일을 지키는 근거에 대한 인식의 차이입니다. 「출애굽기」는 「창세기」 2장 2~3절에 나오는 창조 후의 하나님 안식에서 안식일의 근거를 두는 반면에 「신명기」는 역사적, 사회 윤리적 관점에서 하나님이 이스라엘을 이집트의 종살이에서 해방시킨 사건에 근거를 두고 있습니다(신 5:15).

제10계명에서도 두 본문은 차이를 드러내고 있습니다. 「출애굽기」 본문에서는 "네 이웃의 집을 탐내지 말라. 네 이웃의 아내나……"(출 20:17)로 표현되는데 반하여 「신명기」는 "네 이웃의 아내를 탐내지 말지니라. 네 이웃의 집이나……"(신 5:21)로 표현합니다. '아내'를 '집' 앞에 위치시킴으로써 '아내'를 '집'과 같은 개인 소유물의 범주에서 제외시킨 「신명기」 본문은 사회적 약자를 배려하는 인도주의적 관점을 특징으로 하는 전체 「신명기」 기자의 입장이 반영된 것으로 볼 수 있습니다.

같은 십계명이지만 약간의 차이가 생기는 것은 이 본문이 탄생한 '삶의 자리'가 다르고, 신학적 의도와 강조점이 다르기 때문이라고 생각됩니다. 우리는 그토록 중요한 십계명을 유대인들은 왜 서로의 차이를 제거하여 깔끔한 단일 본문으로 만들지 않았을까 하는 의문을 가질 수 있습니다. 사실 서로 다른 본문의 십계명이 존재한다는 사실보다 우리를 더욱 놀라게 하는 것은 유대인들이 성경의 이러한 다른 두 본문을 있는 그대로 보존하고 전승하여 왔다는 사실입니다. 이것은 인간이 보기에 모순적인 것을 인간적인 방법으로 수정하고 윤색하기보다 신적 기원을 가진 하나님의 말씀은 그 모순 속에서도 스스로 역사하는 힘이 있다는 믿음 속에서 유대인들은 이 상이한 본문을 그대로 보존하고 있는 것으로 생각됩니다.

서로 다른 십계명의 구분

히브리어로 기록된
십계명 사본

「출애굽기」 20장 1~17절과 「신명기」 5장 6~21절에 나오는 '열 개의 말씀'을 어떻게 열 개의 계명으로 구분하는가는 신앙 공동체의 전통에 따라 약간의 차이가 있습니다. 즉 열 개라는 계명의 숫자는 같지만 분류 방식과 내용에 있어서 조금 다릅니다. 먼저 유대교는 "나는 너를 애굽 땅, 종 되었던 집에서 인도하여 낸 네 하나님 여호와니라"(출 20:2; 신 5:6)란 말씀을 제1계명으로 삼고 있으나, 기독교회는 이것을 계명 자체로 보지 않고 십계명의 서언(序言)으로 간주합니다. 그러나 기독교회 내에서는 "너는 나 이외에 다른 신을 네게 두지 말라"(출 20:3; 신 5:7)와 "우상을 만들지 말라"(출 20:4; 신 5:8-10)를 둘러싸고 입장이 갈라집니다. 개혁교회[5]와 동방정교회는 이것을 독립된 두 개의 계명으로 구분하여 제1계명, 제2계명으로 숫자 매김을 하는데 반하여 로마 가톨릭, 영국 성공회, 루터교회는 이것을 하나의 계명으로 간주하여 제1계명이라고 합니다.[6] 유대교 역시 이것을 하나의 계명으로 보고 제2계명으로 숫자 매김을 합니다.

나머지 계명들의 구분은 숫자 매김만 달라질 뿐 모두가 일치하지만 마지막에 "네 이웃의 집을 탐내지 말라"(출 20:7 전반부)와 "네 이웃의 아내나 그의 남종이나 여종이나 그의 소나 그의 나귀나 무릇 네 이웃의 소유를 탐내지 말라"(출 20:7 하반부)를 어떻게 볼 것이냐에 따라 입장이 다시 한 번 갈라집니다. 이번에는 로마 가톨릭, 영국 성공회, 루터교회가 이를 각각 독립된 계명으로 구분하여 제9계명과 제10계명으로 숫자 매김을 함에 반하여 개혁교회와 동방교회는 이것을 하나의 계명으로 간주하여 제10계명으로 합니다. 유대교 역시 이것을 하나의 계명으로 간주하여 제10계명으로 숫자 매김을 합니다.

이상에서 보듯이 십계명은 전체적으로 보았을 때 같은 내용을 담고 있지만 절에 따른 다른 구분이나 배열로 인하여 십계명의 숫자 매김이 달라짐을 볼 수 있습니다. 유대교와 기독교의 가장 큰 차이는 서언을 십계명의 제1계명으로 간주하느냐 마느냐에 있습니다. 이것은 유대교 신앙의 독특성과 십계명의 의미를 잘 보여준다는 점에서 신학적 의미가 크다고 볼 수 있습니다. 유대인들에게 있어서 십계명은 하나님이 어떤 분이신가, 하나님과 이스라엘은 어떤 관계인가가 전제되지 않고는 십계명의 참된 의미가 드러날 수 없습니다. 그러나 기독교회 내에서 십계명을 구분하는 방식의 차이는 구절을 어떻게 나눌 것인가 하는 지엽적인 문제에서 기인하는 것으로 여겨집니다.[7]

예수와 십계명

신약성경에는 십계명이란 용어도, 전체적인 십계명의 목록도 나타나지 않습니다. 그러나 복음서는 예수님이 십계명을 전체적으로 언급하지는 않지만 십계명에 속하는 계명들을 언급한 사실을 보도하고 있습니다. 그러나 예수님은 계명들을 단순히 반복한 것이 아니라 계명들이 지니는 본래 의미를 추구할 뿐만 아니라 때로는 극단화시켜 계명을 지킴으로써 자신을 정당화시키고 의롭게 여기는 일체의 허위와 위선을 극복하고자 하였습니다.

우리가 잘 아는 산상수훈의 말씀에서 예수님은 십계명을 재해석하여 "옛

Cosimo Rosselli 작,
「산상수훈」
(1481-82년)

사람에게 말한 바 살인하지 말라. 누구든지 살인하면 심판을 받게 되리라 하였다는 것을 너희가 들었으나 나는 너희에게 이르노니 형제에게 노하는 자마다 심판을 받게 되고……"(마 5:21-22)라고 말씀하셨고, "간음하지 말라"는 계명도 극단화시켜 "음욕을 품고 여자를 보는 자마다 마음에 이미 간음하였다"(마 5:27)라고 말씀하셨습니다. 예수님은 안식일 계명에 대하여서도 "안식일이 사람을 위하여 있는 것이요, 사람이 안식일을 위하여 있는 것이 아니다"(막 2:27)라고 선언하셨습니다.

예수님의 십계명에 대한 관점은 재물이 많은 한 부자 청년의 이야기(막 10:17-20)에서 잘 나타납니다. 청년은 인간과의 관계를 규정하는 십계명의 모든 계명(제5-10계명)을 지켰다고 자부하는 사람이었습니다. 예수님은 "그를 보시고 사랑하사 이르시되, 네게 아직도 한 가지 부족한 것이 있으니 가서 네게 있는 것을 다 팔아 가난한 자들에게 주라"(막 10:21)라고 말씀하심으로써 십계명의 근본정신을 실천할 것을 촉구하십니다. 예수님은 모든 계명 중에 가장 큰 계명이 무엇이냐는 율법사들의 질문에 "네 마음을 다하고 목숨을 다하고 뜻을 다하여 주 너의 하나님을 사랑하는 것"과 "네 이웃을 네 자신과 같이 사랑하는 것"이라고 요약하시면서, 이 두 계명이 "온 율법과 선지자의 강령"(마 22:40)이라고 말씀하셨습니다. 이것은 별개로 있던 구약의 「신명기」 6장 5절 말씀과 「레위기」 19장 18절 말씀을 하나로 결합한 것입니다.

예수와 부자 청년의 대화를 그린 그림

예수님은 십계명에 속한 계명들뿐만 아니라 전체 율법이 지닌 형식적인 측면을 극복하고자 하셨습니다. 이를테면 유대인들이 그토록 철저하게 지키는 부정(不淨)한 음식에 대한 거부(레 11장)에 대하여서도 예수님은 "무엇이든지 밖에서 사람에게로 들어가는 것은 능히 사람을 더럽게 하지 못하되, 사람 안에서 나오는 것이 사람을 더럽게 하는 것"(막 7:15-16)이라고 단호하게 말씀하십니다. 예수님은 전통을 잘 지킨다는 명분으로 오히려 하나님의 계명을 버리는 어리석음에 대하여서도 질타하셨습니다(막 7:8). 그러나 우리가 간과하지 말아야 할 것은 예수님이 율법을 폐기하신 것이 아니라는 점입니다. 예수님은 분명히 "내가 율법이나 선지자를 폐하러 온 줄로 생각하지 말라. 폐하러 온 것이 아니요, 완전하게 하려 함이라"(마 5:17)라고 말씀하셨습니다.

예수님의 정신을 계승한 사도 바울 역시 "간음하지 말라, 살인하지 말라, 도둑질하지 말라, 탐내지 말라 한 것과 그 외에 다른 계명이 있을지라도 네 이웃을 네 자신과 같이 사랑하라 하신 그 말씀 가운데 다 들었느니라. 사랑은 이웃에게 악을 행하지 아니하나니 사랑은 율법의 완성이니라"(롬 13:9-

10)라고 말씀하셨습니다. 그는 물론 이러한 사랑을 통한 모든 율법의 성취는 "(그리스도의) 영(성령)을 따라 행하는 삶"(롬 8:4)에서 가능하다고 보았습니다.

교회 역사 속의 십계명

Raffaello Sanzio 작, 「아테네 학파」(1509년)

고대 교회에서 기독교인의 윤리는 십계명의 각 계명에서 근거하기보다 십계명의 핵심 내용인 하나님 사랑과 이웃 사랑의 두 가지 계명에서 근거하였습니다. 순교자 유스티누스는 그 계명을 스토아 철학의 자연법 개념으로 설명하기도 하였습니다. 즉 율법은 하나님께서 원래 인간의 마음속에 자연적으로 새겨준 것인데, 이스라엘 백성이 완악하여짐으로써 그들을 외부적으로 규제하기 위하여 십계명의 법을 부과하였다고 보았습니다. 아우구스티누스(어거스틴)는 옛 계약의 율법과 새로운 그리스도 법의 대립을 십계명에 나타난 하나님 사랑과 이웃 사랑의 두 가지 계명으로부터 해석함으로써 극복하고자 하였습니다. 중세 후기에 이르러 회개를 강조하는 대중적인 설교와 고해성사에서 십계명이 강조되기 시작하였습니다. 십계명의 각각의 계명은 '참회를 위한 거울'이 되었습니다.

복음을 강조하는 종교개혁자들에게 있어서도 십계명은 중요시 되었습니다. 루터는 『소요리문답서』에서 십계명을 신조, 주기도문, 성례전에 관한 가르침 앞에 놓았습니다. 그러나 그는 구약성경 본문에서 십계명을 인용할 때 역사적인 맥락과 자구에 얽매이지 않았습니다. 가령 그는 이스라엘 민족의 이집트 종살이로부터의 해방과 성상(聖像) 금지 명령을 빼냈을 뿐만 아니라 '안식일'(Sabbat)이라는 용어 대신 '축일'(Feiertag)이라는 말을 사용하였습니다. 루터의 이러한 태도는 십계명은 유대인만의 율법이 아니라 모든 사람의 가슴과 양심에 새겨져 있으며, 모세의 율법 수여와는 독립된 것이라고 보는 것과 연관이 있습니다. 루터는 인간의 죄를 지적하는 '고발자' 내지는 '몽학선생'으로서의 율법 기능을 강조하였으며, 이러한 율법적 양심의 가책 없이는 복음에 이를 수 없다고 보았습니다. 그는 복음과 오직 믿음에 의하여 의롭게 됨을 강조하였지만, 그리스도인 됨과 윤리적인 것은 분리되지 않는다고 확신하였습니다. 그런 점에서 그는 복음과 신앙만을 강조하며 율법 자체를 부정하고 폐기하고자 한 아그리콜라와 같은 반율법주의자들을 신랄하게 비판하였습니다.

요하네스 아그리콜라
(Johannes Agricola, 1494-1566년)

칼빈은 루터의 경우와 달리 『요리문답서』에서 십계명을 신조 다음에 오게 합니다. 그는 십계명을 하나님의 구원의 선물에 대한 인간의 감사의 응답으로 이해하였습니다. 그는 또한 루터와 달리 십계명의 역사적 맥락을 자신의 윤리 속에 받아들입니다. 하지만 그는 자신의 상황과 더 이상 맞지 않는 유대 민족적인 것들은 알레고리화하거나 영적 의미로 해석하였습니다. 이를테면 이집트에서 육체적인 종살이를 죄 아래의 종살이로 해석하는 것이 여기에 해당됩니다. 루터가 십계명에서 보편적인 인간의 윤리를 보는 반면에 칼빈은 기독교 윤리를 규정짓는 특별한 하나님 말씀의 구원사적 성격을 강조하였습니다. 칼빈은 율법을 단순히 복음에 이르게 하는 안내의 기능을 넘어 칭의(稱義) 이후에도 그리스도인들의 성화(聖化)를 위하여 중요한 교육적 기능을 지닌다고 보았습니다. 그는 복음과 연관되어진 율법은 이제 기독교인의 삶을 규정하는 '새로운 생명의 법'으로 기능한다고 이해한 것입니다.

십계명 다시 보기

전승에 따르면 모세는 시내산에서 두 개의 돌 판에 십계명을 받았다고 합니다. 첫 번째 돌 판에는 하나님과의 관계에 대한 계명을 담고 있고, 두 번째 돌 판에는 인간 사이의 관계에 관한 계명을 담고 있다고 합니다. 여기에서 십계명의 독특성을 보여주는 것은 첫 번째 하나님과의 관계에 대한 계명들입니다. 십계명의 나머지인 인간 사이의 관계에 대한 계명들인 "살인하지 말라", "간음하지 말라", "도적질하지 말라", "거짓증거하지 말라", "이웃의

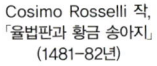

Cosimo Rosselli 작,
「율법판과 황금 송아지」
(1481-82년)

집을 탐내지 말라", "이웃의 아내를 탐내지 말라" 등은 처음 하나님과의 관계에 대한 계명이 전제되어 있다는 점을 제외하고는 일반적인 윤리와 다를 것이 없습니다. 이 중 가장 독특한 것이 인간 사이의 관계에 관한 첫 계명인 "네 부모를 공경하라"는 제5계명입니다. 이 제 5계명은 앞에 나온 하나님과의 관계와 관련된 네 가지 계명과 뒤에 나오는 인간 사이의 관계에 관한 다섯 가지 계명 사이를 연결해 주는 고리와 같은 역할을 하고 있습니다. 여기에서는 십계명의 모든 계명을 살피지 않고 십계명의 독특성을 드러내는 서문을 비롯하여 개혁교회적 구분법에 따른 제1계명에서 제5계명까지를 중심으로 고찰하고자 합니다.[8]

서문

"나는 너를 애굽 땅, 종 되었던 집에서 인도하여 낸 네 하나님 여호와니라"(출 20:2; 신 5:6). 십계명은 이렇게 시작하고 있습니다. 이것은 십계명이 헌법이라면 헌법 전문에 해당하는 말입니다. 이 속에 그 이후에 전개될 십계명의 모든 전제가 들어 있습니다. 이러한 전제가 없다면 인간들 사이의 관계를 규정하는 기타의 계명은 일반 윤리적 규정과 전혀 다를 것이 없습니다. 유대인들이 이 서문을 제1계명으로 삼는 이유도 여기에 있습니다. 이스라엘 신앙의 독특성을 나타내는 "나 외에 다른 신들을 네게 두지 말라"는 첫 계명도 이러한 서문에 나타난 고백 없이는 이해할 수 없습니다. '우리가 이집트의 종살이를 할 때 하나님께서 우리의 신음을 들으시고 우리를 구원하여 주셨다. 그리고 그 하나님이 우리의 하나님이 되고 우리는 그의 백성이 되었다'라는 고백은 이스라엘 민족의 '원초적 신앙'에 속하는 것입니다. 이러한 신앙 고백이 이스라엘 공동체의 자기정체성이 되었습니다.

그렇다면 유대인이 아닌 이방인인 우리에게 피할 수 없는 물음은, 왜 하나님은 이스라엘 민족을 자기 백성으로 선택하였을까 하는 것입니다. 유대인들이 지니는 이러한 선민의식은 역사적으로 무수한 박해의 원인이 되기도 하였습니다. 「신명기」 저자는 하나님이 유대인(이스라엘 민족)을 선택한 이유를 다음과 같이 들고 있습니다: "너는 여호와 네 하나님의 성민이라. 네 하나님 여호와께서 지상 만민 중에서 너를 자기 기업의 백성으로 택하셨나니, 여호와께서 기뻐하시고 너희를 택하심은 너희가 다른 민족보다 수효가 많기 때문이 아니라 너희는 오히려 모든 민족 중에서 가장 적으니라. 여호와께서 다만 너희를 사랑하심으로 말미암아, 또는 너희의 조상들에게 하신 맹세를 지키려 하심으로 말미암아 자기의 권능의 손으로 인도하여 내시되……"(신 7:6-8).

프랑스에서 발간된 성경 역사 제1권에 실린 하나님, 모세, 이스라엘 백성 그림(1411년 경, British Library 소장)

여기에서 보면 하나님이 이스라엘 민족을 택하신 것은 그들이 잘났거나 능력이 있어서, 즉 하나님의 택함을 받을 만한 자격이 있어서가 아니라 전적으로 하나님의 은총과 사랑에 기인한 것임을 알 수 있습니다. 그렇다고 하더라도 왜 이스라엘인가 하고 묻는다면 그것은 하나님의 자유와 주권에 속한다고 말할 수밖에 없습니다. 하나님은 이스라엘 민족을 모든 인간(인류)과 만나는 접촉점으로 삼으셨습니다. 이스라엘 민족이 아니라 그 어떤 민족을 접촉점으로 삼더라도 이러한 물음은 제기될 수밖에 없습니다. 이 접촉점으로서의 역할은 특권임과 동시에 의무와 책임입니다. 실제로 이스라엘 민족만큼 역사상에서 고난을 받은 민족이 없습니다. 인간적으로 볼 때 하나님의 선택된 백성이라고 하여서 특혜를 받은 것은 별로 없습니다. 오히려 하나님의 백성으로서 모범을 보이지 않았을 때 가혹한 심판이 있었습니다.

그러나 신약시대에 이르러 혈통적인 측면에서 이스라엘을 이해하는 관점이 극복되어지는 것을 볼 수 있습니다.[9] 세례 요한은 유대인들에게 회개를 촉구하면서 "속으로 아브라함이 우리 조상이라고 생각하지 말라. 내가 너희에게 이르노니 하나님이 능히 이 돌들로도 아브라함의 자손이 되게 하시리라"(마 3:9)고 말합니다. 예수님도 혈연적인 친족 개념을 버리시고 "누구든지 하늘에 계신 내 아버지의 뜻대로 행하는 자가 내 형제요 자매"(마 12:50)라고 선언하십니다. 사도 바울 역시 유대인들에게 주어졌던 하나님 백성으로서의 자격이 폐기된 것은 아니지만, 예수 그리스도에 의한 보편적인 '새로운 이스라엘'의 등장을 말하고 있습니다(롬 11:13-24; 엡 2:11-19). 따라서 십계명의 서언이 단지 혈통적인 이스라엘에만 의미가 있는 것이 아니라 예수 그리스도를 통해 구원을 받은 '새 이스라엘'인 기독교인에게도 여전히 중요한 고백입니다.

Domenico Ghirlandaio 작, 「세례 요한의 설교」 (1486-90년)

제1계명 : "너는 나 이외에 다른 신을 네게 두지 말라"(출 20:3; 신 5:7)

먼저 '나 이외에'라고 번역된 이 말은 원어상 '내 앞에'(before me)라는 의미를 지니고 있습니다. 배타적으로 들리는 이 계명은 가장 오래된 이스라엘 신앙 가운데 하나로 하나님과 이스라엘의 독특한 관계를 규정하고 있습니다. 이것은 십계명의 서문에서 언급된 하나님의 구원 사건에 대한 이스라엘 민족의 성실과 충성을 요구하는 계명입니다. 이스라엘 민족의 유일신 신앙은 소위 '셰마'(Shema)라고 불리는 핵심적인 신앙고백에 잘 드러나 있습니다: "이스라엘아, 들으라! 우리 하나님 여호와는 오직 유일한 여호와이시니 너는 마음을 다하고 뜻을 다하고 힘을 다하여 네 하나님 여호와를 사랑하라"(신 6:4-5).

구약시대는 여러 신이 존재한 다신(多神)의 시대였습니다. 약속의 땅에 도착한 후 여호수아는 세겜에서 이러한 주변 환경을 의식하여 이스라엘 백성으로부터 여호와 하나님에 대한 신앙을 재차 확인받았습니다. 이스라엘 백성들은 "결단코 여호와를 버리고 다른 신들을 섬기기를 하지 아니할 것"(수 24:16)을 다짐하였습니다. 그러나 실제로 가나안에 정착한 이후 이스라엘 백성들은 팔레스타인과 주변의 이방 신들에 의하여 끊임없이 유혹을 받고, 때로는 이들을 섬기기까지 하였습니다. 그들을 유혹한 가장 강력한 신은 풍요와 다산(多産)의 신인 '바알'이었습니다. 이후 예언자들은 바알 종교로 인해 타락한 이스라엘을 신앙의 행음(行淫)자로 비판하였습니다. 엘리야는 하나님의 은혜를 저버리고 바알을 따라가는 이스라엘 백성들을 향하여 갈멜산에서 재차 신앙의 결단을 촉구하였습니다: "너희가 어느 때까지 둘 사이에서 머뭇머뭇 하려느냐. 여호와가 만일 하나님이면 그를 따르고, 바알이 만일 하나님이면 그를 따를 지니라"(왕상 18:21). 이러한 신앙의 결단 요구에 백성들이 한마디도 대답하지 않다가, 엘리야가 그의 제단에 불이 내리게 함으로써 혼자 450명의 바알 선지자들과 대결하여 승리하는 것을 본 후에야 "엎드려 말하되

일명 셰마장이라 불리는 신명기 6장의 히브리어 본문으로 구성된 기도문

Master of James IV of Scotland 작, 「하늘로부터 내려올 불을 위해 기도하는 엘리야」 (1510-20)

여호와 그는 하나님이시로다. 여호와 그는 하나님이시로다"(왕상 18:39)라고 고백하는 기회주의적 태도를 보였습니다.

이 계명은 사랑의 관계에서 우유부단하고 기회주의적인 이스라엘 백성들에게 신실성을 요구하는 계명입니다. 하나님은 자신의 사랑과 신실성으로 인해 이스라엘 백성들에게서 언제나 상처를 받으시고 아파하시고 때로는 분노하시지만, 그럼에도 불구하고 자기의 백성을 버릴 수가 없습니다: "에브라임이여 내가 어찌 너를 놓겠느냐. 이스라엘이여 내가 어찌 너를 버리겠느냐…… 내 마음이 내 속에서 돌이키어 나의 긍휼이 온전히 불붙듯 하도다"(호 11:8). 사랑의 고백은 주관적인 면에서 절대적일 수밖에 없습니다.

우리가 살고 있는 시대는 더욱 강력해진 다신(多神)의 시대입니다. 성(性), 권력, 돈, 명예와 자기 한계를 모르는 이성과 과학, 이 모든 것이 우리 시대의 신들입니다. 이 가운데 가장 강력한 신은 우리 시대의 바알인 돈인 것 같습니다. 돈이라는 물신(物神)은 거의 전능한 힘을 가지고 있습니다. 한 개인이자 사회뿐만 아니라 자본주의적인 세계화 시대에 국제적인 (투기)자본은 한 국가의 생존을 위협할 만큼의 능력을 가지고 있습니다. 이 가공할 만한 물신의 시대에 하나님을 하나님 되게, 사람을 사람 되게 하는 것이 이 첫 번째 계명입니다. 그러므로 예수님께서도 다음과 같이 말씀하셨습니다: "한 사람이 두 주인을 섬기지 못할 것이니 혹 이를 미워하고 저를 사랑하거나 혹 이를 중히 여기고 저를 경히 여김이라. 너희가 하나님과 재물을 겸하여 섬기지 못하느니라"(마 6:24). 하나님만을 하나님으로 섬길 때, 우리는 모든 우상의 멍에와 질곡에서 벗어나 참된 자유인이 될 수 있을 것입니다.

제3계명 : "너는 네 하나님 여호와의 이름을 망령되게 부르지 말라"(출 20:7; 신 5:11)

사해사본 일부에 나타난
'네 글자'
(tetragrammaton)

히브리 성서(구약)에 하나님의 이름은 네 개의 자음으로 이루어진 YHWH(יהוה)입니다. 이 네 개의 단어는 거룩하신 하나님의 이름이기 때문에 사람이 감히 부를 수가 없었습니다. 왜냐하면 고대적 사유 방식에 따르면 이름은 존재의 본성이나 기능, 나아가 존재 자체를 표현하는 것이었습니다. 따라서 누구의 이름을 짓는다는 것은 그를 지배하는 것으로 이해하였습니다. 그래서 이스라엘 사람들은 성스러운 '네 글자(tetragrammaton)'를 감히 부르지 못하고 주님(Lord)을 뜻하는 '아도나이'(adonay)라는 말로 대신하였습니다.

원래 자음만으로 이루어진 히브리 성서가 시간이 지나면서 유대인들이 자음만으로 성경을 제대로 읽지 못하게 되자 유대교 랍비들은 성경 본문에 모음 부호를 붙이는 작업을 시도하였습니다. 이 랍비를 '마소레트'(Masoreth)라 하고, 모음 부호가 붙여진 본문을 '마소라 본문'(Masoretic Text, 줄여서 MT)이라고 합니다. '마소레트'는 성스러운 '네 글자'에 어떻게 모음을 붙일까 고민하다가 이미 대신하여 부르고 있던 '아도나이'에 포함된 모음을 '네 글자'에 붙여 히브리 식으로 '야훼'(Yahweh)라 불렀습니다. 이 말이 영어식으로 '제호바'(Jehova)가 되었고, 이것이 다시 한글로 번역되는 과정에서 '여호와'가 되었습니다. 원칙상 하나님의 이름은 인간들에 의해 붙여질 수 없는 거룩한 것이기 때문에 우리가 부르는 이름은 편의상 불가피하게 붙여진 것일 뿐입니다. 하나님이 달이라면, 이름은 그 달을 가리키는 손가락에 불과한 것입니다.

그렇다면 여호와의 이름을 '망령되게 부르지 말라' 는 말은 무엇을 의미할까요? '망령'(亡靈)이란 사전적 의미로 '늙거나 정신이 흐려서 언행이 정상이 아닌 상태'를 뜻합니다. 이것에 대한 히브리어 원어는 '샤베'(שוא)인데 '헛되다, 가치 없다, 거짓되다' 라는 뜻을 지닙니다. 루터는 이것을 '오용하지(miβbrauchen) 말라' 로 번역하였고, 영어 개정표준역(Revised Standard Version, 약칭 RSV)에서는 '헛되이(in vain) 부르지 말라' 라고 번역하였습니다. 이후에 개정된 New RSV에서는 'in vain' 이라는 표현 대신 '오용'(misuse, wrongful use)을 사용하였습니다. 따라서 '망령되게 부르지 말라' 라는 뜻은 하나님을 자신의 이익을 위하거나 남을 저주하기 위하여 오용 또는 남용하지 말라는 경고의 말씀입니다. 실상 우리 인간이 하나님을 제대로 섬기기보다는 오히려 하나님을 자신들의 편의에 따라 얼마나 오용하고 남용하였는지 기독교의 역사는 잘 보여주고 있습니다. 하나님의 이름이 '망령되게 불리는 곳은' 하나님을 믿지 않는 사람들 가운데가 아니라 어쩌면 하나님을 잘 믿는다고 하는 사람들 가운데일지도 모릅니다. 그러므로 예수님께서도 "주여 주여 하는 자마다 다 천국에 들어갈 것이 아니요, 다만 하늘에 계신 내 아버지의 뜻대로 행하는 자라야 들어가리라"(마 7:21)라고 말씀하였습니다.

제5계명 : "네 부모를 공경하라"(출 20:12; 신 5:16)

십계명을 내용적으로 크게 두 부분으로 나누면 제1계명에서 제4계명까지가 하나님과의 관계에 대한 계명이고, 제5계명에서 마지막 제10계명까지는 인간 사이의 관계에 관한 계명입니다. 인간 사이의 관계에 관한 첫 계명인 제5계명이 바로 "네 부모를 공경하라" 입니다. 이것은 인간 사이의 관계에서 가장 원초적이고 중요한 것이 바로 부모와 자식의 관계임을 잘 보여주고 있습니다. 제5계명은 앞에 나온 하나님과의 관계와 관련된 네 가지 계명과 뒤에 나오는 인간 사이의 관계에 관한 다섯 가지 계명 사이를 연결해 주는 고리와 같은 역할을 하고 있습니다.

이것은 배열 상으로도 그렇고 내용적으로도 그렇습니다. 「출애굽기」 본문에서는 "네 부모를 공경하라 그리하면 네 하나님 여호와께서 네게 준 땅에서 네 생명이 길리라"(출 20:12)라고 되어 있고, 「신명기」 본문은 이 본문 앞에 "너는 네 하나님 여호와께서 명령한 대로"(신 5:16)라는 말을 덧붙임으로써 이것이 하나님의 직접적인 명령임을 강조하고 있습니다. 십계명 가운데 '하나님'이란 단어가 들어가는 계명은 앞의 네 가지 계명과 함께 이것이 마지막입니다. 나머지 계명들에는 '하나님'이라는 단어가 등장하지 않습니다. 그리고 '공경'하라는 단어는 원래 '경외'(敬畏)라는 의미로 쓰이는 단어를 번역한 것으로, 이것은 구약에서 하나님 이외에는 사용되지 않는 말입니다. 부모는 이 지상에서 하나님과 유비(類比)되는 존재이며, 또한 하나님도 인간에게 아버지와 어머니로 은유되고 있습니다(사 49:14-15). 그만큼 부모는 하나님의 생명 창조 사역과 사랑 및 은혜의 지속적인 행위에 참여하는 지상의 유일한 존재입니다.

전통적인 유교 사회인 우리나라에 복음이 처음 전파되었을 때 '조상숭배(제사)'를 하지 않는다는 이유로 '부모는 모르는' 불효의 종교로 오해되고 매도되었습니다. 그러나 이 계명은 이러한 편견이 얼마나 잘못된 것인지를

Phillip Ratner 작, 「제5계명」(연도 미상).
*출처 : athermuseum.com/israelbiblemuseum/virtual/exodus/img0056.htm, 2007.7.3

잘 보여주고 있습니다. 예수님도 하나님을 위한다는 구실로 부모에 대한 공경을 소홀히 하는 사람들에 대하여 위선과 무책임을 신랄하게 비판하였습니다(막 7:10-13).

오늘날 우리에게 십계명은 무엇인가

폴란드의 영화감독 크시슈토프 키에슬로프스키와 그의 친구인 변호사 피시비치가 함께 만든 텔레비전 방송용 10부작 연작영화 작품인 「데칼로그」(Dekalog)는 모세나 출애굽에 대한 이야기는 전혀 등장하지도 않으며, 십계명은 하나님이 주신 명령이니까 우리 인간은 무조건 지켜야 한다는 식의 논리를 펴지도 않습니다. 그들은 십계명이 부조리한 현실에 발을 딛고 살아가는 우리 시대에 가지는 의미를 진지하게 묻고 있습니다.[10]

영화 「데칼로그」 포스터

그의 10개 작품이 각각 십계명 하나하나를 제목으로 삼지만, 그 해당 계명을 무조건 따르는 것이 모든 문제의 해결책이라는 식으로 전개하지 않습니다. 그래서 때로 작품의 전개가 해당 십계명의 내용과 무슨 관계가 있는지 선명하게 다가오지 않을 정도입니다. 그는 기본적으로 오늘날 우리의 삶이 너무나 복잡하여 간단한 공식으로 파악될 수가 없다고 봅니다. 그럼에도 그는 이 작품을 통하여 십계명이 지닌 본질적 의미를 치열하게 묻고 있습니다.

십계명이 비록 복잡다기한 우리의 삶에 구체적인 실천 방법을 제시하지는 않지만 우리의 신앙과 삶의 방향과 원칙을 제시하는 중요한 기준인 것임에는 분명합니다. 십계명은 단순한 인간적 윤리나 도덕규범으로 축소될 수 없는 살아 계신 하나님과의 관계 속에서 고백되는 신앙과 그에 따른 실천과 관련이 있습니다. 따라서 십계명은 하나님과의 살아 있는 관계 속에서 각각의 계명이 '지금 이곳'에서 어떤 의미를 지니고 있는지를 치열하게 묻고 해석할 때 '죽은 문자'가 아니라 살아 있는 말씀이 되고, "내 발에 등이요 내 길에 빛"(시 119:105)이 될 것입니다.

미주

1) 불교에서도 십계(十戒)를 말하지만 이것은 일반 대중에게 해당되는 것이 아니라 사미 수도승이 지켜야 하는 계율이라는 점에서 유대교나 기독교의 십계명과는 성격이 아주 다릅니다.

2) 우리말 성경에는 이러한 원문을 살리지 않고 그냥 '십계명'으로 번역하였습니다.

3) 박준서, 『십계명 새로 보기』(서울: 한들출판사, 2001), 20.

4) 유대인들이 자신의 정체성의 증거로 여기는 "할례"도 십계명에 속하진 않지만 가장 중요한 하나님의 율법(계명)으로 준수하였습니다.

5) 여기에서 말하는 개혁교회는 종교개혁 당시 루터의 종교개혁과는 달리 츠빙글리로부터 시작되어 칼빈에 이르러 '개혁이 완성된 교회'(reformed church)를 지칭합니다. 이 개혁교회는 스위스에서부터 네덜란드, 스코틀랜드, 영국의 청교도, 독일의 일부 지역에 강한 영향을 끼쳤습니다. 개혁교회란 일반적으로 칼빈주의의 영향 하에 있는 개신교회를 통틀어서 말합니다.

6) 이것은 '성상'(Ikon) 또는 '신적인 이미지'(Divine Image)에 대한 관점의 차이에서 기인합니다. 이에 대하여서는 이 책의 다른 장에서 자세하게 다룰 것입니다.

7) 일부 신자들 중에는 기독교의 범주를 개신교회에 국한시켜, 로마 가톨릭(천주교)은 기독교가 아니라고 주장하는 경우가 있습니다. 그러나 교회사적으로 기독교의 범주에는 로마 가톨릭교회, 동방 정교회, 영국 성공회, 개신교회를 비롯하여 역사가 오랜 이집트의 콥틱교회, 에티오피아교회, 아르메니아교회 등과 같은 민족교회들도 포함됩니다.

8) 이들 계명 중에서도 제2계명인 "우상을 만들지 말라"는 이 책의 12장 "성상, 어떻게 받아들여야 할까?"에서 독립된 주제로 다룰 것이며, 제4계명인 "안식일을 지키라"는 이미 이 책의 07장 "주일인가, 안식일인가?"에서 다루었습니다. 따라서 여기에서는 이 두 계명을 생략합니다.

9) 출애굽 이후 이스라엘 공동체는 순수한 혈연공동체가 아니라 신앙의 공동체였습니다. 학자들은 이스라엘이 혈통을 특별히 강조하게 된 때를 바벨론 포로 시대 이후로 보고 있습니다.

10) 이 영화에 대한 고찰은 김용규, 『데칼로그』(서울: 바다출판사, 2002)를 참고하십시오.

십일조는
반드시 해야 하는 걸까?

너무나 중요한, 그러나 말하기 어려운 주제

　신앙생활을 하면서 누구나 아주 중요하게 생각하지만 공론화하기를 꺼려하거나 금기시하는 주제들이 있는데, 이 가운데 하나가 바로 십일조(十一條)입니다. 물질적인 것보다는 정신적이고 영적인 것을 강조하는 목회자에게는 물질적 헌금인 십일조를 강조하는 것이 어쩐지 은혜롭지 못한 것 같이 보이고, 이 같은 목회자 앞에서 신자들 역시 '돈 문제'를 꺼내는 것이 불신앙처럼 보이기 때문입니다. 그러나 목회자이든 일반 성도이든 돈이 곧 생명처럼 여겨지는 자본주의적인 냉혹한 삶 가운데에서 자유로울 수 없고, 신앙이 돈독하지 않은 상태에서 소득의 십분의 일을 떼어내는 일은 말처럼 쉬운 일이 아닐 것입니다.

　그러나 어떤 목회자들은 온전한 십일조를 바침으로써 몇 배, 몇 십 배의 축복을 받은 간증과 사례를 열거하면서 주저함이 없이 '십일조 축복론'을 설파합니다. 이때 십일조는 현실적인 축복을 위한 확실한 투자가 되는 셈입니다. 이에 반해 십일조를 바치게 되면 물질적인 축복을 받는다는 주장에 대하여 회의하고(오히려 땅 투기가 더욱 효과적이지 않은가), 신앙적인 동기에서가 아니라 '돈을 사랑하는' 인색한 마음에서 십일조를 부담스러워하며 비판하는 신자들도 있습니다. 실제로 불신자 가운데에는 교회에 다니고 싶은데 십일조 때문에 부담이 된다고 말하는 사람도 적지 않습니다.

십일조를 물질적 축복을 위한 수단으로 생각하든, 돈에 대한 사랑과 인색함 때문에 십일조를 거부하든 그 중심에는 하나님에 대한 올바른 신앙보다는 물질적인 것에 집착하여 그것을 최고로 여기는 매머니즘(배금주의)적 사고가 자리하고 있기는 매한가지인 것처럼 보입니다. 다른 한편 어떤 신자들은 십일조를 바치는 것에 대하여는 별 이

El Greco 작, 「성전 정화」 (1571-76년)

의가 없지만, 현재와 같이 오로지 목회자나 교회 자체의 유지와 성장을 위하여 사용되는 것에는 반대한다고 말하기도 합니다.

한국교회는 은근히 또는 공개적으로 십일조를 신앙과 교회에 대한 충성도를 재는 확실한 시금석으로 여기는 것 같습니다. 실제로 분쟁이 생긴 어떤 교회에서 담임목사가 온전한 십일조를 내지 않는다는 명분으로 자신을 반대하는 교인을 제명하는 일도 있었습니다. 이런 경우 십일조를 내지 않는 교인은 잠재적으로 제명의 대상이 되는 셈입니다. 이처럼 십일조를 중요하게 생

각하는 한국교회가 실제로 십일조의 의미와 올바른 사용에 대하여 무관심한 것은 놀라운 일입니다. 교회 분란의 많은 원인 가운데 으뜸은 교회 재정의 불투명성입니다. 서로 은혜로울 때에는 덮어 두었다가 문제가 생기면 가장 먼저 예민하게 파고드는 문제가 재정 문제이며, 이 재정의 주 원천이 바로 십일조입니다.

십일조에 대한 올바른 이해와 실천이 절실히 요구되는 이러한 현실을 생각하면서 십일조는 언제 어떻게 시작되었으며, 구약에 나타난 십일조의 내용, 신약시대와 교회의 역사 속에서 그것이 어떻게 이해되고 실천되었는지, 세속화된 오늘날 우리에게 십일조는 무엇인지를 하나하나 살펴보도록 하겠습니다.

십일조의 유래

보통 농업 생산물의 특정한 비율, 보통 십분의 일을 제단이나 특정한 제의적인 장소에 바치는 것은 지중해 주변의 많은 민족이 종교적 행위에서도 종종 행하던 일입니다. 그러나 십일조가 광범위하게 확산되고 정착된 것은 구약성경에 나오는 십일조 규정의 영향이라고 할 수 있습니다.

십일조(Tithes)는 히브리어로 '마아세르'(מַעֲשֵׂר)라고 하며, 이를 그리스어 역본인 70인 역(LXX)은 '에피데카토스'(ἐπιδέκατος) 또는 '십'(10)을 표시하는 '데카토스'(δέκατος)로 번역하였습니다. 신약성경에서는 후자로 십일조를 표시하였습니다.

구약에서 처음으로 십일조에 대한 언급이 나오는 것은 아브람(아브라함)

Pieter Pauwel Rubens 작, 「멜기세덱과 아브라함의 만남」(1625년)   Jusepe de Ribera 작, 「야곱의 꿈」(1639년)

이 전쟁에서 얻은 전리품 중의 10분의 1을 살렘의 왕이며 지극히 높으신 하나님의 제사장인 멜기세덱에게 자발적으로 드린 사건(창 14:17-20)에서입니다. 그 다음에 연대기적으로 가장 오래된 십일조에 대한 언급은 야곱이 형 에서로부터 도망하는 길에 베델에서 제단을 쌓고 하나님에게 십일조를 약속하는 장면(창 28:18-22)입니다. 이 두 본문에서 족장시대의 십일조 존재가 언급되고 있지만, 학자들은 이것을 역사적으로 제의적 차원에서 확립된 십일조라고 보지는 않습니다.

구약의 십일조, 어떻게 드려지고 사용되었나

「레위기」에 나타난 십일조

「레위기」에서는 십일조를 다음과 같이 규정하고 있습니다: "그 땅의 십분의 일 곧 그 땅의 곡식이나 나무의 열매 그 십분의 일은 여호와의 것이니 여호와의 성물이라. 또 만일 어떤 사람이 그의 십일조를 무르려면 그것에 오분의 일을 더할 것이요, 모든 소나 양의 십일조는 목자의 지팡이 아래로 통과하는 것의 열 번째의 것마다 여호와의 성물이 되리라. 그 우열을 가리거나 바꾸거나 하지 말라. 바꾸면 둘 다 거룩하리니 무르지 못하리라"(레 27:30-33). 여기서는 십일조가 제의적인 식사로 쓰이는 것이 아니라 전적으로 여호와의 '성물'(聖物)로 이해되고 있으며, 토지 소산뿐만 아니라 가축의 십일조를 하나님께 바치도록 규정하고 있습니다. 특이한 것은 토지 소산의 십일조를 물려면 그것에 25%를 더 내야 하고, 가축의 경우는 십일조로 결정된 것을 바꿀 경우 둘 다 십일조로 바쳐야 한다는 규정입니다.

「민수기」에 나타난 십일조

「민수기」 18장 20~32장에도 십계명에 관한 언급이 있습니다. 「레위기」와 달리 이 본문에서는 십일조가 레위인의 몫이라고 규정하고 있습니다. "내가 이스라엘의 십일조를 레위 자손에게 기업으로 다 주어서 그들이 하는 일 곧 회막에서 하는 일을 갚나니"(21)라고 말함으로써 십일조가 땅을 분배받지 못하고 오로지 회막에서 일하는 그들에 대한 보수(報酬)의 성격을 띠고 있음을 분명히 하고 있습니다. 또한 십일조를 받은 레위인들도 십일조의 십일조를 하나님께 드려야 하는데, 이것은 제사장의 몫이 되었습니다(25절, 28절). 이 본문에서 십일조는 하나님께 드리는 것이나, 그 용도는 레위인과 제사장들의 생계비로 쓰였음을 알 수 있습니다.

번제를 준비하고 있는 아론과 그의 아들들

「신명기」에 나타난 십일조

「신명기」는 12장, 14장, 26장에서 십일조에 대하여 상세하게 규정하고 있습니다. 먼저 「신명기」 12장 6~19절에 언급된 십일조는 제물의 성격을 띠며, 하나님이 복을 베푸신 것을 생각하면서 가족과 함께 먹고 즐거워하는 축제의 성격을 내포하고 있습니다: "거기 곧 너희의 하나님 여호와 앞에서 먹고 너희의 하나님 여호와께서 너희의 손으로 수고한 일에 복 주심으로 말미암아 너희와 너희 가족이 즐거워할 지니라"(7절). 이 축제에는 자녀들, 남종과 여종 그리고 차지할 몫이나 유산도 없이 성 안에서 사는 레위인을 다 초대하여 함께 즐거워할 것을 당부하고 있습니다(12절). 여기에서 드려진 십일조는 주로 곡식과 포도주와 기름이었으며, 십일조 이외에 서원예물이나 제물도 하나님 앞에 바쳐졌습니다(17절).

룻기의 추수 장면
(1320년경 성경 삽화,
British Library 소장)

「신명기」 14장 22~27절에 기록된 십일조 규정에는 매년 농사를 지은 수확물의 10분의 1을 드리며, 가족이 함께 먹으면서 즐거워할 것을 권면하고 있습니다: "너는 마땅히 매년 토지 소산의 십일조를 드릴 것이며, 네 하나님 여호와 앞 곧 여호와께서 그의 이름을 두시려고 택하신 곳에서 네 곡식과 포도주와 기름의 십일조를 먹으며 또 네 소와 양의 처음 난 것을 먹고 네 하나님 여호와 경외하기를 항상 배울 것이니라"(22-23절). 여기에서 십일조는 제물인 동시에 하나님이 선택한 장소(예루살렘 성전)에서 제의적인 식사로 소비되는 것으로 나타납니다. 「신명기」의 발견을 계기로 요시아는 종교개혁을 단행하였는데, 중요한 내용 중 하나는 예루살렘 성전 중심의 예배를 강화하는 것이었습니다.

예루살렘은 십일조를 바쳐야 하는, 하나님에 의하여 선택된 장소로 이해

Michelangelo Buonarroti 작, 「Josiah-Jechoniah-Shealtiel」 (우측 아이 여고냐를 안고 있는 사람이 요시아왕, 1511-12년 작)

되었습니다. 가족 또는 권속(眷屬)은 거기에서 "함께 먹고 즐거워하도록" 규정되었습니다(26절). 그리고 그 가족은 함께 식사를 하기 위하여 자신들의 성읍으로부터 레위인을 초대하도록 하였습니다. 왜냐하면 레위인은 땅을 가지고 있지 않아서 그들 자신의 십일조를 가지고 올 수 없었기 때문입니다(27절). 예루살렘 성전이 멀어서 십일조를 가지고 오기에 너무 힘든 경우에는 그것을 돈으로 바꾸어서 가져와 필요한 것을 사서 먹을 것을 권유합니다(24-26절).

David Roberts 작, 「예루살렘」 (1839년)

주목할 것은 가족과 권속은 십일조를 3년 중 2년은 연속해서 제의적인 식사를 위하여 사용할 수 있지만, 3년째 되는 해에는 십일조를 성읍에 저축하여 레위인과 그들의 성중에 유하는 객과 고아와 과부들이 와서 먹고 배부르게 하도록 하였다는 점입니다: "매 삼년 끝에 그 해 소산의 십분의 일을 다 내어 네 성읍에 저축하여 너희 중에 분깃이나 기업이 없는 레위인과 네 성중에 거류하는 객과 및 고아와 과부들이 와서 먹고 배부르게 하라. 그리하면 네 하나님 여호와께서 네 손으로 하는 범사에 네게 복을 주시리라"(28-29절). 이에 대한 동일한 규정이 「신명기」 26장 12절에서도 반복되어 나타납니다.

이 규정에는 십일조가 지니는 사회복지적 측면이 분명하게 드러납니다. 이 십일조는 일단 다 모아져서 예루살렘 성전이 아닌 '각자의 성읍에 저축' 하며, 사회적으로 소외된 자들을 '배부르게' 하는 일에 사용되었습니다. 레위인은 성전을 위하여 일하느라 땅을 분배받지 못한 사람들이었고, 나그네와 고아와 과부들은 일정한 경제적 생산 수단이 없는 사람들입니다. 거룩하고 구별된 성물(聖物)이 성읍에 저장되어 가난한 사람들에게 나뉘어진다는 것은 십일조의 또 다른 목적을 분명하게 보여준다고 할 수 있습니다. 그리하면 하나님께서 '네 손으로 하는 범사에 복을 주신다' 라고 약속하십니다. 이 복이란 나눔의 결과이며, 또한 나눔을 위함입니다.

Fra Angelico 작,
「가난한 이들에게 구제물을 주는 스데반」
(1447-49년)

십일조에 대한 이해에 있어서 「레위기」나 「민수기」에 비해 「신명기」가 결정적으로 다른 것은 전자가 백성들로부터 받은 모든 십일조를 레위인 또는 제사장을 위해 사용하는 것으로 보는 것에 비해, 후자는 십일조를 '객이나 고아나 과부' 를 위한 사회복지 차원에서 사용한다는 점입니다. 이러한 차이는 각 책의 성격과 이들이 취하는 사회적인 관심의 차이에서 발생한다고 여겨집니다. 「신명기」는 전 이스라엘에 대하여, 특별히 가난한 자나 소외된 자들에 대한 인도주의적인 관심을 갖고 있는 글임에 반하여 「레위기」나 「민수기」는 일반 대중보다는 제의적 형식이나 제사장 계급에 더 큰 관심을 보이는 글이기 때문입니다.

「말라기」에 나타난 십일조

Duccio di
Buoninsegna 작,
「말라기」(1308-11년)

십일조는 말라기 선지자의 선포에도 언급되어 있습니다(말 3:7-12). 그는 이스라엘 백성들이 예루살렘에 있는 성전 창고에 온전한 십일조를 가져오지 않자 하나님의 것을 도둑질한다고 책망하였습니다: "사람이 어찌 하나님의 것을 도둑질하겠느냐. 그러나 너희는 나의 것을 도둑질하고도 말하기를 우리가 어떻게 주의 것을 도둑질하였나이까 하는도다. 이는 곧 십일조와 봉헌물이라. 너희 곧 온 나라가 나의 것을 도둑질하였으므로 너희가 저주를 받았느니라"(8-9절). 이에 반하여 백성들이 온전한 십일조를 드린다면 하나님께서 그들에게 엄청난 축복을 주실 것이라고 그는 다음과 같이 말합니다: "만군의 여호와가 이르노라. 너희의 십일조를 창고에 들여 나의 집에 양식이 있게 하고 그것으로 나를 시험하여 내가 하늘 문을 열고 너희에게 복을 쌓을 곳이 없도록 붓지 아니하나 보라. 내가 너희를 위하여 메뚜기를 금하여 너희 토지 소산을 먹어 없애지 못하게 하며, 너희 밭의 포도나무 열매가 기한 전에 떨어지지 않게 하리니"(10-11절).

이 본문은 한국의 개신교 강단에서 십일조와 관련하여 가장 많이 사랑을 받는 성경 본문입니다. 십일조의 기본정신과 이 본문의 전후 맥락을 빼고 이 본문을 해석한다면, 마치 십일조는 보다 더 많은 물질적 축복을 받기 위한 투자로 읽혀질 수 있습니다. 이 본문은 바로 앞에 있는 '주께서 임하시는 날'에 대한 말라기 선지자의 다음과 같은 선포를 전제하고 읽어야 올바른 의미를 알 수 있습니다: "그(여호와의 사자)가 은을 연단하여 깨끗하게 하는 자같이 앉아서 레위 자손을 깨끗하게 하되 금과 은같이 그들을 연단하리니 그들이 공의로운 제물을 나 여호와에게 바칠 것이라. 그때에 유다와 예루살렘의 봉헌물이 옛날과 고대와 같이 나 여호와에게 기쁨이 되려니와 내가 심판하러 너희에게 임할 것이라. 점치는 자에게와 간음하는 자에게와 거짓 맹세하는 자에게와 품꾼의 삯에 대하여 억울하게 하며, 고아와 과부를 압제하며, 나그네를 억울하게 하며, 나를 경외하지 아니하는 자들에게 속히 증언하리라 만군의 여호와가 말하였느니라" (말 3:1-5)

말라기 선지자는 타락한 시대에 주께서 임하실 것을 예고하면서, 그에 앞서 주의 사자가 임하여 "레위 자손을 깨끗하게 하며, 그들이 공의로운 제물을 바치도록 만들며, 그때에 유다와 예루살렘의 봉헌물이 옛날과 고대와 같이 나 여호와의 기쁨이 된다"라고 말하고 있습니다. 그리고 심판이 임하는 대상에 "품꾼의 삯에 대하여 억울하게 하며, 고아와 과부를 압제하며 나그네를 억울하게 하는 자"들을 포함시키고 있습니다. 이러한 맥락에서 볼 때 말라기 선지자의 십일조 이해는 우리가 앞에서 살펴본 「신명기」 14장 28~29절과 「신명기」 26장 12절에 나타난 십일조의 정신과 통하고 있음을 알 수 있습니다. 따라서 「말라기」가 말하는 십일조의 복(福)은 단순한 물질의 증대나 축적의 복이 아니라 「신명기」가 말하는 바와 같이 나눔에 따르는 복이며, 나눔을 위한 복이라고 보는 것이 타당할 것입니다.

사회적 정의에 대하여 맹렬히 외친 아모스 선지자 (성경 삽화, British Library 소장)

신약시대의 십일조

상_ Alexandre Bida 작,
「율법사들과 논쟁하시는
예수」(1874년)

하_ Alexandre Bida 작,
「바리새인과 세리」
(1874년)

신약성경에는 십일조에 대한 언급이 거의 없습니다. 예수님이 십일조에 대하여 직접적으로 말씀하는 곳은 한 곳 나옵니다. 이 본문에서 예수님은 십일조의 근본정신과 내용을 상실한 채 형식주의에 사로잡힌 당시의 서기관과 바리새인들을 신랄하게 비판합니다. 「마태복음」에서 예수님은 "화있을진저 외식하는 서기관들과 바리새인들이여 너희가 박하와 회향과 근채의 십일조는 드리되 율법의 더 중한 바 정의와 긍휼과 믿음은 버렸도다"(마 23:23)라고 말씀하시며, 「누가복음」에서도 "너희가 박하와 운향과 모든 채소의 십일조는 드리되 공의와 하나님에 대한 사랑은 버리는도다"(눅 11:42)라고 말씀하십니다. 예수님이 십일조 자체를 거부하신 것은 아닙니다. 예수님은 곧 이어서 "그러나 이것도 행하고 저것도 버리지 말아야 할지니라"(마 23:23; 눅 11:42)라고 말씀하시는 데에서 잘 나타납니다. 예수님은 십일조를 폐기하신 것이 아니라 그의 근본정신인 '정의와 긍휼과 믿음과 하나님에 대한 사랑'이 담긴 올바른 십일조를 드리기를 원하신 것입니다.

또한 바리새인과 세리의 비유(눅 18:9-14)에 보면 바리새인들이 세리들에 비하여 도덕적, 신앙적으로 우월하다고 여기는 것 가운데 하나가 '소득의 십일조를 드리는 것'이었습니다. 이러한 바리새인들의 우월의식과 자기 의(義)에 대하여 예수님은 다만 가슴을 치며 "하나님이여 불쌍히 여기소서, 나는 죄인이로소이다" 하고 고백하는 세리가 더 의롭다고 선언하셨습니다. 십일조는 아니지만 헌금하는 자세에 대한 예수님의 언급은 '가난한 과부의 헌금 이야기'에 잘 나타나 있습니다. 헌금의 양보다는 그 헌금에 담긴 정성과 마음을 더 중히 여기시는 예수님의 모습을 볼 수 있습니다: "내가 진실로 너희에게 이르노니 이 가난한 과부는 헌금함에 넣는 모든 사람보다 많이 넣었도다. 그들은 다 그 풍족한 중에서 넣었거니와 이 과부는 그 가난한 중에서 자기의 모든 소유 곧 생활비 전부를 넣었느니라 하시니라" (막 12:41-44; 눅 21:1-4).

Gustav Dore 작,
「과부의 헌상」
(1880년 경)

신약성경에서 십일조를 언급하는 다른 본문은 「히브리서」 7장 4~10절입니다. 여기에서는 구약 「창세기」 14장 17~20절에 나오는 아브라함이 멜기세덱에게 십일조를 바친 사건을 재해석하는 과정에서 간접적으로 언급하고 있습니다. 「히브리서」 기자는 이스라엘 백성의 약속의 담지자인 아브라함이 멜기세덱에게 전리품의 10분의 1을 바침으로써 멜기세덱의 제사장직의 우위성을 인정하였음을 말하고 있습니다. 이 멜기세덱은 살렘의 왕인 동시에 "아버지도 없고 어머니도 없고 족보도 없고 시작한 날도 없고 생명의 끝도 없어 하나님의 아들과 닮아서 항상 제사장으로 있는" (히 7:3) 자입니다. 이러한 멜기세덱보다 위대한 대제사장이 나타나셨는데 그는 바로 예수님이라고 「히브리서」 기자는 선언

Dieric Bouts,
the Elder 작,
「멜기세덱과
아브라함의 만남」
(1464-67년)

El Greco 작,
「사도 바울」(1610-14년)

합니다. 이 본문에서 십일조는 아브라함이 멜기세덱의 제사장직을 존중하는 한 표시로 나타나고 있습니다.

그러나 특이하게도 사도 바울은 십일조에 대하여 전혀 언급하지 않습니다. 이것은 그가 십일조를 너무나 당연히 여겨서 굳이 언급하지 않은 것인지, 그리스도의 복음 이후에 율법적인 십일조를 중요하게 생각하지 않아서인지는 명확하지 않지만 그의 편지에 십일조와 관한 언급은 전혀 나타나지 않고 있습니다. 사도 바울은 천막 기술자로 스스로의 노동으로 생계를 꾸려가고자 하였습니다(행 18:3). 그러나 사도 바울도 교회로부터 도움을 받기도 하였으며(빌 4:16), 그 역시 예루살렘교회가 흉년으로 고생할 때 부조금을 모아 도와주기도 하였습니다(행 11:29).

교회 역사 속의 십일조

초기 기독교 공동체에서 「신명기」적인 제의적 식사로서의 십일조는 잊혀졌습니다. 초기 기독교 공동체의 십일조에 대한 특징은 십일조에 대한 일반화의 경향입니다. 구약에서 십일조는 특정한 농산물에 적용되었습니다. 이에 반하여 교부들의 해석은 모든 농산물을 포함하여 모든 형태의 수입에 대한 십일조를 강조하기 시작하였습니다. 초기부터 십일조에는 돈도 포함되었습니다. 십일조에 관하여 문헌상 처음으로 등장하는 것은 1세기 후반이나 2세기 초에 쓰인 것으로 여겨지는 '디다케'(*Didache*)에서입니다. 그 이후 십일조를 다루는 모든 기독교 문헌에 나타납니다. 그러나 이러한 일반화의 경향에도 불구하고 초기의 십일조는 '십일조들'(tithes)이란 복수의 형태로 언급되었고, 훨씬 후에야 '단 하나의 십일조'(the tithe)란 표현이 정착되었습니다.

디다케 사본의 일부

다른 한편 초기 기독교 공동체는 십일조의 중요한 수혜자인 구약의 제사장이나 레위인들을 기독교의 사제와 동일시하는 경향을 띠기 시작하였습니다. 오리게네스(Oregenes)은 "하나님은 땅을 소유하고 있지 않은 제사장과 레위인들에게, 땅을 소유하고 있는 이스라엘 백성들과 함께 살도록 명령하셨다. 그래서 제사장과 레위인들은 그들이 가지고 있지 않은 지상의 것들을 이스라엘 백성으로부터 받고, 이스라엘 백성들은 그에 상응하여 하늘의 신적인 것들을 제사장과 레위인들로부터 받아야 했다. 사제들은 전적으로 자신을 하나님에게 드리기 위하여 세상의 일로부터 완전히 자유로워야 한다. 그들은 우리가 불을 밝히기 위하여 램프에 기름을 공급하는 것과 마찬가지로 공급을 받아야 한다"라고 말했습니다. '사도적 헌법'(The Apostolic Constitution)은 한 걸음 더 나아가 구약의 제사장 제도와 교회의 사제 제도를 동일시하였습니다. 이에 따르면 주교(Bishop)는 대

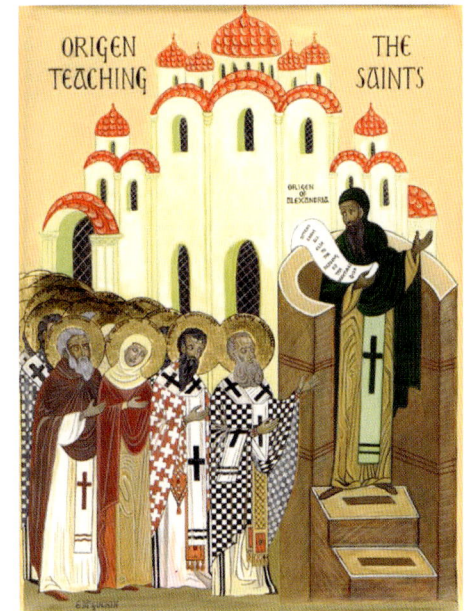

가르침을 베풀고 있는 오리게네스 이콘

제사장, 장로(the elder)는 제사장, 집사(deacon)은 레위인에 각각 해당하였습니다.

다수의 초기 교부들과 특히 초기 수도자들은 구약의 십일조에 대한 계명이 예수님의 가르침에 의하여 극복되었다고 보았습니다. 히브리인들은 십일조를 바쳐야 했지만, 예수님은 젊은 부자에게 그가 가진 모든 것을 가난한 자들에게 주라고 말했다(마 19:21)는 것입니다. 이레나이우스는 유대인들은 실제로 수입의 십일조를 하나님께 바쳤지만, (그리스도를 통해) 자유를 얻은 사람들은 주의 목적을 위하여 자신의 모든 소유를 기쁘고도 자유롭게 내 놓는다고 말했습니다. 그러나 이것이 구체적으로 실행된 경우는 드물었습니다.

크리소스토무스 같은 교부는 설교를 통하여 종종 십일조를 하지 않는 사람은 유대인보다도 못한 사람이라고 질책함으로써 그리스도인 가운데 십일조 생활을 하지 않은 자가 적지 않았음을 암시합니다. 그는 "어떤 사람은 나에게 놀랍게도 그럭저럭 십일조를 바친다고 말하였다. 유대인 가운데에도 당연하다고 생각되는 것이 지금 기독교인들에게 놀라운 일이 되었다는 것은 얼마나 부끄러운 일인가. 십일조를 바치지 않는 것이 하나님과의 관계를 위험에 처하게 한다면 오늘날 얼마나 많은 사람이 그러한 위험에 처하기 될 것인가를 생각해 보라"라고 말하였습니다. 아우구스티누스(어거스틴)는 수도자들은 자기의 모든 것을 하나님

교부들을 그린 15세기 초의 이콘(오른쪽에서 두 번째가 크리소스토무스)

께 바치지만, 일반 기독교인은 구약의 십일조를 최소한의 헌금 수준으로 받아들일 수 있다고 보았습니다.

중세에 접어들면서 십일조의 준수는 권면을 넘어서 법적 의무의 성격을 띠게 되었습니다. 779년에 이르러 십일조의 납부는 프랑켄 제국의 법이 되었습니다. 이제 십일조는 국가 기관에 의하여 강제로 징수되기 시작하였습니다. 12세기에 들어서는 십일조를 내지 않는 사람에 대하여 성찬에 참여할 수 있는 자격을 박탈하기까지 하였습니다. 십일조는 사제들의 봉급과 교회 운영에 결정적인 의미를 지니게 되었습니다. 또한 십일조의 납부가 교구 중심으로 이루어졌기 때문에 정확한 지리적 교구의 분할이 요구되었습니다. 십일조에 대한 국가적 강제에도 불구하고 정확한 십일조의 대상과 범위, 사용 내용은 지역적 전통에 따라 차이가 있었습니다.

Sandro Botticelli 작, 「성 어거스틴」(1480년)

십일조는 개인의 수입에서 징수되었는데, 농작물과 가축에서 징수되는 대(大)십일조와 정원과 과일나무 열매의 소득에서 바치는 소(小)십일조로 구분되었습니다. 그러나 교회 성직자의 소유지와 수도원, 때때로 귀족에게는 십일조 의무가 면제되었습니다. 중세 봉건제 아래에서 교회는 제후의 영지에 종속되었습니다. 제후들은 교회의 후견자로서 예배당의 건축과 유지에 대한 보상으로 교회 십일조의 많은 부분(일반적으로 3분의 2)을 요구하게 되었고, 나머지는 성직자에게 지급되었습니다. 이러한 세속군주와 성직자들의 십일조 독점 관행에 대한 저항이 종교개혁 시대에 가난한 농민들로부터 일어났습니다. 농민전쟁이 발발하기 전인 1525년 2월 말에 독일 남부 슈바벤(Schwaben)의 농민들은 개혁안으로 제시한 '12개 조항'에서 곡물의 십일조

투르나이 성 창문에 그려진 성직자에게 시장세를 바치는 그림(15세기)

는 성직자에 대한 사례, 가난한 사람들, 전쟁 시의 곤궁을 대비한 비축식량으로 써줄 것과 가축에 대한 십일조는 면제해줄 것을 요구하였습니다.

종교개혁자 루터는 십일조를 정당한 납부금이라고 보았습니다. 루터는 전통적으로 내려오는 십일조의 관행을 폐지할 생각은 없었으며, 단지 기타 교회의 헌금에 대한 올바른 사용을 강조하였습니다. 그는 농민전쟁 당시 십일조의 징수와 관리를 자신들의 손으로 하겠다는 농민들의 주장에 반대하며, 십일조는 합법적인 통치자의 수입이라고 주장하였습니다. 통치자는 자신의 영지에서 세속적 영역뿐만이 아니라 종교적 영역에서도 수장(首長)이었기 때문입니다. 그러나 루터는 통치자들이 복음적인 신앙으로 개혁을 하지 않는 한 기독교 공동체가 자기 자신들의 목사를 선정하고 자신의 예배를 드릴 수 있는 권리를 인정하였습니다. 그럼에도 추가적인 헌금에 의하여 이러한 것들이 이루어져야지 십일조를 거부하여서는 안 된다고 주장하였습니다. 제후들이 농민전쟁에서 승리함으로써 십일조에 대한 루터의 관점은 더욱 공고해졌습니다.

개혁교회는 신약성서에서의 십일조는 명확하지 않으며, 새로운 하나님의 백성에게 율법적인 십일조는 더 이상 유효하지 않다고 보는 입장이지만 교회의 광범위한 목회적 필요를 재정적으로 뒷받침하려는 납부금으로서의 기능은 인정하였습니다. 교회 공동체는 십일조를 수납하는 통치기관을 인정하고 그것이 합법적인 때에는 따라야 한다고 보았습니다. 그럼에도 십일조의 본래적이고 올바른 사용은 주권적인 성도들의 모임인 교회에 책임이 있다고 주장하였습니다.

십일조와 교회세(敎會稅) – 독일교회의 경우

유럽 기독교는 콘스탄티누스 황제에 의하여 공인되고, 테오도시우스 황제에 의하여 로마 제국의 국교가 된 이후부터 국가권력과 밀접한 관계를 맺게 되었습니다. 동방교회는 말할 것도 없으며, 서방교회는 카를 황제와 오토 황제를 거치면서 교회가 제국의 한 기관으로 편입되는 양상을 띠게 되었습니다. 독일 민족의 신성로마제국은 교회에 일정 부분 세속적 권력을 부여함으로써 교회를 제국의 체제 안으로 편입한 대표적인 사례입니다. 이로써 국가는 교회의 후견자가 되어 교회를 세우는 일이나, 사제를 임명하는 일에 개입하게 되었습니다. 이러한 역사적 배경을 고려할 때 루터의 십일조에 대한 관점이나 오늘날 독일의 교회와 국가의 관계를 잘 이해할 수 있습니다.

테오도시우스 황제가 새겨진 로마 금화

개신교회는 세속 군주에게 십일조를 바치는 것을 대체로 인정하였습니다. 십일조는 로마 가톨릭교회뿐만 아니라 개신교회의 물질적 지원을 위하여 계속되었으나 근대에 이르러 반발이 거세졌습니다. 마침내 프랑스에서는 대혁명(1789) 기간에 십일조의 수혜자에 대한 보상 대책 없이 십일조 제도를 폐지하였고, 잇따라 유럽의 다른 나라들에서는 국가적 차원의 십일조가 폐지

Eugène Delacroix 작, 「사람들을 이끌고 있는 자유의 여신」 (1830년 7월 28일)

되기 시작하였습니다. 이탈리아에서는 1887년에 이르러서야 비로소 십일조 제도가 폐지되었습니다. 아일랜드에서는 1871년 성공회가 국교의 자격을 잃으면서 십일조 제도도 폐지되었으며, 스코틀랜드교회에서도 폐지되었습니다. 영국에서는 1836년에 십일조가 곡물 가격에 근거한 소작세로 대체되었고, 1936년에는 십일조 소작세도 폐지되었습니다. 종교와 국가가 분리된 미국에서는 십일조가 법률적 의무로 부과된 적이 없습니다. 그러나 모르몬교와 안식교를 포함한 일부 교회는 십일조를 요구하며, 대부분의 교파교회들은 십일조를 교인들의 자발적 헌신에 맡기고 있습니다. 동방정교회는 십일조 개념을 받아들이지 않았기 때문에 당연히 십일조 제도가 없습니다.

교회와 국가가 밀접한 관계를 유지하는 국가교회 내지는 민족교회로서의

독일의
베를린 대성당 사진

독일교회는 십일조가 폐지된 후 이를 대체하는 제도로 교회세가 등장하였습니다. 이것은 일종의 종교세라고 할 수 있습니다. 1803년 제국회의에 의하여 교회의 재산이 국가에 귀속되었습니다. 교회의 재산을 소유하게 된 독일의 제후들은 이에 대한 보상으로 교회의 재정적인 필요를 채워줄 의무를 지니게 되었습니다. 독일의 제후들은 교회세 도입을 통하여 이러한 의무를 교회 구성원들에게 전가함으로써 이 의무로부터 해방되었습니다. 오늘날 교회세는 교인들에 의해 납부되는 세금의 형식으로 국가에서 징수하여 교인 수에 따라 각각의 교회(개신교와 가톨릭)에 분배하고 있습니다. 종교세 의무는 신자가 교회에 등록한 달부터 지게 되며, 이 의무는 죽거나 국가적 규정에 따른 유효한 교회 탈퇴 선언 이후에 해제됩니다. 교회세는 교회의 구성원임을 스스로 인정하고 주민등록증에 표기한 신자에 한하여 월소득세의 8~9%를 부과하며, 교회의 주 수입원이 됩니다.

　이러한 국가에 의하여 준조세 성격으로 부과되는 교회세에 대한 부정적 시각이 교회 안팎에 존재하는 것은 사실입니다. 교회 밖에서는 교회세 징수가 정교분리 정신에 어긋난다고 비판하며, 교회 내의 일부 인사들은 교회세로 인해 목회자는 준공무원이 되고, 교회는 관료적 기관이 되어 목회자나 교인들의 자발적인 헌신과 열정이 사라지고 있음을 염려하기도 합니다. 실제로 교회세를 부담스럽게 여기는 신자가 교회를 탈퇴하는 현상이 늘어남으로써 독일교회는 재정적 압박을 받고 있습니다. 또한 유럽연합(EC)의 등장으로 독일교회의 교회세도 사라질 가능성이 있습니다. 이러한 위기 앞에서 독일교회는 교회 스스로의 자생력을 키우고 보다 역동적인 신앙의 공동체로 만들어야할 과제를 안고 있습니다.

우리 시대에 십일조는 무엇인가

　이상에서 살펴본 바와 같이 십일조의 내용과 실천은 역사적으로 신앙공동체의 전통에 따라 상이하게 전개되었습니다. 형식과 내용은 다를지 모르지만 우리의 신앙생활에서 십일조와 헌금은 믿음의 물질적 표현으로서 없어서는 안 될 중요한 요소임이 분명합니다. 그러나 한국 교회의 강단에서 흔히 선포되듯이 '십일조 생활을 철저히 한다면 반드시 몇 배 몇 십 배의 물질로 되돌려 받게 되어 있으며, 이것이 과연 그러한지 아닌지를 가지고 하나님을 시험해도 좋다'는 식의 주장과 십일조를 대부분 교회의 유지나 성장에만 사용하는 것은 「신명기」에 나타난 십일조의 근본정신과 실천에 배치된다고 생각됩니다.

그렇다고 신앙은 순전히 영적인 일이기 때문에 십일조나 헌금은 신앙생활과 본질적으로 관계가 없다고 말하는 것도 올바른 태도가 아닙니다. 이러한 주장은 비현실적인 공허한 관념일 뿐 아니라 인간의 몸과 역사적 현실에 깊이 뿌리를 박고 있는 기독교의 '성육신'(成肉身) 신앙에도 배치됩니다. '경제 없는 사랑은 공허하며 위선적'일 수 있는 것처럼 '경제 없는 신앙'도 그러합니다. 신약성경에 보면 물질은 영적 문제(spiritual issue)이기도 합니다. 가롯 유다는 돈을 받고 예수를 팔았습니다. 에베소의 은장이들은 사도 바울이 전한 자유의 복음이 그들의 수입을 방해하였을 때 소동을 일으켰습니다(행 19: 23-31). 안디옥 교회는 팔레스타인 교우들이 기근으로 고생할 때 구호헌금을 보냈습니다(행 11:27-30).

Duccio di Buoninsegna 작, 「최후의 만찬」 (1308-11년) 중 일부 (오른쪽 첫 번째가 가롯 유다)

윌리엄 윌리몬은 헌금을 '부활증언'의 표현으로 이해합니다.[1] 헌금은 우리 자신의 몸을 드리는 봉헌이라고 할 수 있습니다. 윌리몬은 헌금을 바칠 때 기독교 예배는 극히 물질적인 것, 성육신적인 것이 된다고 주장합니다. 이러한 신앙은 사람의 손노동을 천하게 만드는 것이 아니며, 신앙 자체를 물질적인 것과 육체적인 것으로부터 분리시키지 않습니다. 몸을 입고 세상에 와서 우리 가운데 거하시는 주님을 섬기면서, 교회는 우리의 소유와 성과를 하나님의 선물로 변형시켜 달라고 하나님께 간구함으로써 육체적인 것과 물질적인 것을 성화(聖化)시켜 나가는 것입니다.

부활을 체험한 초기 기독교 공동체는 물질에 대한 변화된 인식과 행동을

Masaccio 작,
「구호품 분배와 아나니아의 죽음」
(1426-27년)

보여주었습니다. 이 세상의 물질 소유와 지배욕에 사로잡혀 있던 사람들이 부활한 주님을 만남으로써 어떻게 새롭게 변화되었는가를 「사도행전」은 잘 보여주고 있습니다: "믿는 무리가 한마음과 한뜻이 되어 모든 물건을 서로 통용하고 자기 재물을 조금이라도 자기 것이라고 하는 이가 하나도 없더라. 사도들이 큰 권능으로 주 예수의 부활을 증언하니 무리가 큰 은혜를 받아 그 중에 가난한 사람이 없으니 이는 밭과 집 있는 자는 팔아 그 판 것의 값을 가져다가 사도들의 발 앞에 두매 그들이 각 사람의 필요에 따라 나주어 줌이라"(행 4:32-35).

바로 여기에 교회가 보여주는 부활 진리에 대한 가장 강력한 증거가 있습니다. 모든 물질은 꽉 움켜쥐어야 할 소유물이 아니라 하나님이 우리에게 맡기신 선물로 보는 인식의 전환이 필요합니다. 그리하여 물질이 더 이상 우리의 하나님이 될 수 없고, 하나님의 것을 올바로 하나님께 드리고, 하나님의 은혜로 다른 사람의 필요를 느낄 수 있게 되는 것이어야 말로 부활 신앙의 증거하고 말하지 않을 수 없습니다. 이럴 때 물질은 썩어서 없어지는 것이 아니라 성화된 정신이며 영혼이 될 것입니다. 따라서 십일조와 헌금은 물신주의에 빠져 있는 이 세상을 향하여 기독교인들이 외치는 대항문화적(counter-cultural)이며 예언자적인 행동이 될 것입니다.

윌리몬은 자신의 책 『21세기형 목회자』를 통하여 목회 경험을 통하여 헌금에 얽힌 일화를 소개합니다. 그는 목회 초기에 교회에서 도심의 가난한 사람들을 위한 봉사센터를 짓기 위하여 많은 돈을 모금하려고 계획하였습니다. 그는 모금운동을 효과적으로 하기 위하여 교회모금 전문가를 모시게 되었습니다. 모금 전문가는 첫 만남에서 그에게 교회에서 헌금을 많이 하는 사람 20명과 헌금을 할 수 있는 사람들의 명단을 뽑아 달라고 하였습니다. 그는 마음이 언짢아서 그에게 말하기를 교회 교인들의 헌금하는 성향에 대하여 전혀 아는 바가 없다고 자랑스럽게 말하였습니다. 그랬더니 그는 "무책임하시군요. 당신은 목사 아닙니까? 만일 내가 당신에게 교회 안의 모범적인 열 가정이나 가장 불화한 열 가정을 꼽으라고 해도 말 못하시겠습니까?" 하고 말하였습니다. 그래서 그는 물론 할 수 있다고 대답하였습니다. 그러자 그 전문가는 이렇게 말하였습니다.

"좋습니다. 예수님은 재물의 위험에 대하여 대단히 강조하셨습니다. 당신은 교회 회중이 재물에 대한 예수님의 가르침에 응답할 기회를 주어야 합니다."

십일조는 우리로 하여금 물질(돈)에 대한 명확한 신앙적인 입장을 정리하도록 요청합니다. 모든 것이 하나님께로부터 온 것이고 우리는 그의 청지기에 불과하다는 고백, 재물과 "하나님을 겸하여 섬길 수 없다"(마 6:24)는 예수님의 말씀처럼 재물을 결코 하나님처럼 섬길 수 없다는

Rembrandt Harmenszoon van Rijn 작, 「부자의 비유」(1627년)

신앙의 결단, 물질의 복은 축적의 복이 아니라 「신명기」적인 나눔의 복이라는 깨달음이 있다면 십일조는 단순히 우리의 시험거리거나 장애물이 아니라 우리의 성육신적 신앙과 부활 신앙의 한 표현이 될 것입니다.

미주

1) 윌리엄 윌리몬, 최종수 역,『21세기형 목회자』(서울: 한국기독교연구소, 2004), 111.

교회의 직분은
교회의 계급인가?

예수님은 좋은데 교회는 싫다?

교회는 자발적인 신앙공동체입니다. 기업과 같은 이익집단이 아니라 하나님과 이웃을 위한 섬김과 봉사의 공동체입니다. 따라서 자기 이익이나 명예를 위하여 일하지 않는 교회 공동체의 일은 아름답습니다. 그러나 처음 신앙생활을 할 때에는 모든 것이 새롭고 기뻐서 순수한 마음으로 봉사하지만, 신앙의 연륜이 쌓이고 교회의 책임 있는 자리에 서게 되면 처음의 순수한 신앙과 봉사의 마음이 사라지고 일반 조직처럼 관료주의적인 타성에 빠지게 되는 경우가 종종 있습니다. 이러한 교회의 모습에 실망하여 교회 생활에 소극적이 되거나 아예 교회를 떠나는 경우도 있습니다. 이들 중에는 예수님은 좋고 기독교 신앙 자체는 부인하고 싶지 않지만 교회는 싫다고 하는 사람이 적지 않습니다. 아이러니한 일이긴 하지만 대형 교회에 사람들이 모이는 이유

무교회주의자인
우치무라 간조
(1861-1930)

가운데 하나가 교회 생활에 깊숙이 개입하지 않고 적당히(?) 신앙생활을 할 수 있기 때문이라고 합니다. 교회 조직과 행정의 '속사정'을 너무 깊이 알게 되면 마음의 상처를 받거나 '시험에 드는' 일이 생기기 때문입니다. 그래서 어떤 이들은 이 모든 문제의 배후에는 교회의 제도성과 계층적 구조에 있다고 보고, 탈제도적 교회를 지양하여 '무교회주의'나 소규모의 신앙공동체를 대안으로 제시하기도 합니다.

우스갯소리로 목회는 '노사관계'를 잘 해야 한다고 합니다. 여기에서 '노사'란 '장로'(長老)와 '목사'(牧師)를 말합니다. 교회가 화목하고 건전하게 성장하는 원동력도 '노사(老師)관계'에서 나오며, 교회의 갈등과 분열도 이 관계에서 나온다고 합니다. 이러한 일들은 교회가 세속화, 권력화 되면서 주도권을 둘러싸고 나타나는 부정적인 현상입니다. 때로는 '노사'가 한편이 되고 일반 평신도가 한편이 되어 갈등하는 경우도 있습니다. '노사'가 원로원 또는 과두정치처럼 모든 교회의 일을 좌지우지하는 것에 대하여 일반 평신도들이 반발하는 것입니다. 요즘은 '평신도'라는 호칭 대신에 '성도'라는 호칭을 쓰자는 운동도 있습니다. 전자가 너무 계층적 의미를 담고 있다고 보기 때문입니다. 현장 목회자 중에는 "교회의 주도권은 이미 평신도로 넘어갔는데 지금의 평신도들이 과연 교회의 미래를 이끌 만큼 신앙적 훈련이 돼 있는가?"라고 반문하면서 "평신도 신앙이 제대로 되면 한국교회에 긍정적인 영향을 끼칠 것"이라고 말하는 분들도 계십니다.

실상 교회의 직분(職分)과 직제(職制)[1]의 문제는 교단마다 상이합니다. 그러나 모두가 자기 교단은 가장 성경적이며 고대 교회의 전통에 맞는 것이라고 주장합니다. 따라서 교리문제 만큼이나, 때로는 그 이상으로 직분과 직제를 교단의 자기정체성의 상징으로 집착하기도 합니다. 그러나 교회 역사를 볼 때 이것은 그렇게 자명하지 않습니다. 초기에 교회의 직분과 직제는 미분화된 상태로 존재하였습니다. 그리고 시간의 흐름에 따라 그 내용과 형식이 변화되어 왔습니다.

예수와 예루살렘 원시 기독교 공동체

원시 기독교에 관한 연구 결과에 따르면 교회 공동체와 관계된 직분과 직제가 만들어지고, 이에 대하여 신학적 의미를 규정하게 된 것은 예수의 열두 제자 이후 제3세대에 이르러서입니다. 원칙적으로 예수님은 '하나님 나라'를 선포하고 그러한 삶을 살도록 요청하셨지 교회를 세우시지도, 직제를 만드시지도 않았습니다. 그러나 예수님은 "나를 따르라"고 제자를 부름으로써 제자 공동체를 형성하였습니다. 부활절 이후 이들 제자 공동체가 제도적 교회로 성장할 씨앗이 된 것은 사실입니다. 하지만 예수님이 세운 열두 제자를 여타의 다른 제자들과 구분되는 직제로 간주될 수는 없습니다. 열두 제자의 세움은 이스라엘에 대한 예수님의 선포를 표현하는 하나의 상징 행위로 여겨집니다. 12이라는 숫자는 예수님 당시에 오랫동안 잃어버린 12지파의 전체성 속에 있는 하나님의 백성에 대한 상징이며, 이를 회복하는 것이 종말론적 희망으로 간주되었습니다.

예수님이 제자들을 세운 것은 전체 이스라엘을 향한 예수님의 사명과 관련이 있습니다. 예수님은 타락한 백성들과 구분된 새로운 하나님의 백성을

Domenico Ghirlandaio 작, 「제자들을 부르심」 (1481년)

지도하기 위하여 엄격한 조직을 만든 사해 광야의 쿰란 종파와는 달랐습니다. 예수님 제자들의 새로움은 그들의 조직이나 형식이 아니라 그들을 지배하는 예수님의 원리, 즉 섬김과 봉사였습니다. 예수님 자신에 의하여 제시된 하나님 나라에 합당한 섬김의 태도가 모든 제자에게 요구되었습니다. 이로써 그들의 공동체는 인간 사회의 권력과 위계 구조와는 근본적으로 대립되었습니다. 예수님의 제자 공동체에는 힘과 권력으로 구성되는 직제가 없었습니다. 아니 하나님의 나라(하나님의 통치)는 세상적인 힘과 권력의 포기로부터 나온다고 확신하였습니다.

예수님 사후에 초기 예루살렘 공동체를 이끄는 사람들은 베드로를 위시한 제자들이었습니다. 그리고 얼마 되지 않아 주의 형제 야고보의 영향력이 증대되었습니다. 그들은 초기에 유대교의 회당으로부터 떠나지 않았습니다. 초기 유대 기독교인들이 유대교의 회당으로부터 추방(분리)되기 시작할 때, 그들은 제자들의 모임을 넘어서는 새로운 구체적인 조직을 필요로 하였을 것입니다. 이즈음 제자라는 말 대신에 사도란 말이 등장하고, 이것은 부활절 이후 부활하신 주님에 의하여 부름을 받고 보내심을 받았다는 자의식을 가진 사람들에게 적합한 호칭이 되었습니다. 사도 바울이 대표적 사례입니다. 그는 예수님의 직접적인 제자는 아니었지만, 부활하신 주님을 만난 후 자신의 사도성에 대하여 의심하지 않았습니다. 사도들 이외에 초기 기독교 공동체에 새로운 장로들(Presbyters)이 등장하게 되었습니다.

이 장로들의 기원은 동시대의 유대교에서 찾을 수 있습니다. 유대교의 장로들은 율법에 대한 자신들의 경험을 전하며 유대 공동체적 삶의 연속성을 보증하는 전승의 대변자였습니다. 이제 초기 기독교 공동체의 장로들은 율법이 아니라 복음에 의하여 동기부여가 되었습니다. 즉 그들은 새롭게 발전된 기독교 공동체 삶 형식의 핵심을 자신들의 모범과 경험을 통하여 보증할 수 있는 사표(師表)가 되는 그리스도인들이었습니다. 그들에게 외부적으로는 공동체를 대표하며, 내부적으로는 신앙적인 면뿐만 아니라 공동체의 경제적 부분을 책임지는 일이 부여되었습니다.

Andrea Del Sarto 작,
「성 야고보」
(1528-29년)

장로들 이외에 오늘날의 집사직의 기원이라 할 수 있는 "헬라파 일곱"(행 6:1-6)이 사도들에 의하여 임명되었습니다. 이들은 예루살렘에 살고 있는 그리스 출신 기독교인 가운데에서 자선과 봉사의 일을 감당하기 위하여 세워진 사람들입니다. 이들이 세워진 계기는 헬라 출신 기독교인과 유대 기독교인 간의 갈등이 발

Fra Angelico 작,
「스데반을 집사로
임명하는 베드로」
(1447-49년)

생하자 이 문제를 해결하기 위한 사람이 필요하였기 때문이었습니다. 이는 헬라파 기독교인들을 위한 지도자가 세워졌음을 의미합니다. 이들 지도자의 부상은 초기 기독교가 유대교적 토대에서 분리하여 그리스-로마 세계에 뿌리 내리기 시작할 때 발생하는 불가피한 선택이었을 것입니다.

'그리스도의 몸'으로서의 교회

Masaccio 작,
「성 바울」(1426년)

사도 바울은 '그리스도의 몸'이라는 유비(類比)적인 교회 이해를 통하여 교회의 직분과 직제에 대한 기본적인 이해의 토대를 마련하였습니다. 그는 자신이 세운 고린도교회에 있었던 열광주의적 흐름과의 논쟁 속에서 이러한 관점을 발전시켰습니다. 성령 제일주의자들의 영향을 받았을 것으로 추측되는 일부 고린도 교인들 가운데 자기 은사의 우월을 가리고, 서로 다투고 경쟁하는 일이 발생하였습니다. 이러한 상황에서 사도 바울은 '그리스도의 몸'으로서의 교회론을 구상하게 된 것입니다. '그리스도의 몸' 지체로서의 성도는 각각의 능력에 따라 서로에게 봉사한다고 그는 보았습니다(고전 12:12-27; 롬 12:4 이하).

'그리스도의 몸'은 예수님의 구원 행위를 통하여 탄생된 종말론적 공동체입니다. 그리스도의 몸 지체들은 각자의 특별한 영적 능력에 따라 자기 자리에서 온전한 몸(공동체)을 이루는 데 기여하여야 합니다. 사도 바울은 이를 위하여 봉사의 직분에도 질서가 필요하다고 보았습니다. 그는 분명하게 "하나님은 무질서의 하나님이 아니라 평화의 하나님이다"(고전 14:33)라고 말하였습니다. 그는 교회의 질서와 덕을 세우는 한에 있어서 성령 제일주의자들의 예언적이면서 카리스마적인 전통도 긍정하고 있습니다. 사도 바울은 구체적인 역사적 상황과 실제적인 봉사 관점에서 직분과 직제의 형태를 규정하기 때문에 상당히 유연하다고 할 수 있습니다.

사도 바울은 「고린도전서」 12장 28~31절에서 우선 세 가지 직분과 여러 은사를 언급하고 있습니다: "하나님이 교회 중에 몇을 세우셨으니 첫째는 사도요, 둘째는 선지자요, 셋째는 교사요, 그 다음은 능력을 행하는 자요, 그 다음은 병 고치는 은사와 서로 돕는 것과 다스리는 것과 각종 방언을 말하는 것이라." 사도에게는 분명히 특별한 사명으로 인하여 지역 교회 공동체를 넘어서는 지위가 주어졌습니다. 사도 바울은 예언의 은사를 사사로운 개인이 아니라 선지자의 직분에 위임하는데, 이는 예언의 은사를 교회 공동체 전체로 넘겨주기 위함이었습니다. 마지막 절에서 사도 바울은 모든 직분과 은사보다 '더욱 큰 은사'는 사랑의 은사임을 말하고 있습니다. 바로 다음에 사랑 장(章)이라고 불리는 유명한 「고린도전서」 13장이 나오는 것도 바로 이 때문입니다.

El Greco 작,
「오순절」
(1596-1600년)

고대 교회에서의 직분과 직제 발전

바울서신이나 목회서신에 등장한 초기 단계의 직분 개념이 2~3세기로 넘어가면서 더욱 통일성을 띠며 공고해졌습니다. 이는 외부의 박해와 내부의 이단 문제로부터 교회를 지키고 선교를 효과적으로 수행하기 위하여 불가피한 일이었습니다. 먼저 고대 교회의 대표적 직분과 직제인 감독과 장로와 집사의 발전 과정과 오늘날의 개신교회에서 사용하는 의미를 살펴보도록 하겠습니다.

감독(Bishop)[9]

교부 이그나티우스

감독은 말 그대로 '감독(監督)하는 자'(Overseer)를 뜻하는 그리스어 '에피스코포스'(ἐπισκοπος)라는 말에서 유래합니다. 이 직분의 정확한 기원과 역할에 대하여서는 아직도 학자들 가운데 논란이 되고 있습니다. 왜냐하면 신약성경에서 '감독'과 '장로'(Presbyter)가 서로 같은 의미로 사용되기도 하기 때문입니다(행 20:17; 28). 처음에 감독과 장로직은 미분화된 집단체제적 성격을 띠었으며, 따라서 위계적이 아니라 기능상의 차이로 여겨진 듯합니다. 그러나 2세기 초 교부 이그나티우스(Ignatius)에 이르면 이미 감독과 장로와 집사가 구별되어 나타납니다. 그 이후 교회의 직제는 감독, 장로, 집사로 이어지는 삼중 직으로 발전하였습니다. 이때 장로는 감독을 도와 함께 공동체를 이끌고 성만찬을 인도하는 교회의 지도부였습니다. 집사는 주로 봉사의 일과 교회 구성원을 돌보는 가교 역할을 하였습니다.

그는 감독직을 이제까지의 집단적 합의제 성격에서 군주적 단독제로 이해하였습니다. 그는 실제로 안디옥의 일인 감독이었습니다. 이로써 지역 교회 공동체의 지도는 한 개인의 손에 주어지게 되었으며, 감독은 이제 신약성경과 신조(신경)와 함께 권위를 사도들에게 두게 되었습니다. 그는 "감독이 있는 곳에 지역 교회 공동체가 존재한다. 마치 그리스도가 있는 곳에 보편적인 교회가 존재하듯이 감독이 없이는 세례도 성만찬도 거행할 수 없다." 그는 감독은 기독교인들을 하나로 묶는 결정적 요소가 되며, 감독을 중심으로 교회 공동체는 신적 조화의 모상(模像)이 된다고 보았습니다. 이러한 입장은 4세기 교부 제롬(Jerome)에 의하여 "감독 없이는 교회도 없다"는 말로 집약되었습니다.

Domenico Ghirlandaio 작, 「연구 중인 제롬」 일부 (1480년)

콘스탄티누스 황제 이후 교회는 후기 로마제국의 행정 조직과 유사한 통일적인 제국 교회를 완성한 후 감독(주교)들이 특권을 누리기 시작하였습니다. 이후 카를 황제의 카롤링거 왕조와 오토 1세의 신성로마제국을 거치면서 종교와 세속권력이 유착하여 주교들이 세속적인 권력의 자리를 겸직하는 일까지 생겼습니다. 중세 시대 주교의 임명권을 놓고 세속 황제와 교황이 벌인 서임권 투쟁은 세속권력과 종교권력이 충돌한 대표적 사례입니다.

Albrecht Dürer 작, 「샤를마뉴/카를 황제」(1512년)

오토 1세

오늘날의 로마 가톨릭교회에서도 감독(주교)은 교황에 의하여 임명되며, 교황에 의하여 주어진 사도적 권위와 교회의 통일성을 상징하며, 교구를 감

교황 베네딕토 16세

독하며, 사제의 임명권을 가집니다. 주교들 가운데에서 대교구를 관할하는 대주교와 교황을 보좌하고 선출할 권한을 지닌 추기경이 임명됩니다. 감독제를 교회정치 체제로 하고 있는 일부 개신교에서도 감독이란 호칭을 사용하는데, 감리교회와 일부 루터교회 등이 대표적입니다. 개신교회의 감독은 연회(年會)나 지역총회 또는 전국총회에서 선거로 선출되는 행정적인 대표자이자 관리자이며, 로마-가톨릭교회와 같은 사도적 권한과 계승권을 주장하지 않습니다.

장로(Presbyter)

장로란 말은 '원로'(elder)를 뜻하는 그리스어 '프레스뷔테로스(πρεσβύτερος)에서 유래합니다. 장로들은 초기 기독교 공동체에서 사도들 다음으로 등장한 지도부입니다(행 15:16). 이것은 유대교 회당의 장로직을 기독교적으로 변용한 것입니다. 사도 바울도 자신이 세운 교회에 장로들을 세웠습니다(행 20:17; 딛 1:5,7). 사도 바울은 "잘 다스리는 장로들을 배나 존경할 자로 알되, 말씀과 가르침에 수고하는 이들을 더할 것이니라"(딤전 5:17)라고 권면하였습니다. 베드로도 "젊은 자들아 이와 같이 장로들에게 순복하고 다 서로 겸손으로 허리를 동이라"(벧전 5:5)라고 말합니다. 장로는 처음에 감독과 같은 직분으로 여겨진 듯합니다. 이들 장로회에서는 안수를 행하기도 하였습니다(딤전 4:14). 장로라는 호칭은 때에 따라서 감독과 호환하였습니다. 넓게 보면 감독도 장로회에 속했습니다. 그러다가 감독이란 호칭은 장로회의 의장에 국한되고, 감독은 권위와 권한에 있어서 기타의 장로들과 구별되기 시작하였습니다. 그럼에도 장로들은 행정과 교육적 면에서 성직으로서의 권한을 가지고 있었습니다. 심지어 교부 로마의 클레멘트(Clement of Rome)는 장로/감독을 사도의 후계자로 간주하였습니다.

로마의 클레멘트

이런 점에서 평신도의 원로로 대표되는 개신교의 장로직은 고대 교회의 그것과 차이가 있습니다. 오늘날 한국 개신교의 다수를 점하고 있는 장로교회는 장로의회 제도를 교회의 정치 체제로 하는 교파입니다.[3] 이는 16, 17세기에 영국과 스코틀랜드에서 시작하여 미국이나 캐나다 또는 호주를 거쳐 우리나라에 들어왔습니다. 장로교회는 개교회의 지도부인 목사와 장로들로 구성된 당회(堂會), 목사와 장로 대표들로 이루어진 상위 의회인 노회(老會)와 총회(總會)가 있습니다. 장로교회에서 종종 문

스코틀랜드 자유교회의 1929년 총회 모습

제가 되는 것은 목사와 장로의 관계입니다. 역사적으로 볼 때 목사도 장로라는 점은 인정되지만, 오늘날 목회와 안수와 성례전의 고유 권한은 목사에게 있다고 보는 주장과 원칙상 장로도 가능하지만 기능상 목사에게 위임한 것뿐이라는 주장이 맞서기도 합니다. 실제로 장로교회에서는 선거를 통하여 장로도 노회장이 되고 총회장이 될 수 있습니다. 이 때문에 노회에서 거행되는 목사 안수식에 장로 노회장이 어떻게 참여할 것인가로 논란이 일기도 합니다.[4] 그러나 장로 노회장은 안수식의 사회는 보지만 직접 안수례를 행하지 않는 것이 한국 장로교의 일반적인 관례입니다.

집사(Deacon)

집사란 말은 '섬기는 자'(servant)를 뜻하는 그리스어 '디아코노스'(διάκονος)에서 유래합니다. 집사직은 사도들의 안수에 의하여 '그리스 출신의 일곱 사람들'에서 기원을 찾습니다. 이들의 주된 임무는 자선과 봉사였습니다. 집사라는 호칭은 가령 "그리스도 예수의 종 바울과 디모데는 그리스도 예수 안에서 빌립보에 사는 모든 성도와 또는 감독들과 집사들에게 편지하노니"(빌 1:1)라는 데에서 보이듯이 일반 성도와 구별되어 대부분 감독과 연결되어 나타납니다. 이로 미루어 집사는 처음에 감독의 조수(assistant), 나중에 주로 재정을 담당하는 교회 임원으로 활동한 것으로 보입니다. 로마의 클레멘트나 이그나티우스의 편지에는 집사가 감독과 장로 다음의 세 번째 직분으로 나타납니다. 집사도 성직이긴 하지만 성만찬 집례의 권한은 감독과 장로에게만 주어졌습니다.

오늘날 개신교회에서도 '디콘'(Deacon)이라는 호칭은 사용하는데 교파마다 직분의 위상과 의미가 다릅니다. 같은 교파라고 하더라도 세계교회와 한국교회가 또 다릅니다. 독일 루터교회나 미국 감리교의 경우 '디콘'이라는 호칭은 성직이긴 하지만 보조적 교구 사역자를 뜻할 때 사용함에 반하여, 한국교회는 주로 봉사를 담당하는 평신도 직분에 있는 자를 말합니다. 한국 개신교회의 직분과 직제의 변용에 관하여는 나중에 따로 다루기로 하겠습니다.

877-886년 콘스탄티노플의 총대주교인 성 포티우스 (Saint Pothius)

이를 통하여 확장된 법적 권한을 가진 대주교 또는 총대주교(Patriarchs)의 기능이 생기고 공고화되었습니다. 이후 중세 시대를 거쳐 오늘날까지도 동방교회는 이러한 지역을 관할하는 총대주교 체제를 유지하고 있습니다. 한편 중세 시대에 교회 타락의 근원인 성직의 세속화와 권력화에 저항하거나, 교회 직분의 관료제화 내지는 교회 제도 자체를 거부하는 흐름은 면면히 이어져 내려 왔습니다.

종교개혁자들의 직분과 직제에 대한 이해

교황은 그리스도의 대리자인가?

로마 가톨릭교회는 교황은 최초의 감독(주교)인 베드로의 직계 후계자일 뿐만 아니라 지상에서의 그리스도 대리자라고 주장합니다. 교황을 영어로는 '포프'(Pope)라고 합니다. 이 말은 지상의 아버지를 뜻하는 그리스어 '파파스'(πάππας)와 라틴어 '파파'(Papa)에서 유래하였습니다. 교황은 또한 라틴어로 '폰티펙스 막시무스'(Pontifex Maximus)라고 합니다. 이는 '다리'를

Pietro Perugino 작, 「베드로에게 열쇠를 건네 주는 그리스도」 (1481-82년)

Gian Lorenzo Bernini 작, 베드로좌(座)(1657-66년)

뜻하는 '폰스'(pons)와 '만들다'는 뜻의 '파키오'(facio)와 '가장 으뜸인 자'란 뜻의 '막시무스'(maximus)를 합성한 말로 말하자면 교황은 하나님과 인간을 잇는 최고의 연결자, 대리자라는 것입니다. 로마 가톨릭교회는 "너는 베드로라, 내가 이 반석 위에 내 교회를 세우리니 음부의 권세가 이기지 못하리라. 내가 천국 열쇠를 네게 주리니 네가 땅에서 무엇이든지 매면 하늘에서도 매일 것이요, 네가 땅에서 무엇이든지 풀면 하늘에서도 풀리리라"(마 16:18-19)는 말씀을 근거로 베드로 후계자로서의 교황에게 사죄권을 주장하며, 나아가 교황을 지상에서의 그리스도 대리자로 격상시킵니다.

원래 교황은 로마의 감독(주교)에 불과하였습니다. 그러나 3세기 초에 이르러 로마가 당시에 차지하고 있던 로마제국의 수도라는 정치적 비중과 베드로와 사도 바울이 순교한 성지라는 신앙적 의미가 다른 지역의 주교보다 특별한 지위로 여겨졌습니다. 원래 '파파'(papa)라는 호칭은 다른 대교구의 주교에게도 사용되었으나 6세기부터는 로마의 주교에게만 국한되기 시작하였으며 8세기 이후로는 다른 주교들에게 사적이든 공적이든 거의 사용되지 않았습니다. 동방교회는 모든 주교는 원칙상 동일하며, 교황의 수위권(primacy)을 인정하지 않았습니다. 동방교회는 각기 민족교회를 대표하는 총대주교(Patriarchs)를 세우기는 하지만 교황과 같은 권한은 부여하지 않고 상징적으로 교회를 대표할 뿐입니다.

이에 반해 서방에서는 보편적인 교황 중심의 교회가 형성되었습니다. 결정적으로 교황의 권력이 증대된 것은 게르만 족에 의하여 서로마 제국의 멸망 후 생긴 정치적 권력의 공백기에 막강한 교회 조직을 통하여 그의 영향력을 행사하면서부터입니다. 중세 중반에 교황은 지상 교회의 수장(首長)일 뿐 아니라 "영혼이 육체보다 더 귀하듯이, 교황이나 감독의 권한은 황제나 왕의 세속적 권한보다 더 귀하다"는 논리로 세상의 참된 지배자임을 선언하기에 이릅니다.

종교개혁자들은 모두 무엇보다 교황의 사죄권(赦罪權)과 수위권(首位權) 주장을 비판하였습니다. 루터는 면죄부를 둘러싼 로마 가톨릭 신학자들과의 논쟁 중에서 교황의 수위권 주장뿐만 아니라 교회의 위계적 구조와 교회가 은총을 매개하는 구원의 기관이라는 주장에 이의를 제기하였습니다. 그는

「마태복음」 16장 18~19절에 주어진 사죄권을 전 교회, 즉 세례와 믿음을 통하여 그리스도와 연합된 모든 그리스도인에게 주어진 것으로 이해하였습니다. 교회의 모든 권한은 근본적으로 성도들의 공동체인 교회에 있는 것이지, 교황이나 직분이나 직제에 있지 않다고 보았습니다. 루터는 로마 가톨릭교회의 위협과 박해가 심해지자 교황을 역사의 종말에 등장하는 적그리스도가 아닌가 하는 극단적인 의심을 하기에 이릅니다.

로마 가톨릭교회는 근대의 합리주의와 세속주의에 대항하여 교황의 영적 권위를 강화하고자 1870년 제1차 바티칸 공의회에서 교황의 무오류성(infalliblity)를 선언하였습니다. 그러나 1962년에 열린 제2차 바티칸 공의회에서는 교황의 절대적인 권한과 주교 협의체 균형을 잡고자 노력하였습니다.

상_ 제1차 바티칸 공의회를 소집한 비오 9세 (Pius IX)

하_ 제2차 바티칸 공의회 장면

루터의 만인제사장설

루터는 직분과 직제에 대한 체계적인 이론을 세우지는 않았습니다. 그러나 루터는 『교회의 바벨론 포로』(1520)에서 그의 직분에 대한 원칙론인 만인제사장설을 표명하였습니다. 그는 여기에서 그리스도인의 자유를 회복시키고자 하였습니다. 그는 "자유로운 그리스도인이 하나님의 가르침과는 다른 가르침에 복종하는 부당한 노예 상태는 실로 부끄러운 일이다"라고 갈파

하였습니다. 그는 교회는 복음에 종속되어 있지 교황에 종속되는 것은 아니며, 교회의 권위는 말씀의 권위이지 그 이상도 이하도 아니라고 보았습니다. 그는 모든 세례 받은 그리스도인은 사제이며, 세례와 믿음을 통하여 그리스도의 왕적이며 대제사장적인 직무에 참여한다고 주장하였습니다. 그는 성례로서의 사제 서품에 대한 관념은 성경에 근거되지 않은 교회의 창작품이라고 주장하였습니다. 이로 인하여 사제와 평신도 사이의 분리가 이루어졌으며, 이것이 교회에서 교황의 권력을 강화시키는 가장 강력한 수단이 되었다고 보았습니다. 루터는 사제서품보다 세례를 더욱 중요하고 근본적인 것으로 생각하였습니다.

루터의 『교회의 바벨론 포로』(1520년)

   루터는 그의 만인제사장설을 너무 강조한 나머지 특별한 직분이라 부를 수 있는 모든 것을 철폐하고, 그의 기능을 개개의 그리스도인들의 손에 넘긴 것 같은 인상을 주고 있습니다. 그러나 루터는 결코 특별한 봉사 직분의 필요성을 부정하지 않았으며, 이미 『교회의 바벨론 포로』에서 "각각의 개인은 공동체 승인이나 선임자를 통한 부름 없이는 이러한 권한을 사용하는 것을 허용하여서는 안 된다. 왜냐하면 그것은 모든 이의 공동 소유이며 어떠한 사람도 부름을 받기 전에는 자기 마음대로 사용할 수 없다"라고 분명하게 말하였습니다. 루터는 공동체를 위하여 특별한 봉사 직분이 필요하다고 보았습니다. 만인제사장설은 로마교회의 전권 주장에 대한 성경적인 반대 논증의 성격이 강하였습니다. 루터는 무엇보다 말씀의

교황을 적그리스도로 묘사한 Lucas Cranach the Elder 작, 『적그리스도』(1521년)

직무, 보다 적확하게 말하면 '복음의 직무'를 강조하였습니다. 그는 "사제나 주교를 만드는 것은 말씀에의 봉사이다"라고 말하였습니다. 그는 교황과 사제들이 복음을 억압하고, 사람을 율법으로 묶어두며, 영혼에 대하여 전제적인 지배를 하고 있다고 생각하였습니다.

성찬과 관련해 츠빙글리와 논쟁하고 있는 루터

루터의 직분과 직제의 이해는 1525년 이후에 소위 급진적인 종교개혁 좌파, 특히 영성주의적 분파들과의 논쟁 이래로 강조의 변화가 이루어졌습니다. 영성주의자들은 외적인 말씀이나 성례전 없이 직접적인 하나님과의 관계를 강조하였습니다. 이들은 영적 제사장설로부터 극단적 결론을 이끌어내었습니다. 즉 말씀의 선포를 위한 내적 부름은 루터가 가르친 것과 같이 사적 영역에서만 아니라 교회의 공적 영역에서도 충분하다고 주장하였습니다. 그러나 루터는 어떠한 사람도 교회 공동체의 선출이나 부름 없이 공적으로 말씀을 선포하거나 성례를 집행하여서는 안 된다는 입장을 견지하였습니다. 루터는 만인제사장설의 극단적 남용을 피하기 위해 교회에서 설교하거나 다른 공적 기능을 수행하기 위하여서는 교회 공동체의 올바른 부름의 불가피성을 강조하였습니다. 심지어 급진파에 대한 반론에서는 평신도와 직분자의 구분을 말하기도 하였습니다. 루터가 직분자들의 특수한 역할을 인정하였다고 해서 자신의 만인제사장설과 모순된 주장을 하였다고 보아서는 안 됩니다. 그는 기능상 차이를 말하는 것일 뿐 본질상 차이를 말한 것이 아니기 때문입니다. 루터는 이 모든 것 위에 하나님 약속의 말씀을 두었습니다.

칼빈의 직분과 직제 이해

칼빈도 루터와 마찬가지로 직분과 직제의 근본 목적은 말씀의 봉사에 있다고 보았습니다. 이로 인하여 교황 체제를 정점으로 전권을 주장하는 로마 가톨릭과 제도적 직분 및 직제 해체를 주장하는 무정부적이고 급진적인 종교개혁 좌파의 이중적 전선에 직면하였습니다. 그는 직분은 하나님에 의하여 세워지는 것임을 강조하였습니다. 교회의 직무는 이러한 권위와 책임을 지닌 사람들에 의해 수행되어져야 하며, 교회의 권위는 동시에 말씀에 근거하고 말씀에 의하여 한계 지워져야 한다고 보았습니다. 칼빈은 루터의 만인제사장설을 인정하고 이를 교황과 가톨릭교회의 독선과 오만에 대한 반대 논증으로 사용하기는 하지만, 루터보다는 더 직분과 직제의 중요성을 강조하였습니다.

성경을 들고 있는 칼빈 석상

칼빈은 1559년 『기독교 강요』에서 직분과 직제에 대하여 자세하게 다루었습니다. 그는 「에베소서」의 "그가 어떤 사람은 사도로, 어떤 사람은 선지자로, 어떤 사람은 복음 전하는 자로, 어떤 사람은 목사와 교사로 삼으셨으니" (엡 4:11)라는 구절을 자신의 직분 이해의 성경적 근거로 삼고 있습니다. 그는 이 속에서 하나님에 의하여 세워진 직무의 질서를 발견합니다. 그는 이 본문에서 열거되는 봉사직분 가운데 앞부분에서 언급되는 세 개의 직분인 '사도', '선지자', '복음전도자'를 일시적인(임의의) 것으로 보는 한편 '목사'와 '교사'는 지속적으로 유효하며 교회의 구성을 위하여 필수 불가결한 것으로 보았습니다. 칼빈은 1542년의 제네바 교회 직제에서 '목사'와 '교사'를 서로 다른 직분으로 만들었으나, 1559년의 『기독교 강요』에서는 이들

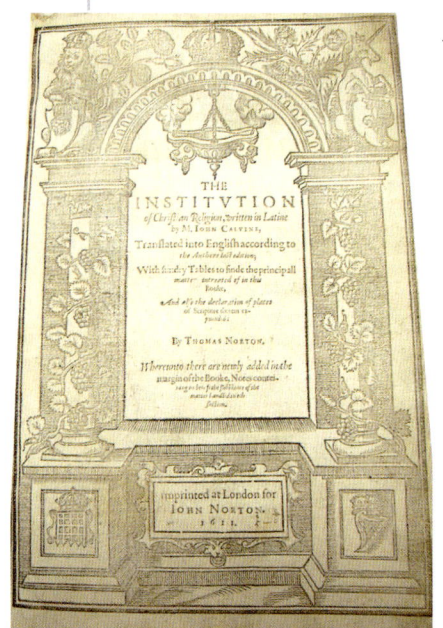

1611년 인쇄된 칼빈의 『기독교 강요』

을 동일한 한 가지 직분의 두 가지 기능으로 설명하였습니다. 이외에도 두 가지 필수적인 직분이 신약성경에 언급되어 있음에 그는 주목하였습니다. 그것은 「로마서」 12장 9절과 「고린도전서」 12장 28절 "다스리는 자(일)"와 「디모데전서」 5장 17절에 명백하게 나오는 "다스리는 장로"에 근거한 장로직과 신약성경 여러 곳에 나타나는 "가난한 자들을 돌보는 자(일)"에 근거한 집사직이 그것입니다. 장로는 목사와 함께 교회 내에서 치리권(治理權)을 행사하며, 집사는 가난한 자들을 돌보는 책임을 집니다. 그는 사도 바울이 장로직을 명시적으로 표시하지 않은 것은 처음 교회가 시작된 이래 당연히 존재한 직분이었기 때문이라고 여겼습니다.

   칼빈의 직분과 직제에 대한 이해는 신약성경 이외에 고대 교부들의 연구 결과이기도 합니다. 그의 견해에 따르면 고대 교회는 성경에 충실하였으며, 그 시대의 감독들은 하나님 말씀의 유일한 잣대에 따라 조심스럽게 통치하였습니다. 칼빈은 고대 교회의 직분과 직제를 재발견하여 고대 교회의 장로들을 목사와 치리장로로 구분하였습니다. 장로는 목사와 함께 치리하면서 목사를 돕는 자로 인식하였습니다. 이렇게 보면 칼빈은 직분을 네 가지로 구분하였지만, 내용적으로 장로와 목사를 하나로 묶으면 세 가지 직분(즉 장로/목사, 교사, 집사)으로 나뉠 수 있으며, 나아가 교사를 목사와 동일한 직분의 다른 기능으로 본다면 두 가지 직분(장로/목사/교사, 집사)으로 대별할 수 있을 것입니다. 여기에서 교사는 오늘날의 주일학교 교사라기보다 교회의 교사(박사)로서 교회의 올바른 교리를 가르치고 수호하는 직분을 말합니다.

칼빈은 루터에 비해 직분과 직제의 중요성을 강조한 것은 그가 교회의 치리(治理)와 권징(勸懲)의 중요성을 강조한 것과 관련이 있습니다. 그는 각각의 직분은 그리스도를 선포하는 일(목사), 가르침의 순수성을 보전하는 일(교사), 교회 공동체의 규율된 생활 방식을 보증하는 일(장로), 가난한 자들을 돌보는 일(집사)을 위하여 하나님께서 세우신 것이라고 이해하였습니다. 우리가 주목할 것은 칼빈은 루터와 마찬가지로 직분의 기능상 차이는 인정하였지만, 원칙상 위계적인 직분 이해는 거부하였다는 점입니다. 집사는 다른 직분들과 구별은 되지만 교회 공동체의 지도자라는 점에서는 차등이 없었습니다. 그는 "성령께서 교회를 다스릴 때, 누구도 최고 권력과 통치를 꿈꾸지 못하도록 하셨다"라고 분명하게 말했습니다. 그는 직분의 권한이나 권위는 그 직무의 소유자가 자기에게 맡겨진 임무를 완수하는 한에서 가진다고 주장하였습니다. 또한 그는 선거를 통한 직분자의 부름은 불가피한 것이라고 생각하였습니다. 그는 선거는 교회의 주인에 의하여 이미 마무리된 결정의 확인에 불과한 것으로 이해하였습니다.

개신교회에서 목사(pastor)의 의미

개신교에서 성직자(clergy)[5]를 칭하는 목사(pastor)라는 말은 '목자'(shepherd)를 뜻하는 라틴어 '파스토르'(*pastor*)에서 유래합니다. 말하자면 영혼의 목자란 뜻입니다. 개신교의 목사는 유대교의 '제사장'(priest)이나 로마 가톨릭교회의 '사제'(priest)가 아니라, 기본적으로 복음을 전하는 '설교자'(preacher)입니다. 개신교회는 예배의 중심이 로마 가톨릭처럼 희생제사로서의 미사(Mass)가 아니라 말씀의 선포입니다. 심지어 세례와 성만찬과

▲ 초기 기독교의 도미틸라 카타콤에 그려진 선한 목자 예수

◀ Bartolomé Esteban Murillo 작, 「선한 목자 그리스도」(1660년)

같은 성례전도 '보이는 말씀'의 선포로 생각할 정도입니다. 개신교의 목사는 로마 가톨릭의 사제와 같은 위계적 구조와 사죄권과 같은 권한을 갖지 않습니다. 목사는 원칙상 교회 공동체로부터 복음(말씀)을 선포하고 교회를 맡아 목회하는 특별한 기능을 위임받은 사람에 불과하며, 루터의 만인제사장설이 말하듯이 세례 받은 그리스도인은 모두가 복음의 일꾼입니다.

영어로 목사를 'pastor' 이외에 'minister', 'Rev.'라는 말을 쓰기도 합니다. 'minister'는 라틴어로 '종'(servant)을 뜻하는 말로, 좁은 의미로는 성례전을 집행하는 집례자를 뜻하지만 넓은 의미로는 목사에 국한되지 않은 모든 '사역자'를 의미합니다. 따라서 안수 받지 않은 일반 성도도 사역자가 될 수 있습니다. 목사의 이름 앞에 경칭으로 쓰는 'Rev.'은 성직자들에게 존경의 표시로 쓴 라틴어 'reverendus'에서 온 영어 'Reverend'의 약자입니다.

한국 개신교회의 직분과 직제, 그 변용에 관하여

로마-가톨릭교회는 중앙집권적이고 위계적인 구조로 통일성을 유지하고 있는데 반하여 개신교회는 다양한 교파 만큼이나 직분과 직제도 서로 차이가 많습니다. 특별히 한국의 개신교는 주로 미국 영향으로 미국의 교파교회로서의 특성을 지님과 동시에 한국적 상황에서 각 교파의 고유한 전통이나 특색이 서로 섞여 있는 경우도 적지 않습니다. 이를테면 감독제를 취하고 있는 감리교회에서 장로는 원래 안수를 받지도 않았을 뿐만 아니라 항존직도 아니었습니다. 그러던 것이 한국교회의 다수인 장로교의 영향으로 감리교회도 장로에게 안수를 주기 시작하였습니다. 한국 장로교회는 장로를 '가르치는 장로'와 '치리장로'로 나뉘기는 하지만, 실제로 장로라고 할 때에는 '말씀과 성례전'의 교역자라기보다 주로 치리장로를 말하고 있습니다.[6)]

한국적인 직분과 직제의 변용을 극적으로 보여주는 것은 원래 장로직이

바티칸 시의 모습

1907년 대한예수교장로회 독노회에서 목사 안수를 받은 평양 장로회신학교 1회 졸업생 7명의 사진

없는 침례교회가 예외적으로 장로를 세운다는 점입니다. 다음과 같은 한 침례교회 안수집사의 고백은 한국교회의 직분과 직제 이해에 대한 현주소를 상징적으로 보여준다고 할 수 있습니다.

"침례교회는 몇 몇 큰 교회를 제외하고 장로 제도를 도입하지 않아 평신도 중에서 안수집사가 가장 상위직이다. 안수집사도 집사이기 때문에 비록 국가조찬기도회 회장은 됐지만, 대내외적으로 장로들 모임에 내 이름이 빠지게 되었다. 나는 하는 수 없이 호칭 때문에 겪고 있는 미묘한 사정 때문에 목사님과 다른 안수집사들과 상의하였다. 안수집사 회의에서 '대외직명'으로 장로의 호칭을 사용하도록 허용하였다. 나는 침례교단에서 유일하게 '대외직명 장로'가 되었다."

권사(勸士, exhorter)의 경우도 이름은 같지만 교파에 따라 내용이 좀 다릅니다. 권사는 원래 미국 감리교회에서 사용하기 시작하였습니다. 한국 감리교회는 선교 초기에 견습 또는 권도사라고 불렀습니다. 미국에서는 남북 감리교회가 연합되었을 때 권사의 직분이 없어졌으나, 한국 감리교회는 계속 유지하였습니다. 보통 입교인 15명에 1명씩을 정원으로 하는데, 권사가 1명도 없는 때에는 입교인 수가 미달되어도 1명을 택할 수 있도록 하고 있습니다. 감리교회의 권사는 남녀 모두

120년 이상의 역사를 가진 인천 내리교회(대한기독교감리회)의 옛 모습

될 수 있습니다. 권사는 보통 장로가 되기 직전의 직분으로, 장로교의 안수집사에 해당됩니다. 한국 장로교의 경우 다른 나라 개혁 교회에는 없는 권사, 서리집사 제도가 있습니다. 여기에서 권사는 감리교회와는 달리 여성만이 될 수 있습니다. 여성이 장로가 될 수 없는 교파에서 여성 권사는 장로와 같은 역할을 합니다. 또한 명예권사가 있는데, 권사로서 일을 할 수 없는 사람과 여성 집사로서 교회에 세운 공로가 현저한 사람을 당회의 결의로 임명하여 수고한 공적을 인정하고 치하하는 명예로운 직분입니다.

집사는 안수집사와 서리집사(그냥 집사라고 불리는 분들이 모두 서리집사입니다)로 나뉩니다. 감리교회에는 안수집사가 없습니다. 장로교나 침례교의 안수집사는 남성 중에서 선출되어 안수를 받은 항존직입니다. 이에 반하여 서리집사는 원칙상 1년직으로 해마다 교회에서 임명받는 임시 직분입니다. 원칙적으로 회중(會衆)제도를 취하고 있는 침례교회에서는 장로직이 없기 때문에 안수집사가 장로교나 감리교의 장로직에 해당된다고 볼 수 있습니다. 그러나 호칭과 위계에 민감한 한국적 정서에 맞추어 일부 교회에서는 장로직을 두기도 합니다.

목사의 경우 교회의 추천을 받아 보통 교단에서 정한 신학 과정(보통은 대학원 석사 과정)을 마친 후 전도사나 강도사 또는 준목사를 거쳐 목사고시를 통하여 목사안수를 받습니다. 감독 제도를 취하고 있는 감리교회에는 지방(地方)회를 관장하는 감리사와 연회(年會)와 총회(總會)를 관장하는 감독이 있으며, 장로교회에는 의회민주적 성격의 노회(老會)장과 총회장 제도가 있습니다. 감리교의 경우 목회자는 연회 감독의 파송을 받는 것이 원칙이지만 오늘날에는 장로교회의 영향으로 형식적으로는 감독의 파송을 받는 모양을 띠며 내용적으로는 청빙 제도를 취하고 있습니다.

오늘날의 직분·직제 이해와 교회일치

기독교회는 자유로운 성령의 공동체에서 제도화 되어 가는 과정 속에 다양한 직분과 직제를 갖게 되었습니다. 제도적 직분과 직제에 대하여 극단적으로 거부하는 운동도 있었지만, 그래도 지상의 현실적인 교회는 이러한 제도를 통하여 유지되어 왔습니다. 각각의 신앙 전통을 가지고 있는 교회는 저마다의 직분과 직제에 대한 이해를 가지고 있어, 이에 대한 공통의 합의를 이끌어내기가 쉽지 않습니다. 그러나 교회 간의 상호 이해와 일치를 위한 노력은 끊임없이 이루어져 왔습니다. 이 결과물은 1982년의 〈리마문서〉(BEM) 가운데 직분과 직제에 관하여 합의한 54개 항목입니다. 이것은 세례와 성만찬과 더불어 가시적인 교회 일치를 위하여 아주 중요한 요소입니다.

이 문서에 포함된 직분과 직제에 대한 내용 가운데 중요한 것을 몇 가지 살펴보도록 하겠습니다. 먼저 이 문서는 '안수 받은 직분과 직제'을 논하기 전에 '전 하나님의 백성의 소명'에 대하여 논하고 있습니다. 그것은 다름이 아니라 '복음 증거와 봉사'라고 규정하고 있습니다. 이것은 특별한 교역(직분)을 포함한 모든 교회의 직분의 대전제입니다. 이는 종교개혁자들의 만인제사장설을 반영하고 있습니다. 그리고 하나님 백성의 다양한 은사에 따른 일반적인 직분을 긍정합니다. 이 문서는 "모든 성도는 공동체의 도움으로 자신들이 받은 은사를 발견해 내며, 그 은사들을 교회의 건설을 위하여 또 교회가 파송 받은 세상에서 봉사하는 데 사용되도록 부름 받았다"고 주장합니다.

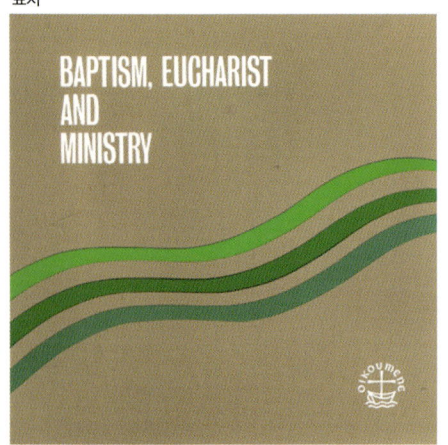

WCC(World Church Council, 세계교회협의회)의 신앙과 직제위원회에서 1982년부터 1990년까지의 세례, 성찬, 사역(Baptism, Eucharist and Ministry, 약칭 BEM)을 다룬 보고서 표지

또한 이 문서는 '안수 받은 직분과 직제'의 근원을 열두 제자와 부활의 첫 증인인 사도들의 안수에서 찾습니다. 예수님의 부활을 증거하는 증인으로서의 사도 역할은 독특하며 반복될 수 없는 성질의 것으로 규정합니다. 안수 받는 직분과 직제의 주요 책임은 하나님의 말씀을 선포하고 가르치며, 성례전을 집전하고, 예배와 선교와 목회를 통하여 공동체의 삶을 인도함으로써 그리스도의 몸을 세우는 것이라고 보았습니다. 또한 이 문서는 초기 기독교 공동체에서 탄생된 감독, 장로, 집사의 삼중직 모델은 성만찬을 초점으로 하는 개교회에 국한된 것이었습니다. 그러다가 여러 개교회를 관장하여야 할 감독의 직분이 강조되면서 감독의 자리와 역할이 개교회 차원을 넘어서게 되었으며, 장로와 집사의 지위와 역할에도 변화가 왔다고 보고 있습니다.

마지막으로 이 문서는 로마 가톨릭교회와 가장 이견이 큰 '사도적 계승'에 대하여 말하고 있습니다. 이에 따르면 '사도적 계승'은 교황이나 주교의 계승이 아니라, 일차적으로 교회 전체가 물려받은 사도적 전통을 말합니다. 따라서 사도적 계승이란 '전 교회의 삶의 사도성'을 표현한다고 봅니다. 이 문서는 또한 오늘날 감독직을 거부하는 교회 안에도 사도적 신앙과 예배와 선교가 나타나고 있음을 말하고 있습니다.

미주

1) 직분을 교역직(教役職)이라고 말하기도 합니다. 이는 봉사 또는 섬김을 뜻하는 라틴어 *Ministerium*을 번역한 것입니다. 영어로는 Ministry라고 하고, 독일어로는 Amt라고 합니다. 직제는 직분과 이들이 구성하는 조직 체계를 말하는 것으로 영어의 Order나 독일어의 Verfassung에 해당됩니다. 그러나 때로 Ministry를 Order와 구분하지 않고 직제라고 번역하기도 합니다.

2) 이 호칭을 한국의 가톨릭교회와 성공회는 주교(主教)라고 부르고 있습니다.

3) 교파의 유래와 특징에 대하여는 이 책의 마지막 장에서 자세히 다룹니다.

4) 대한예수교장로회통합 측 헌법 정치 제5장 제31조에 보면 "목사가 될 자격이 구비된 자가 목사로 청빙을 받으면 노회석상에서 임직한다"라고 되어 있습니다. 노회석상이란 목사와 장로로 구성된 회의를 말합니다. 따라서 안수 위원 중에 장로가 참여할 수 있다는 주장이 근거 없는 것은 아니라고 볼 수 있습니다. 특히 헌법 제5장 목사항 제24조에 보면 "목사 또한 장로 중에 한 명"이라고 되어 있습니다.

5) 'clergy'란 말은 개신교와 로마 가톨릭을 포함한 모든 기독교 성직자 일반을 총칭하는 용어입니다.

6) 이에 대한 자세한 논의는 이형기, 『장로교의 장로직과 직제론』(서울: 한국장로교출판사, 1998)을 참고하십시오.

성상(聖像), 어떻게 받아들여야 할까?

대학축제에서 생긴 일

10여 년 전에 소위 한국의 최고 젊은 지성들이 모여 있다는 대학의 축제에서 웃지 못할 해프닝이 벌어졌습니다. 대동제를 맞아 행사 주최 측에서 캠퍼스 내에 세워 놓은 우리 민족의 전통적인 목(木)장승들이 간밤에 누군가에 의해 목이 잘린 것입니다. 그 대학이 미션 계통의 대학이 아니라 막대한 국민의 세금이 지원되는 국립대학이라는 점에서 문제의 심각성은 더욱 컸습니다. 파문이 일자 한 기독교 선교단체가 자신들이 신앙적 동기에서 그렇게 하였다고 용기 있게(?) 고백하였습니다. 그들의 행동은 마치 기드온이 부하들을 데리고 밤에 바알제단을 헐고 아세라 상을 찍은 구약 「사사기」의 이야기(삿 6:25-31)를 연상시키는 사건이었습니다. 주최 측에서는 장승은 민족의 전통문화로서 대동제를 상징하는 매체로 사용하였을 뿐 특정한 종교적 의미

마을 입구에 세워진 장승 앞에서 소원을 비는 어른과 아이들(구한말 미국 키스톤뷰 사에서 촬영 제작한 스테레오뷰 사진)

를 부여한 것은 아니라고 주장한 반면에 그 선교단체는 장승은 단순한 문화적 상징물이 아니라 특정한 종교(미신)의 상(像)이기 때문에 학우 전체의 동의를 얻지 못한 상태에서 사용하는 것은 옳지 못하다고 반박하였습니다.

처음 우리나라에 기독교를 전파한 서양의 선교사들은 한국의 전통적 문화나 종교에서 사용하는 상징물을 모두 우상으로 정죄하고 이를 제거하고자 하였습니다. 그들은 이것이 우상숭배와 형상금지 명령을 담고 있는 십계명의 제2계명을 바로 지킬 뿐만 아니라 무지몽매한 조선의 백성들을 계몽시키고 조선을 근대사회로 나아가게 하는 지름길로 생각하였습니다. 이러한 일들이 당시의 조선인으로 하여금 근대적인 합리적 사고를 갖게 하는데 일정 부분 공헌한 것도 부인할 수 없을 것입니다. 하지만 오늘날과 같이 종교적 의미가 탈색된 세속화한 사회에서, 여러 종교가 공존하는 우리의 현실에서 모든 문화적이고 종교적인 상징물을 우상시하는 편협한 배타적 사고가 기독교 선교에 과연 긍정적일 수 있는지 묻지 않을 수 없습니다. 기독교 역시 종교적 상징물에서 자유로울 수 없기에 더욱 그러합니다.

종교와 성상

세계의 종교 가운데에는 신앙의 대상을 형상화하는 그림이나 조형물을 선호하는 종교가 있고, 이것들을 철저하게 거부하는 종교도 있습니다. 신앙의 대상 형상이 가능한 종교에는 힌두교, 자이나교, 불교 등이 포함됩니다. 특히 불교는 그리스 예술의 영향(간다라 미술)으로 수많은 불상과 조형물을 생산하였습니다. 신앙의 대상 형상을 거부하는 종교에는 예언자적인 계시 종교인 유대교, 이슬람, 기독교 등이 있습니다. 그러나 이러한 도식적 구분은 각 종교의 내부를 들여다 볼 때 정확한 것이 아닙니다. 가령 불교 중에서도 선(禪)불교는 '궁극적인 존재'를 형상화 또는 대상화시키는 것에 대한 강한 거부감이 있습니다. 기독교의 경우도 신적 존재로 고백되는 그리스도나 성인(聖人)에 대한 형상화 문제로 수많은 논쟁이 야기되었고, 교파에 따라서 취하는 입장도 서로 다른 것을 볼 수 있습니다.

간다라 문명의 흔적을 보여주는 부처상

최근에 실시된 한 종교 조사에 따르면 지난 십년간 같은 기독교이지만 개신교 인구는 정체 내지 감소한 반면에 로마 가톨릭(천주교) 인구는 급증한 것으로 나타났습니다. 이 가운데 개신교인이었다가 천주교로 옮긴 사람이 적지 않다고 보도되었습니다. 이러한 현실에 직면하여 한 신학 연구소가 개신교에서 천주교로 옮긴 사람들과 인터뷰 하여 그 연구 결과를 발표하였습니다.[1] 연구 결과에 따르면 이들이 옮긴 이유는 여러 가지지만, 옮긴 후에 한

바티칸에 있는 성 베드로 성당 내부의 돔 모습

결같이 느끼는 점은 천주교가 개신교보다 '성(聖)스럽다'는 것이었습니다. 물론 이에 대한 이견과 비판이 있을 수 있습니다. 어쨌든 다음과 같은 인터뷰 응답자들의 말은 적어도 성상에 대하여서는 부정적이었습니다. 이는 시각적인 것보다는 언어(말씀) 중심의 예배와 교육을 하고 있는 개신교와 성상을 비롯하여 시각적 이미지를 적극 활용하는 천주교의 차이를 대표적인 특징으로 보여주는 말로 생각합니다:

"성당을 다녀보니까 상징이 중요한 것 같아요. 그런 것들이 사람을 편하게 해주고 성스럽게 해주는 것 같아요. 우상 숭배다, 뭐 옛날에 저도 그런 생각을 했는데 그런 것이 없어졌어요."; "우선 성당 안에 들어오면 성당 안의 분위기, 전례의 분위기, 제대(祭臺)가 있고, 성화, 성물, 이런 것이 있어요. 그것들을 보면서 엄숙해지고 진지해지죠."

그리스 정교회의 이콘

성상(Ikon)은 성스러운 것(신성)을 가시적인 것으로 만들어 이 지상에 현재화시키는 특별한 표현 수단을 말합니다. 이러한 상징적 재현을 위하여 사용된 회화와 조형물 전체를 성상 또는 성화상(聖畵像)이라고 합니다.[2] 성상은 단순히 특별한 표현 수단에만 의존하는 것이 아니라 성상에 추가적인 기름 부음을 통한 축성(祝聖) 또는 신성화 의식으로 이루어집니다. 성상에 영적 의미가 부가됨으로써 종종 이것을 통하여 재현하려는 신성과 성상을 동일시하는 경향이 발생합니다. 이런 경우 성상에는 매개적 기능뿐만 아니라 독자적인 거룩한 힘이 부여됩니다. 이 과정에서 성상 자체를 숭배하는 우상숭배 현상이 나타나며 이로써 성상이 마치 기적을 일으키고 재앙으로부터 보호하는 부적과 같은 기능을 하게 됩니다. 이러한 현상은 '보이지 않는 신적 존재'를 '보고 만지려는' 인간의 원초적 욕구에 해당된다고 볼 수 있습니다. 실제로 사람들은 언어보다 이미지에 의하여 먼저 인도된다고 할 수 있습니다. 기독교는 이러한 시각이미지의 심리적, 교육적 효과와 우상 숭배의 위험성 사이에서 오락가락하였습니다.

성경에 나타난 우상숭배 금지

유대교와 기독교의 경우 성상 금지에 대한 가장 확실한 근거로 다음과 같은 십계명의 제2계명을 들고 있습니다: "너를 위하여 새긴 우상을 만들지 말고 또 위로 하늘에 있는 것이나 아래로 땅에 있는 것이나 땅 아래 물속에 있는 것의 어떤 형상도 만들지 말며 그것들에게 절하지 말며 그것들을 섬기지 말라"(출 20:4-5; 신 5:8-9). 이 계명은 다른 신-우상-의 형상을 만드는 것을 금지할 뿐만 아니라 근본적으로 하나님 야훼의 상을 만드는 것을 금지하는 것이었습니다. 이러한 금지 명령은 신상으로 가득한 세계 속에 살고 있던 이스라엘 민족에게는 견디기 힘든 시험이었습니다. 인간의 기본적인 종교적 욕구로 인한 하나님을 보고자 하는 마음은 하나님과 끊임없는 대화를 주고받던 모세조차 예외가 될 수 없었습니다. 그는 시내산에서 하나님의 영광스런 모습을 보여 달라고 간청합니다. 그러나 하나님은 "네가 내 얼굴을 보지 못하리니 나를 보고 살 자가 없다"(출 33:20)라고 말씀하십니다.

이스라엘 백성 가운데에는 '하나님의 얼굴'을 직접 보지 못하자 간접적으로나마 하나님의 형상을 감각적으로 느끼기 위하여 만질 수 있는 매개물을 만들거나, 형상 없는 하나님을 섬기기보다는 아예 명백하게 형상을 지니고 있는 이방의 신들을 섬기는 경우가 적지 않았습니다. 이스라엘 예언자들은 땔감에 불과한 나무로 신상을 만들고 그 앞에 절하며 기도하는 우상 숭배에 대하여 가차 없이 비판하며 경멸과 조소를 보냈습니다(사 44:15-18; 렘 10:3-5 등등). 이사야 예언자는 단도직입적으로 "너희가 하나님을 누구와 같다 하겠으며, 무슨 형상을 그에게 비기겠느냐"(사 40:18)라고 말합니다.

Sébastien Bourdon 작, 「모세와 놋뱀」 (1653-54년)

형상금지의 계명은 스스로를 계시하면서 인간에게 인격으로 나타나시는 야훼의 자기 계시가 인간에 의하여 형상 속에서 아주 다르게 변질되는 것을 경계하는 것입니다. 하나님은 '존재 자체'이지 '다른 신'에 불과한 또 하나의 우상이 될 수가 없는 분이기 때문입니다. 그러나 이스라엘 사람들은 시각적 이미지에 대한 유혹을 떨치지 못하고 하나님을 대체할 수 있는 조형물을 만들었습니다. 이들은 실제로 광야 생활에서 구원의 상징으로 '놋뱀'을 사용하였고(민 21:9), 유목민의 생활을 마치고 가나안 땅에 정착한 후에도 광야에서 모세가 사용한 '놋뱀'을 풍요와 다신의 신인 바알과 아세라 상과 함께 숭배하였습니다(왕상 18:4). 바알 신상은 돌로 만든 석상이었고, 바알의 아내 아세라의 상은 나무로 만든 목상이었습니다. 그리고 이들은 성전 법궤 위에 고대부터 사용되어 온 '그룹'(cherubim) 상을 만들어 장식하였습니

오벳에돔으로 언약궤를
가져가고 있는 다윗
(13세기 성경 삽화)

다(왕상 6:23-28).

　하나님의 형상을 만드는 것은 엄격히 금지되었지만, 이스라엘 사람들에게도 하나님의 임재(Presence)를 나타내는 가시적 상징물이 필요하였습니다. 하나님도 이러한 상징물을 허락하셨는데, 그것이 바로 법궤(the Ark)였습니다. 이 법궤(언약궤)는 아카시아 나무로 만든 길이 약 110cm, 폭 약 67cm, 높이 약 67cm 정도의 나무상자입니다. 법궤 안에는 십계명을 새긴 두 개의 돌판이 들어 있었습니다(출 15:16, 21; 신 10:1-5). 이 법궤는 하나님 임재의 상징이었기 때문에 이스라엘 백성은 시내 광야 생활을 할 때 이를 앞장세우고 행진하였으며, 요단강을 건너 약속의 땅 가나안으로 진입할 때에도 제일 먼저 제사장들이 법궤를 메고 요단강을 건넜습니다. 다윗은 이 언약궤를 하나님이 딛고 서 계신 "하나님의 발판"(대상 28:2)이라고 묘사하였습니다.

　신약성경 복음서에는 우상 숭배를 금하는 구약을 전제로 하기 때문에 우상 숭배에 대한 언급이 거의 나타나지 않습니다. 그러나 기독교가 가능한 한 모든 화상과 조형물을 사용하는 그레코-로만 세계의 세계로 전파되면서, 「사도행전」이나 바울서신 등에는 우상 숭배의 문제를 언급하고 있습니다.

사도 바울은 아테네에 우상이 가득한 것을 보았습니다(행 17:16). 그는 에베소에서도 우상 숭배에 직면하였습니다(행 19:24-41). 사도 바울은 우상의 제물을 먹는 문제에 대하여 논하면서 "우상은 세상에 아무것도 아니며, 또한 하나님은 한 분밖에 없는 줄 안다"(고전 8:4)라고 말합니다. 나아가 그는 "비록 하늘에나 땅에나 신이라 불리는 자가 있어 많은 신과 많은 주가 있으나, 그러나 우리에게는 한 하나님 곧 아버지가 계시니 만물이 그에게서 났고 우리도 그를 위하여 있고 또한 한 주 예수 그리스도께서 계시니 만물이 그로 말미암고 우리도 그로 말미암아 있다"(고전 8:5-6)라고 말합니다. 사도 바울은 우상 숭배는 하나님의 계시를 인간이 거부함으로써 시작된다고 보았습니다. 이 결과 인간은 창조주 하나님에 대한 숭배를 피조물에 대한 숭배로 대체하는 어리석음에 빠지게 되었습니다(롬 1:18-23).

고대 교회의 기독교 미술과 성상 금지

로마의 카타콤 천장에 그려진 그림들

기독교 미술의 시작에 대하여는 의견이 분분합니다. 기독교적 문헌에 근거하여 고대 기독교인들이 미술을 혐오하였다는 전통적 주장은 세기말 로마의 카타콤(지하묘지) 연구자들이 거기에 회화가 있었다고 주장함으로써 반박되었습니다. 가장 오래된 카타콤 회화는 3세기

말 경으로 추측됩니다. 기독교 회화는 일반적으로 로마의 관(棺)과 무덤예술로부터 시작하였습니다. 지하무덤 벽화에는 로마의 이방적 상징 대신에 성서적 장면과 비둘기, 물고기, 배, 닻과 같은 상징들[3]이 등장하였습니다. 처음에는 죽음의 곤궁에서 하나님의 도움을 구하는 희망으로 구약의 노아나 이삭, 요나 이야기나 신약의 예수님 기적 사건들(오병이어로 배부르게 함, 치유, 죽은 자를 살리심 등)이 등장하였습니다. 이러한 그림들은 교회적 차원이 아니라 개인적 차원에서 발전되었으며 이교에서 기독교로 개종한 사람들이 이러한 관습을 기독교적으로 변용시킨 것으로 보입니다. 이러한 기독교 예술이 교회 내에서 공식적으로 사용되기 시작하자 성상에 대한 반대 운동이 일어나게 되었습니다.

하나님의 형상을 만드는 것을 금지하는 계명은 기독교 회화나 조형예술 일반의 탄생에 방해가 되었습니다. 예술가들은 교회 내에서 어떠한 명성도 누리지 못하였습니다. 오리게네스는 하나님의 영혼의 눈이 땅으로 끌어져 내리는 것을 용납하지 않았으며 따라서 예술가들을 추방한 유대인들을 칭찬하였습니다. 알렉산드리아의 클레멘트는 처음으로 영적인 인간이 본래적인 하나님의 형상이라는 논리를 전개하였습니다. 이러한 분위기에서 이교에서 신화적인 그림을 그리던 사람들이 세례를 받는 것은 쉽지 않았습니다. 본래적인 성상이론은 3~4세기의 신플라톤주의에 의하여 발전되었고, 4세기 말경에 이르러 우상과 성상 사이의 구별이 이루어졌습니다.

고대 교회에서는 기독교적 성상에 대한 반대가 주류를 이루었습니다.[4] 이것은 이방신의 형상에 대한 반대에서 발전하여 하나님 형상의 금지와 나아가 그리스도, 천사, 성인들의 성상까지도 금지하고자 하였습니다. 유세비우스는 그리스도 형상의 불가능성에 대하여 이론적으로 정당화한 첫 번째 사람입니다. 그는 하나님의 아들이 로고스로서 우리를 위하여 인성(人性)을 입은 것은 사실이지만, 하나님이 그를 다시 높이셨으므로 그의 신적이고 영적인 본질은 죽은 색깔이나 천에서 재현될 수 없다고 주장하였습니다. 게다가 그는 십계명의 제2계명은 그리스도의 지상적인 인간성에 대한 상을 거부한다고 보았습니다.

살라미스의 에피파니우스
(Epiphanius of Salamis)

아마세아의 아스테리우스도 "그리스도를 그리지 말아라. 그에게는 우리를 위하여 자발적으로 취하였던 성육신의 낮아짐으로 충분하다. 오히려 너의 영혼 속에 비육체적 말씀을 영적으로 가득하게 하라"라고 설교하였습니다. 살라미스의 에피파니우스 역시 그리스도를 죽은, 또는 손상되는 재료에 표현하는 것은 불가능하다고 주장하였습니다. 그는 그리스도에 대한 형상은 감각적인 것에서가 아니라 영혼 안에서 이루어질 때 진정한 상임을 강조하면서 "눈과 감각의 도움을 빌려서 영혼의 고귀함을 기대한다는 것은 기독교인에게 적합하지 않다"라고 단언하였습니다. 성인들의 경우는 그들의 신앙과 덕(德)을 행함으로 그들의 형상을 따르게 된다고 가르쳤습니다.

아우구스티누스(어거스틴)도 때때로 그림이나 조형물의 우상화와 그리스도를 베드로와 사도 바울과 함께 묘사하는 그림에 대하여 비판적이었습니다. 그는 부활하여 하나님 우편에 계신 그리스도를 공간적으로 이해하여서는 안 된다고 보았습니다. 그러나 예외적으로 놀라의 파울리누스는 성상이 문맹자들의 성서가 될 수 있다는 생각을 하게 되었습니다. 교황 그레고리우스 1세는 성화 숭배는 거부한 반면 문맹자를 위한 성화가 지니는 교육적 가치는 인정하였습니다. 서방에서는 성상 숭배에 대한 흐름을 억제하기가 어려워져 갔습니다.

6세기 말~7세기 초에 이르러 동방에서도 성상에 대한 근본적인 입장 변화가 일어났습니다. 다른 목적이 아니라 오로지 성인들을 현재화하는 좁은 의미의 성상은 성인들의 도움을 매개할 뿐 아니라 그들에게 합당한 존경을 바칠 수 있다고 생각하기 시작하였습니다. 이제 성상은 교회와 수도원과 가정집과 배 등에도 걸렸습니다. 개인은 부적처럼 몸에 지니기도 하였고, 교회는 명성을 위하여 주목을 끌 만한 유명한 성상을 만들기도 하였습니다.

놀라의 파울리누스
(Paulinus of Nola)

성상 속에 있는 성인들의 존경, 나아가 숭배는 다양한 형식으로 이루어졌습니다. 성상과 묘사된 성인의 일치는 성령의 능력에 속한 것으로 여겨지게 되었습니다. 성상은 불이나 홍수 같은 자연재해에서도 손상되지 않는 기적적인 능력을 내재하고 있을 뿐만 아니라 성상에서 나오는 기름이나 이슬이 치유의 매개물로 될 수 있다고 믿게 되었습니다. 로마 제국의 수도인 콘스탄티노플의 성 소피아 성당에는 처음에 단지 천장이나 둥근 지붕에 십자가만 있었습니다. 그러다가 그리스도가 천사들, 예언자들, 사도들, 마리아와 함께 부조(浮彫) 형식으로 제단 공간에 묘사되었습니다. 또한 제단의 막(幕)에는 그리스도가 베드로와 사도 바울 사이에, 그리고 그리스도와 마리아가

성인들이 그려진
러시아 이콘

황제들과 함께 나란히 나타나게 되었습니다.

중세 시대의 성상논쟁

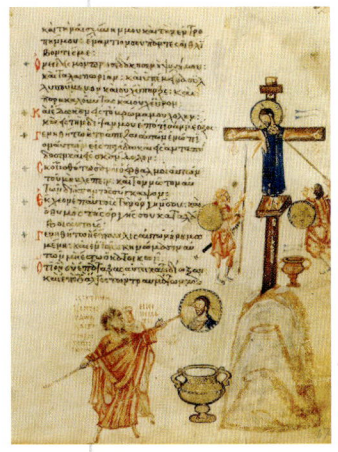

중세 초에 이르자 그동안 국지적 또는 교회 내적이었던 성상논쟁이 전 제국적 차원에서 전개되기 시작하면서 성상문제는 정치적 문제가 되었습니다. 이러한 대대적인 성상논쟁은 730년 비잔틴 황제 레오 3세가 모든 성상을 제거하도록 하는 법률을 발표하고, 이에 따르지 않는 총대주교를 교체함으로써 촉발되었습니다. 이에 대항하여 성상을 옹호한 대표적 신학자는 다마스쿠스의 요한네스(John of Damascus)였습니다.

요한네스는 『말씀들』(Logoi)이라는 책에서 성상옹호론을 새로운 차원에서 전개하였습니다. 그는 하나님의 형상 불가능성은 인정하지만 성육신하신 그리스도는 그의 신성에 의하여서가 아니라 신성과 분리될 수 없는 인성에 따라 묘사가 가능하다고 주장하였습니다. 그는 그리스도 성상에 대한 숭배는 창조자 대신 피조물을 숭배한다기보다 창조를 영광으로 이끌기 위하여 창조 속에 오신 그리스도를 숭배하는 것으로 이해하였습니다. 또한 그는 물질은 하나님에 의하여 창조된 선한 것이며, 하나님 은총의 작용을 담지하고 있으며 계속 매개하고 있는 것으로 보았습니다. 따라서 그는 성상숭배는 실제로

상_ 성상 파괴자가 물로 그리스도의 이콘을 지우고 있는 모습을 묘사한 900년 경 이콘

하_ 다마스쿠스의 요한네스(John of Damascus)

하나님의 원상에 숭배되어지는 것이고, 은총 담지자로서의 성상에는 낮은 단계의 존경이 주어질 뿐이며, 성상에게 주어진 존경은 종국에는 원상의 숭배로 넘어간다고 본 것입니다.

이러한 논쟁을 종식시키기 위하여 콘스탄티누스 5세는 754년 니케아에서 공의회를 소집하고 성상의 제작이나 숭배를 이교적인 것이라고 선언하였습니다. 성상을 옹호하던 수도사들은 즉각 이 결정에 반대하였습니다.

레오 4세(좌)와 콘스탄티누스 5세가 새겨진 동전

한편 교황 그레고리우스 2세는 레오 3세의 성상파괴적 입장에 반대하였습니다. 769년 라테란 공의회에서는 성상숭배가 정당화되었습니다. 이후 성상을 옹호하는 비잔틴의 여제(女帝) 이레네(Irene)가 주도하여 787년에 열린 제2차 니케아 공의회에서는 754년의 니케아 공의회를 사이비로 규정하는 한편 전승을 토대로 십자가, 그리스도의 성상, 성모 마리아, 천사, 성인들에게 촛불과 향 피우기, 절을 통한 묵상적인 존경을 허용하였습니다. 그러나 참된 숭배는 오직 하나님에게만 해당된다고 명시하였습니다.

카를 대제 치하에서 젊은 궁정 신학자들의 작업의 결실인 『카롤링거의 책』(Libri Carolini)은 서방교회의 성상에 대한 독특한 입장을 반영하고 있습니다. 이 책은 우선 성경을 통하여 성상숭배에 대한 반대의 근거를 제시합니다. 성경에 따르면 성상에게는 거룩함도 부여될 수 없으며, 성상의 기적 이야기는 성상숭배를 위한 증명이 되지 못한다고 보았습니다. 또한 신앙의 교육 수단으로써 성경은 성상보다 훨씬 우위에 서며, 성상은 단지 거룩한 이야기들을 생각나게는 하지만 결정적인 것은 말할 수 없

비잔틴을 통치했던 여제 이레네

다고 주장합니다. '보는 것'이 아니라 '듣고 순종하는 것'이 신앙에 더 본질적인 것이라고 본 것입니다. 성화에 신앙적 의미를 부여한다면, 이것은 성경의 가치를 약화시킬 것이라고 우려하였습니다.

이 책의 기본 입장은 서문에서 754년과 787년의 1, 2차 니케아 공의회의 결정은 부당하다고 선언하는 데에서 잘 드러납니다. 사람들은 성상을 파괴하여서도 안 되지만, 그렇다고 경배하여도 안 된다고 주장합니다. 이 책은 "우리는 성상을 교회의 장식, 사건에 대한 기억으로서 가진다. 우리는 하나님만을 숭배(adoratio)하며, 성인들에게는 그에 합당한 존경(veneratio)을 드린다. 그러므로 우리는 성상파괴자도 아닐 뿐만 아니라 성상숭배자와 함께 하지도 않는다. 성상을 파괴하는 것은 경박한 것이며, 성상을 숭배하는 것은 죄를 짓는 것이다"라고 선언하였습니다. 이 책은 공식적으로 출판되지 않았습니다. 이후 서방교회에서는 비잔틴 신학자들의 형이상학적인 성상 논쟁에 깊이 개입하지 않은 채 성상에 대한 교육적 가치를 인정하면서 이 책에서 표명된 입장을 유지하였습니다.

테오필루스 황제의 부인 테오도라(Theodora)

815년 비잔틴 제국에서 재차 성상파괴론자들이 득세하여 콘스탄티노플 성 소피아 사원의 성상들이 파괴되는 일이 있었습니다. 이 사건은 에피소드에 그쳤으며 843년 황제 테오필루스가 죽자 그의 부인 테오도라(Theodora)가 성상숭배를 회복시켰습니다. 성상논쟁을 통하여 성상숭배는 동방교회 신앙의 구성적 요소가 되었습니다. 이후에 간헐적으로 성상에 대한 논쟁이 있었으나 지엽적이었으며 성상숭배는 일반적으로 인정되었고 정당화되었습니다. 9세기 초부터 비잔틴교회에서는 비약적으로 성상예술이 발전하였으며 경전적 가치를 지니게 되었습니다.

종교개혁 시대의 성상에 대한 이해

루터에게 성상문제는 처음부터 중요한 신학적 관심사가 아니었습니다. 그는 성상을 구원에 필수적인 것도 아니며, 금지된 것도 아니라고 보았습니다. 그는 기본적으로 하나님의 형상을 만드는 것을 제외하고는 성상에 대하여 비교적 관대한 입장을 취하고 있었습니다. 1518년 십계명에 대한 해석에서 루터는 외적 우상과 내적 우상을 구분하고, 외적인 것은 내적인 것으로부터 나온다고 주장하였습니다. 제1계명은 성상을 경배하지 않아도 존재할 수 있는 내적 우상에 대한 경고라고 해석하였습니다. 본질적인 위험은 숭배라기보다 이것이 초래하는 공적(행위)에 의한 의였습니다. 그는 당시에 유행하던 성인들의 유물과 성상 순례를 비판하였습니다. 그는 칭의론(稱義論)에 근거하여 우리의 모든 신뢰를 그리스도의 자비하심에 두어야 한다고 보았습니다. 그러므로 루터는 분노하는 심판자로서의 그리스도 성상에 반대하였습니다. 루터는 이전에 세계 심판자로서의 그리스도 상에 충격을 받은 적이 있다고 회상하였습니다.

그러나 루터는 '연약한 자들'을 위하여 외적인 것들이 '부드럽게' 연약한 자들을 올바른 인식으로 이끌도록 안내하여야 한다고 보았습니다. 하나님을 올바로 신뢰하는 자는 어떤 성인의 상도 필요하지 않으며, 그것을 위하여 돈을 사용하느니 차라리 가난한 자를 위하여 사용하는 편이 낫다고 보았습니다. 루터는 처음부터 "너는 나 이외에 다른 신을 네게 두지 말라"(출 20:3; 신 5:7)와 "우상을 만들지 말라"(출 20:4; 신 5:8-10)를 하나의 계명으로 보았습니다. 이것은 후자를 독립된 제2의 계명으로 보는 개혁교회 전통과는 사뭇 다른 것입니다. 이것은 그의 교리문답 문서에도 빠져 있습니다. 왜냐하면 루터에게 우상-형상-숭배는 하나님 이외의 다른 신을 두는 것과 같은 것이었기 때문입니다.

루터가 성상파괴에 대하여 적극적이면서 구체적으로 대응하게 된 것은 1522년 비텐베르크에서 있었던 난폭한 성상 철거와 파괴 소요(騷擾) 때문이었습니다. 이를 주도한 카를슈타트는 성상을 우상과 동일시하였습니다. 그에게 있어서 성상을 제거하는 것은 이차적인 문제가 아니었습니다. 루터가 마음속에 있는 우상이 사라지는 곳에서는 외적 성상이 더 이상 위험한 것은 아니라고 보았지만, 카를슈타트는 역으로 외적 우상이 제거된 곳에서만 내적 우상숭배의 위험이 사라진다고 보았습니다. 그는 특별히 제단에 있는 모든 성상은 제거하여야 한다고 주장했습니다. 그도 루터처럼 우상(형상)금지 계명을 제1계명에 포함시켰으나, 바로 제1계명을 근거로 성상파괴를 정당화시켰습니다. 성상은 다른 신의 숭배로 오도된다는 것입니다. 그는 성상의 옹호자들이 성상은 "평신도들의 성경책"이라고 말하는 것을 인정하지 않았습니다.

비텐베르크에서 설교하는 루터

루터는 숨어 있던 바르트부르크 성에서 비텐베르크로 돌아온 뒤 사순절 설교를 통하여 성상에 대한 자신의 입장을 강력하게 표명하였습니다. 그는 성경에 "구원에 필수적이지는 않으나 사람들이 하든지 말든지 자유에 맡긴 것들"이 있는데 바로 성상도 그 가운데 하나라고 보았습니다. 그는 개인적으로는 그것이 아무리 좋다고 하더라도 갖지 않을 것이지만, 이는 자유롭고 법적인 절차를 밟고 하여야지 강제적 또는 폭력적으로 제재하여서는 안 된다고 주장하였습니다. 그는 「출애굽기」 20장 4절은 형상을 만드는 것을 금지한 것이 아니라 형상의 숭배를 금지하였다고 해석하였습니다. 그렇지 않다면 모세가 '놋뱀'을 세움으로써 스스로 계명을 어기는 셈이 되기 때문입니다. 그리고 그는 언약궤를 모신 성전에 두 개의 그룹(Cherubim) 상이 놓여 있는 것도 우상숭배가 될 것이라고 보았습니다. 그는 단지 성상이 하나님처럼 숭배되어지는 곳에서만 제거되어져야 한다고 보았습니다. 그러나 그것도 무질서하고 난폭하게 하는 것이 아니라 통치자의 명령에 따라서 하여야 한다고 주장하였습니다. 성상 자체는 아무것도 아니며, 그것으로는 하나님에게 어떠한 봉사도 할 수가 없다고 설교하면 성상들은 자연히 사라질 것이라고 말했습니다. 루터는 이와 함께 과격한 성상파괴는 오히려 성상의 옹호자들은 더욱 강하게 할 것이라고 보았습니다. 그는 재차 성상숭배의 본질적인 폐해는 성상 자체가 아니라 이로 인하여 공적 신앙이 은연중에 강화되는 것임을 강조하였습니다.

    루터는 비텐베르크 소요 후에 성상옹호자들과 성상파괴자들의 이중 전선에 직면하게 되었습니다. 그는 성상을 교육적인 보조 수단으로 생각하게 되었습니다. 그렇기 때문에 성화는 절대로 정확하게 사실대로 그려져야 한다고 주장하였습니다. 그는 자신의 성경과 저작물에 그림을 그려 넣는 것에 높은 가치를 두었습니다. 그는 심지어 완전한 그림성경의 가능성에 대하여서도 생각하였습니다. 그는 복음을 통하여 모든 예술품이 땅바닥에 내팽개쳐지고 제거되어져야 한다고 생각하지 않았습니다. 루터는 "하나님은 우리에게 그리스도의 모습으로 나타나셨고, 우리의 본성으로 낮아지셨으며, 우리를 가시적인 방식으로 만나셨다. 그것이 귀로 들을 뿐만 아니라 또한 눈으로 보게 하신 하나님의 방식이었다"라고 말하였습니다. 물론 루터는 성상이 가장 중요한 말씀의 선포를 대체할 수 없지만 말씀의 선포를 돕는 도구는 될 수 있다고 본 것입니다.

루터의 입장과는 달리 츠빙글리나 칼빈의 개혁교회는 성상에 대하여 분명한 반대 입장을 보였습니다. 츠빙글리는 성상을 숭배하도록 하는 교회는 선한 목자의 음성을 듣는 참된 교회가 아니라고 주장하였습니다. 그는 그리스도는 단지 말씀을 가르치셨고, 외적 형상은 말씀으로부터 벗어나는 것이라고 보았습니다. 그에게 있어서 성상은 '사용하여도 좋고 사용하지 않아도 좋은 것'이 아니라 참된 신앙을 위하여서는 절대 사용하여서는 안 되는 것이었습니다. 왜냐하면 성상숭배는 불가피하게 하나님에 대한 바르지 못한 숭배로 이끌기 때문입니다. 그는 무엇보다 마음속에 있는 우상을 떼어내기를 원하기 때문에 외적 우상은 제거되어져야 한다고 주장했습니다. 루터의 논리와는 정반대로 츠빙글리는 오히려 믿음이 연약한 자를 위하여 성상은 제거되어져야 한다고 주장하였습니다. 그리스도는 신적 본성에 따라 모사되어질 수 없으며, 인성 자체는 경배 대상이 될 수 없기 때문에 십자가에 달린 예수의 상(Kruzifix)조차도 허용해서는 안 된다고 츠빙글리는 주장하였습니다.

칼빈은 교회 내의 성상에 대하여 보다 날카로운 비판을 하였습니다. 그는 이미 1536년의 『기독교 강요』(Institutio I, 42-45)에서 형상금지를 독립된 제2계명으로 다루었습니다. "하나님은 영이시므로 영으로 경배되어야 한다"는 것이 칼빈이 성상에 대하여 가지는 근본 입장입니다. 그는 이방인도 당연히 성상과 신 자체를 구분하면서 신을 자기 자신의 형상에 따라 형상화하여 육적으로 가지기를 원하며, 성상 안에 신적인 것이 깃들어 있는 것으로 생각한다고 보았습니다. 기독교회의 성상도 이와 다를 것이 없다고 그는 보았습니다. 그는 하나님에 대한 형상화는 필연적으로 신인동형론(神人同形論)으로 귀결된다고 경고하면서 올바른 가르침은 오로지 설교에 있다고 주장하였습니다.

또한 칼빈은 하나님은 자기에게 어떠한 형식 부여를 금하였으며, 오직 자신의 음성을 듣게 하였을 뿐이라고 강조하였습니다. 구약에 나오는 신의 현현으로 여겨지는 구름이나 불이나 「이사야서」 6장에 나오는 환상 등은 절대 접근할 수 없는 하나님의 존엄을 나타내는 상징일 뿐이라고 그는 보았습니다. 그는 츠빙글리와 마찬가지로 십자가에 달린 예수상도 하나님에 대하여 어떠한 것도 가르칠 수 없다고 주장하였습니다. 그는 787년의 제2차 니케아 공의회는 잘못된 공의회이며, 이는 『카롤링거의 책』에 의하여 올바로 수정되었다고 보았습니다. 루터가 성상숭배에서 문제시 하는 것이 공적(功績) 신앙으로 오도되는 것임에 반하여 칼빈이 경계한 것은 성상을 통한 하나님의 존엄성 손상이었습니다.

뮌스터에서 있었던 재세례파의 성상파괴 행위는 분명하게 사회혁명적 특징을 띠고 있었습니다. 그들은 성상을 비롯하여 묘비나 기념물, 동상 등을 '지배계급의 상징'으로 보았습니다. 이러한 것들이 역사를 통하여 빈번히 정치와 종교, 국가와 교회의 유착과 이해관계를 대변하는 지배 이데올로기적 기능을 하였다는 점에서 나름대로 정당성은 있지만 재세례파의 광신적이고 파괴적인 행위는 오히려 이들 자신의 행위에 대한 부정적 측면을 각인시키는 결과

C. Van Sichem 작, 「Thomas Müntzer」 (18세기 판화). 토마스 뮌처(1490 이전-1525년)는 프로테스탄트 종교개혁 시기의 독일 급진파 종교개혁 지도자로서, 20세기 마르크스주의자들은 그를 계급없는 사회를 위한 투쟁의 선구자로 본다.

를 불러들였습니다.

오늘날 성상은 우리에게 무엇인가

성화를 제의적 차원으로 생각하는 동방정교회나 신앙의 교육적, 심리적 차원에서 성상 사용을 긍정하는 로마 가톨릭교회와 달리 개혁교회의 강한 영향을 받은 한국의 개신교회는 성상에 대하여 부정적 입장을 취하는 경향이 있습니다. 역사적으로 볼 때 말씀을 강조하는 개신교적 전통은 '보는 것'보다 '듣는 것'을 더 중요시한 것이 사실입니다. 그러나 개신교 내에서도 루터의 경우에서 보듯이 성상을 교육적 도구로써 긍정적으로 보는 입장이 있습니다. 질베르 뒤랑(Gilbert Durand)은 서양 문화사를 가리켜 성상(상징)숭배주의와 성상파괴주의의 반복적인 연속과 합류라고 해석합니다. 이러한 해석은 지금까지 살펴본 바대로 기독교의 성상에 대한 입장에서 타당성을 얻습니다.

오늘날 한국 개신교회 중에는 십자가조차도 우상이라고 하여 교회 제단에 십자가를 걸지 않는 교회가 있는 반면에 빈약한 기독교 예술을 진작시키고 기독교 예술로서 신앙교육과 명상적 효과를 얻기 위하여 교회나 기도원(수도원)에 예수님의 상이나 성화, 성경의 이야기를 주제로 한 그림이나 조형물을 세우는 교회도 있습니다. 교회의 공식적 입장과는 상관없이 개인적 차원에서 십자가나 그리스도의 상, 성화를 자유롭게 사용하는 것이 오늘날의 현실입니다. 웬만한 기독교 가정에서 십자가나 그리스도의 상, 한때 기독교계를 뒤흔든(?) 『다빈치 코드』의 모티브가 된 레오나르도 다빈치의 그림 「최후

Leonardo Da Vinci 작,
「최후의 만찬」(1498년)

의 만찬」이 벽에 걸려 있는 것을 발견하는 것은 이제 드문 일이 아닙니다.

따라서 오늘날 우리에게 문제가 되는 것은 좁은 의미의 제의적 성상(Ikon)이 아니라 기독교 신앙과 관련된 이미지 일반, 이러한 기독교 신앙적 이미지가 지니는 이데올로기적 함의와 영향력이라고 할 수 있습니다. 말씀(언어)을 강조하는 개신교회도 소설 『그리스도 최후의 유혹』이나 『다빈치 코드』가 나왔을 때에는 별 반응이 없다가 이 소설들이 영화화 되자 갑자기 거세게 반응하는 데에서도 오늘날 이미지 또는 영상이 갖는 대중적 영향력을 실감하게 됩니다.

실상 모든 종교, 드러내놓고 이러한 이미지들을 사용하는 종교는 말할 것도 없고 이미지에 대한 숭배를 철저하게 거부하는 종교도 이미지가 지니는 이중적 성격인 매혹과 두려움, 긍정과 부정의 힘을 간파하고 있습니다. 무엇보다 이미지가 갖는 대중적 파괴력을 알기 때문에 이미지 사용을 찬성 또는 반대한다고 볼 수 있습니다. 역사적으로 모든 종교는 예술가를 머리 없는 장인으로 묶어 두고 어떤 그림이나 형상의 필요를 생각하고 주문하고 평가한 것은 종교권력이었습니다. 종교개혁 시 재세례파의 성상파괴 행위도 이러한 이미지의 독점과 권력화에 대한 저항으로 볼 수 있습니다. 이러한 종교권력이 이전과 비교할 수 없을 정도로 역사적 비판과 자유로운 상상력에 의하여 도전받고 있는 것이 오늘날의 현실입니다.

하나님의 이미지화를 절대적으로 배격하는 유대교와는 달리 기독교 신앙의 핵심에는 이미지를 긍정하는 본질적 요소가 있습니다. 바로 성육신 신앙입니다. 기독교인은 인간이 되신 하나님이신 예수 그리스도에게서 참된 하나님의 형상과 참된 인간의 형상을 동시에 봅니다. 이러한 하나님의 신비이신 그리스도를 언어적 메타포로 표현하든, 그림으로 형상화(이지지화)하든 이것은 한계를 지니게 마련입니다. 신약성경에 등장하는 다양한 그리스도에 대한 이미지가 이를 방증하고 있습니다. 초기 기독교에서 그토록 왕성했던 창조적 상상력과 이에 따른 폭넓은 스펙트럼의 그리스도 이미지가 교회사의 과정 속에서 교회권력과 교리의 문을 통과하면서 협소해지고 굳어지기 시작하였습니다.[5] 일반적으로 서양교회가 형성하여 온 '금관을 쓴 우주 통치자'로서의 그리스도 상은 로마의 변방 갈릴리에서 소외되고 버림받은 사람들과 함께 울고 웃던 살과 피를 지닌 나사렛 예수의 상을 압도하여 왔습니다.

오늘날 교회나 기독교 가정에 걸려 있는 예수님 이미지는 금발과 푸른 눈과 오똑한 코와 부드러운 수염을 지닌 잘 생긴 백인 남성의 모습입니다. 이 예수님 이미지는 1941년 워너 샐먼(Warner Sallman)이 그린 「그리스도의 얼굴」(Head of Christ)이라는 작품에서

Warner Sallman 작, 「그리스도의 얼굴」 (1941년)

유래한다고 알려졌습니다. 이보다 앞서 르네상스기 서양에서는 '베로니카의 수건'에 새겨진 예수님 초상이 보편적인 예수님 이미지였습니다. 전설에 따르면 예수님이 십자가를 지고 골고다 언덕을 넘다가 지쳐 쓰러졌을 때 베로니카라는 여인이 자신의 수건을 예수님께 드렸다고 합니다. 예수님이 그 수건을 받아 자기 얼굴의 땀과 피를 닦았는데, 이 여인이 집에 와서 그 수건을 펼쳐보니 거기에 예수님 얼굴이 선명하게 새겨져 있었다고 합니다.

El Greco 작, 「베일을 들고 있는 성 베로니카」 (1580년경)

그러나 이러한 예수님 초상들은 예수님의 실제적 모습과는 무관한 서구인들의 상상적 산물이었습니다. 2001년 영국의 공영방송 BBC에서는 부활절 특집으로 예수님의 역사적 삶을 추적하는 다큐멘터리를 방영하였는데, 여기에서 인종학과 법의학의 도움을 받아 그림으로 재현된 예수님 상은 이제까지 보편화된 예수님 상과는 너무나 달랐습니다. 그림으로 나타난 예수님의 모습은 까무잡잡한 피부와 뭉툭한 코, 약간 달

영국 BBC가 재구성한 예수의 얼굴

라붙은 곱슬머리를 한 팔레스타인의 평범한 시골 농부였습니다. 이것 역시 추정에 불과하지만 서구 교회가 자신들의 모습을 투영하여 이미지화한 예수님 상보다는 보다 사실에 접근한 것이 아닌가 생각합니다.

우리가 역사적 예수님과 부활하신 신앙의 그리스도 이미지 사이의 간격을 메우기는 거의 불가능해 보이지만, 분명한 것은 특정한 이미지가 독점적으로 예수님 상을 규정하고, 이것을 유일하고 보편적인 것인 양 고착시켜서는

안 된다는 점입니다. 이렇게 절대화된 이미지는 의식의 주형(鑄型)이 되어 지금도 살아 계셔서 역사(役事)하시는 부활하신 그리스도와 성령의 자유하심과 풍성하심을 제약하기 때문입니다. 이 점이 바로 성상(이미지) 반대론자들이 가장 염려하는 것이었다고 할 수 있습니다. 그럼에도 우리 인간이 언어를 사용하기 이전에 먼저 이미지를 사용하는 존재임을 인정하는 한 이미지화의 가능성과 불가능성, 이러한 이미지가 갖고 있는 긍정적 힘과 부정적 힘의 긴장 속에서 우리 시대에 적합한 그리스도 이미지를 형상화하려고 노력하는 것이 오늘을 사는 그리스도인의 과제가 아닌가 생각합니다.

미주

1) '개신교는 왜 홀로 쇠퇴하고 있는가?', 「시사저널」, 2006년 10월 19일.

2) 동방정교회에서 사용하는 좁은 의미의 성상(Ikon)은 오로지 그리스도나 성인들을 현재화하기 위한 그림(화판)만을 말합니다. 동방정교회에서는 성상을 그리는 것 자체가 예전적 행위입니다. 완성된 성상은 교회에서 사용되기 이전에 성별(聖別)의식을 갖습니다. 성상은 천상의 원상(原象)이 3차원적으로 복제되는 것이 아니라 그 원상의 특징들이 평면적으로 복제되기 때문에, 성상에서 조형예술은 금지되며 단지 성인들을 둘러싸고 있는 천상의 아우라 출현으로서의 금빛 바탕 사용은 허용됩니다.

3) 비둘기는 그레코-로만 예술에서는 순결과 평화를 상징하는 여신 아프로디테의 속성으로 여겨졌으나, 기독교 예술에서는 주로 성령을 상징합니다. 물고기는 초대 교회에서 기독교인의 정체성을 담고 있는 암호와 같이 사용되었습니다. 물고기를 뜻하는 그리스어 '익튀스'($\mathrm{i}\chi\theta\acute{\upsilon}\varsigma$, IXΘΥΣ)는 '예수 그리스도, 하나님의 아들, 구세주'('Ιησοῦς Χριστός Θεός Υἱός Σωτήρ)의 각 단어 첫 글자를 조합할 때 생기는 단어와 같습니다. 따라서 물고기 표시는 기독교인의 핵심적인 신앙고백을 뜻하게 되었습니다. 물고기는 세례를 상징하기도 하였습니다. 왜냐하면 물고기가 물 없이 살 수 없듯이 기독교인은 세례 없이 살 수가 없기 때문입니다. 배는 구약의 노아의 방주에서 시작하여 구원의 방주로서의 교회를 상징하였습니다. 닻(Anchor)은 그리스어로 '앙퀴라'(ἄγκυρα)라고 합니다. 이 단어의 발음이 사도 바울이 즐겨 사용한 '주 안에서'를 뜻하는 '엔 퀴리우'(ἐν κυρίου)와 유사하기 때문에(G. Riley 해석), 일반적으로 그리스도 안에서의 희망(히 6:19), 인내, 견고함을 상징하게 되었습니다. 또한 돌고래가 있는 닻은 십자가에 달린 그리스도를 상징하였습니다.

4) 신학적 이유에서 성상을 반대하기도 하였지만, 성상에 대한 거부감은 황제의 상 앞에서 희생제물을 강요하던 로마제국에 대한 거부와 이로 인한 박해와 순교의 기억에서 기인하기도 합니다.

5) 다양한 예수님의 이미지와 이의 변천 과정에 대하여는 야로슬라프 펠리칸, 김승철 역, 『예수의 역사 2000년』(서울: 동연, 1999)을 참고하십시오.

왜 이렇게
교파/교회가 많은 걸까?

한 주님, 여러 교회

　우리나라를 처음 방문한 외국인들이 기이하게 생각하는 것 가운데 하나가 도시의 밤하늘을 장식하는 붉은 네온사인 십자가들입니다. 세계의 어디를 가도, 심지어 기독교 국가라고 하는 유럽이나 미국을 가도 공동묘지를 제외하고는 이처럼 많은 십자가가 집중되어 있는 곳이 없기 때문입니다. 이것은 마치 산업화와 더불어 폭발적으로 성장한 한국의 기독교가 쏘아 올린 폭죽 같기도 합니다. 이 기이한 현상(?)을 두고 어떤 이는 우리 민족에게 내리신 특별한 하나님의 축복과 세계선교의 사명이라고 해석하기도 하고, 어떤 이는 무분별한 교파의 분열과 신학생 양산에 따른 기형적 모습이라고 비판하기도 합니다. 물론 술집이나 러브호텔의 네온사인보다 십자가 네온사인이 늘어나는 것이 좋은 일이기는 합니다. 그러나 한 빌딩에 서너 개의 십자가가 서로

교회 간판을 걸고 경쟁하는 모습은 그리 바람직한 모습은 아닐 것입니다.

우리나라에는 가위 종교전시장이라고 할 만큼 다양한 종교와 종파가 존재합니다. 기독교의 경우에는 세계의 거의 모든 기독교 교파가 들어와 있습니다. 개신교만 하더라도 100개 이상의 교파가 있는 것으로 알려져 있습니다. 그래서 처음 기독교 신앙을 갖고자 하는 사람이 이러한 다양한 교파 때문에 혼란을 겪는 경우가 있습니다. 이름도 서로 비슷하여 기독교 대한 ○○회와 예수교 대한 ○○회와 같이 기독교와 예수교가 갈라지고, 같은 기독교나 예수교라 하더라도 대한(한국)을 기독교 또는 예수교라는 명칭 앞에 붙이느냐 뒤에 붙이느냐에 따라 교파가 다릅니다. 더욱 헷갈리는 것은 같은 예수교 대한 ○○회라 하더라도 합동, 통합, 합동정통 등으로 나뉘어져 있어 이름만 가지고는 일반인이 이를 분간하기란 여간 힘든 일이 아닙니다.

1054년 서방교회와 동방교회의 분열의 주인공들인 교황 레오 10세(Leo IX, 1049-54)와 총대주교 미카엘 케룰라리오스(Michael Cerularios)(15세기 그리스 성경 사본 삽화)

교회를 선택할 경우에도 일부 신학자나 목회자들이 강조하는 (자신의) 교파의 교리나 전통을 잘 알아서 선택하기보다는 주위 사람들의 전도나 가까운 사람들이 그 교회에 다니는 관계로 또는 우연히 그 교회 가까이 이사한 것이 계기가 되어 다니게 되는 경우가 대부분입니다. 그래서 그런지 교인들 가운데에는 자신이 속한 교회의 유래나 정체성조차도 모르는 경우가 많습니다. 물론 교리나 전통에 얽매어 '나의 교회, 교파만이 최고'라는 식의 우월감에 젖어 같은 형제 교회들을 배척하는 것보다는 나을지 모르지만, 오랜 신앙생활을 하였음에도 불구하고 자신이 속한 교회나 교파에 대한 기본 지식을 갖지 못한다면 이는 책임을 지는 성실한 신앙인의 모습은 아닐 것입니다.

이 무수한 교파가 탄생하게 된 것은 무슨 연유일까, 일차적으로 성경해석과 교리 같은 신학적 문제가 주요인이었지만 과연 이런 이유만일까, 우리가 믿는 주도 하나요 그리스도의 몸도 하나인데 이렇게 갈기갈기 찢겨져 있는 모습은 과연 바람직한 것일까, 이것이 극복되어져야 할 일이라면 이를 위하여 타협적으로나 획일적으로 교파간의 교리나 전통의 벽을 허물고 하나가 되어야 하는 것일까, 다양한 악기가 모여 저마다의 아름다운 소리로 화음을 이루어 내는 오케스트라처럼 하나님의 아름다움과 풍성함을 드러내기 위하여 각 교회나 교파는 오히려 저마다의 개성을 더욱 더 발휘하여야 하는가. 이런 물음들을 염두에 두고 교파의 다양성과 통일성에 대하여 생각해보도록 하겠습니다.[1]

교파(敎派)교회의 개념과 유래

1919년 경 촬영한 에른스트 트뢸츠 (1865-1923년) 사진

교파교회(Denominations)는 국가교회 또는 민족교회에 대립되는 개념으로 이해할 수 있습니다. 교파교회는 국가교회나 민족교회가 주를 이루는 유럽의 교회와 달리 국가로부터 광범위한 특권이나 협조를 받는 교회가 아닙니다. 이것은 종교와 국가의 분리를 원칙으로 하는 미국식 자유주의의 산물입니다. 물론 유럽에도 국가나 국가교회(민족교회)의 간섭으로부터 독립하여 자신들의 자유로운 신앙생활을 하려는 자유교회들(free churches)이 있습니다.

독일의 개신교학자 에른스트 트뢸츠(Ernst Troeltsch)는 교회 조직을 교회(Kirche) 유형과 소종파(Sekte) 유형으로 나눕니다. 전자는 세계와의 연속성 속에서 자신의 위치를 정립함으로써 기존세계의 유지와 발전에 공헌하는 반면, 후자는 세계와의 불연속성 가운데 자신의 위치를 정함으로써 기존의 사회체제에 대하여 도전적인 양상을 보입니다. 따라서 전자는 보편적인 사회 일원으로 인정을 받지만, 후자는 자신들만의 독특한 구속력을 가진 소집단을 형성함으로써 사회로부터 종종 이단으로 정죄 받기도 합니다. 트뢸츠의 이러한 구분은 유럽의 국가교회적 배경에서 나온 것으로, 모든 교회 조직의 구분에는 합당하지가 않습니다.

상_ 아담 스미스(1723-1790년)의 초상화

하_ 1776년 런던에서 발행된 아담 스미스의 「국부론」 속표지

트뢸츠의 정의에 따르면 교파교회 또는 자유교회는 교회와 소종파의 결합이라고 할 수 있습니다. 왜냐하면 그들은 좁은 의미에서 국가교회나 주(州)교회가 되려 하기보다 세속권력으로부터 자유로운 교회가 되고자 하기 때문입니다. 그들은 관습적이고 문화적인 기독교를 거부하고 국가에 편입된 한 제도로서의 교회가 아니라 신앙고백적이며 자발적인 교회를 지향합니다. 이들 교회의 특징은 평신도들의 자발적인 동역과 열성적인 영적 돌봄입니다. 자발적인 헌신과 참여를 특징으로 하는 교파교회 또는 자유교회는 공립학교에 종교교육이 없기 때문에 교회의 주일학교를 통한 교육에 주력합니다.

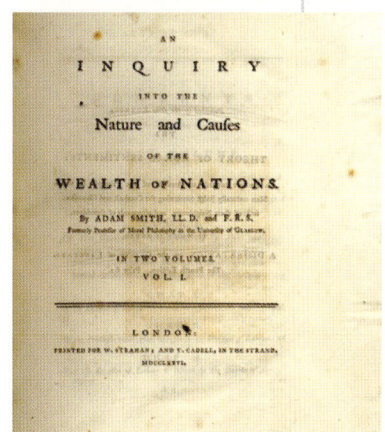

교파교회는 다양한 교리, 예배와 교육, 교회제도를 놓고 보다 많은 신자를 확보하려고 경쟁하는 시스템이라고 할 수 있습니다. 흥미로운 것은 미국이 독립선언을 한 해인 1776년에 아담 스미스가 『국부론』을 발표하면

서 자유로운 시장경쟁체제를 옹호하였다는 사실입니다. 그는 종교에서도 이제 독과점(국가교회)시대가 끝나고 자유로운 경쟁의 교회(교파교회 또는 자유교회)시대가 등장하고 있다고 보았습니다.

우리나라에 있는 다양한 교파 중 대부분은 미국에 있는 무수한 교파에서 파송된 선교사에 의하여 직접 이식된 것들입니다. 선교 초기 우리나라 개신교의 대부분 교파는 선교지 본국의 복사판이라고 하여도 지나친 말이 아닙니다. 그런데 미국 교파들의 뿌리를 추적해 가면 오순절 교파와 같은 대각성 운동의 산물을 제외하고는 거의 대부분이 유럽의 종교개혁 후예임을 알 수 있습니다. 특별히 영국 청교도의 여러 갈래에서 유래한 것이 많습니다. 따라서 우리나라 기독교 교파의 기원과 정체성을 이해하기 위하여서는 불가피하게 유럽의 종교개혁과 영국의 청교도를 이해하지 않을 수 없습니다.

유럽의 종교개혁과 개신교회 탄생

Ford Madox Brown 작, 「자신의 번역 성경을 읽어주는 존 위클리프」 (1847-61년)

루터 이전에도 물론 종교개혁운동이 있었지만 존 위클리프의 경우처럼 대학 내 신학적 운동에 머물거나 얀 후스의 경우처럼 보헤미아를 중심으로 한 지역적 운동에 국한되었습니다. 그러나 루터의 종교개혁운동은 자신도 미처 예상치 못한 방식으로 확산되어 서유럽 전체를 뒤흔들며 로마 가톨릭교회와는 다른 유형의 프로테스탄트교회(개신교회)를 탄생시켰습니다. 루터의 프로테스탄트교회는 교황을 정점으로 하는 위계적이고 권위적인 교회 대신에 오직 성경에 근거한 복음적인 교회, 은총의 수단을 독점한 성직자들의 매개적 역할 없이 오직 개개인의 믿음과 양심을 통한 하나님과의 관계를 지향하는 자유로운 교회를 지향하였습니다.

최초의 개신교회 신앙고백서인 「아우구스부르크 신조」의 7항은 "교회의 참된 일치를 위하여 복음이 올바른 이해 속에서 순전하게 선포되고 성례전이 하나님 말씀에 따라 올바로 베풀어지는 것으로 충분하다"라고 규정하고 있습니다. 여기에 나타난 개신교회의 본질적 구성 요소는 위계적 조직이나 지역이 아니라 합당하게 선포되고 집례되는 말씀과 성례전입니다. 이러한 개신교회의 최소한의 자기이해로 인하여 종교개혁 이후 개신교회의 다양한 가능성이 열리게 된 것입니다.

Gerrit von Honthorst 작, 「프리드리히 5세」(1634년). 프리드리히 5세 (1596-1632년)는 라인 팔츠의 선제후로서, 보헤미아의 왕(베드르지흐 1세, 1619~20 재위)이었으며, 30년전쟁 초기에 가톨릭 진영인 오스트리아에 맞선 프로테스탄트 연맹의 맹주였다.

루터의 종교개혁이 성공할 수 있었던 것은 신앙적이고 신학적인 동인(動因)도 있었지만 당시의 사회 정치적 상황도 중요하게 작용하였습니다. 제후들의 보호와 지원이 없었다면 그 이전의 종교개혁과 마찬가지로 사회 정치적 변화를 이끌어 내지 못하였을 것입니다. 이것이 루터의 종교개혁 성공 원인이기도 하지만 동시에 루터의 종교개혁이 지니는 한계였습니다. 그동안 교회의 구심점이었던 교황과 주교들의 자리를 종교개혁을 지지하고 보호하는 제후들이 차지하기 시작하였습니다. 이것을 루터는 만인제사장설과 두 왕국설로 정당화하였습니다. 이 결과 루터교회는 아주 빨리 제도화되면서 제후들의 통치 질서 속으로 편입되었습니다.

정도의 차이는 있지만 스위스 취리히의 종교개혁자 츠빙글리나 제네바의 칼빈에게 있어서도 크게 다르지 않습니다. 이들의 개혁도 시 당국이나 의회의 지지와 통제 하에 진행되었습니다. 이러한 완만한 스위스의 종교개혁을 비판하며 등장한 것이 재세례파입니다. 이들이 보기에 츠빙글리의 개혁이 루터의 개혁보다는 조금 진전된 면은 있지만 여전히 관습적이고 문화적인 기독교의 틀을 벗어나지 못하였습니다. 이들은 기독교 국가에서 태어나면서 자동적으로 주어지는 관습적인 유아세례를 거부하고 주체적인 회개와 신앙고백을 전제로 하는 성인 세례를 주장하였던 것입니다. 오늘날 재세례파를 국가와 교회의 분리를 주장하는 이후에 전개되는 정교분리운동의 사상적 원천으로 삼는 것도 이러한 이유에서입니다.

유럽의 종교개혁으로 인하여 형성된 기독교 종파들의 지형도를 간단하게 살펴보기로 하겠습니다. 프랑스와 스페인, 독일 남부의 일부지역은 로마 가톨릭을 그대로 고수하였습니다. 루터교회는 독일 북부를 중심으로 덴마크, 스웨덴, 노르웨이를 비롯한 스칸디나비아 반도로 확장되었습니다. 개혁교회는 스위스를 중심으로 스코틀랜드와 네덜란드, 독일의 일부 지역으로 세력을 키웠습니다. 영국은 정치적인 동기에서 위로부터의 개혁을 단행하여 제도적 측면에서 로마 가톨릭교회의 요소와 내용적 측면에서 개신교회의 요소를 절충한 영국 국교회(성공회)를 탄생시켰습니다. 이러한 절충적 요소는 로마 가톨릭을 지지하는 사람이나 개신교회를 지지하

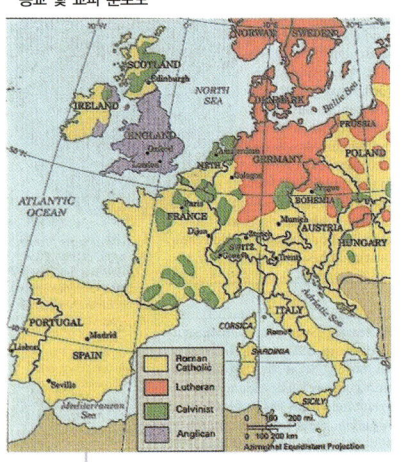

종교개혁 당시의
종교 및 교파 분포도

는 사람 모두에게 불만스러운 것이 되었고, 이후 영국 내에서 끊임없이 발생한 종교적 갈등의 원인으로 작용하였습니다.

영국의 종교개혁과 청교도 등장

영국의 청교주의와 그 분파들을 이해하지 않고 오늘날의 교파교회를 이해하기는 불가능합니다. 또한 영국의 청교도를 이해하기 위하여서는 영국 종교개혁의 특수성을 이해하여야 합니다. 영국의 종교개혁은 신앙적이며 신학적 동기에서 추진된 것이 아니라 정치적 동기에서 시작되었습니다. 헨리 8세는 원래 루터의 종교개혁을 비판하여 교황으로부터 '신앙의 옹호자'란 칭호를 얻기까지 한 사람이었습니다. 그러나 헨리 8세는 스페인을 통일시킨 이사벨라 여왕의 딸 캐서린과의 이혼 문제로 로마와 결별하고 1534년 영국 국교회(성공회) 수장(首長)이 되었습니다. 그가 죽은 후 제인 시모어와의 사이에서 태어난 아들 에드워드 6세가 열 살이란 어린 나이에 왕위에 올라 영국 국교회를 강화시키고자 하였으나 즉위 6년 만에 요절하게 됩니다.

Hans Holbein, the Younger 작, 「헨리 8세 초상화」 (1537년 이후)

에드워드 6세의 동갑내기 이복 누이 제인 그레이가 왕위를 계승하지만 즉위 9일 만에 사망하고, 헨리 8세와 캐서린 사이에서 출생한 메리가 왕위를 이어받았습니다. 그녀는 이듬해에 로마 가톨릭 국가인 스페인의 필립 2세와 결혼하여 아버지와 이복동생의 종교개혁을 전면 부정하면서 로마 가톨릭을 부활시켰습니다. 이때 그녀는 개신교도를 대대적으로 처형하여 '피의 메리'

Anthonis Mor van Dashorst 작, 「잉글랜드 튜더 왕조의 메리 여왕 초상화」(1554년)

Nicholas Hilliard 작, 「잉글랜드의 여왕 엘리자베스 1세 초상화」 (1575-76년)

(Bloody Mary)라는 악명을 얻게 되었습니다. 메리에 의한 이러한 가톨릭 복귀 노력과 개신교도에 대한 무자비한 박해는 이후 가톨릭이 영국 내에서 반국가적인 종교로 불법화되는 결정적 계기가 되었습니다.

1558년 메리 여왕이 즉위 5년 만에 죽자, 헨리 8세와 궁녀였던 앤 불린 사이에서 태어난 엘리자베스 1세가 왕위를 계승하였습니다. 그녀는 수장령과 통일령을 부활시켜 국왕을 영국 국교회의 최고 수장으로 인정받게 하였으며, '공동기도서'(*Book of Common Prayer*)를 새롭게 확정하여 전 국민에게 국교회 의식을 따르도록 하였습니다. 이를 바탕으로 그녀는 로마 가톨릭 세력을 배격하면서 종교적 통일성을 꾀하였습니다. 이로써 영국 국교회는 왕(국가)과 주교(교회)의 통일체가 되었습니다. 이러한 와중에 영국 국교회의 의식과 예복(禮服) 강요에 불만을 품은 프로테스탄트 그룹이 생겨났습니다. 이들은 절충적인 영국 국교회에 남아 있는 가톨릭 잔재를 '정화시키려고'(purify) 하였습니다. 이로 인하여 이들은 청교도(Puritan)라는 별명을 얻었습니다.

청교도들은 칼빈주의 영향을 받아 하나님 주권을 강조하고, 하나님 말씀과 계명을 철저하게 지키며, 인간의 어떠한 권위나 전통에 굴복하지 않으려고 하였습니다. 이들은 엘리자베스 여왕 치하에서 복구된 영국 국교회에 대한 어떠한 환상도 갖지 않았습니다. 이들은 교회의 권징이 영국 국교회처럼 왕이나 주교에 의하여 위에서 아래로 명령되기보다는 교회 장로에 의하여 시행되기를 원하였습니다. 이러한 견해들이 1569년부터 토마스 카트라이트(Thomas Cartwright, 1535-1603)에 의하여 강력하게 제기되었습니다. 그러나 그의 실천적인 장로제도는 통치자들로부터 억압을 받게 되었습니다. 그는 케임브리지 대학의 교수 자리에서 떠나야만 했습니다. 그럼에도 불구하고 그는 자신의 주장을 굽히지 않았습니다. 그는 교회의 정치체제를 변화시키기를 원하였지 영국 국교회로부터의 분리를 원한 것은 아니었습니다.

토마스 카트라이트의 초상화

그러나 카트라이트의 제자인 로버트 브라운(Robert Browne)은 처음에 장로파적 청교도였지만 분열주의자가 되어 1581년에 노리치(Norwich)에 그의 친구와 함께 독립교회를 세웠습니다. 1593년 영국의회는 통치자들을 따르지 않고 국교회도 다니지 않는 교회 밖의 소모임에 참석하는 자들을 추방하는 법을 발효시켰습니다. 그러자 영국에 있던 분열주의자들 중 일부는 네덜란드로 망명하였습니다. 영국 국교회의 사제인 존 스미스(John Smith)는 게인즈버러(Gainsborough)에 독립교회를 설립하였으나 탄압을 피할 수 없게 되자 1608년에 암스테르담과 라이덴으로 망명하였습니다.

그는 암스테르담에서 성경연구를 하면서 사도들은 회개와 그리스도에 대한 믿음이 전제되는 세례를 통하여 신자들을 교회의 지체로 받아들였음을 확신하였습니다. 그는 자기 자신과 다른 지체들에게도 성인세례를 베풀었습니다. 이렇게 해서 비록 네덜란드 땅이긴 하지만 이곳에서 첫 영국인의 침례

1820년에 건축된 일반 침례파 교회당

교회가 탄생하게 되었습니다. 그의 추종세력 중 몇 명은 여기에서 이탈하여 네덜란드의 메노파에 가담하였고, 나머지는 스미스가 죽은 후 영국으로 돌아와 영국에 첫 번째 침례교회를 세웠습니다. 이들은 스미스와 마찬가지로 그리스도는 단지 선택된 자만을 위하여 죽은 것이 아니라 모든 사람을 위하여 죽었다(아르미니우스주의)고 믿었기 때문에 '일반 침례파'(General Baptists)라고 불렸습니다. 이들은 종교 자유의 열렬한 옹호자가 되었습니다.

1850년에 설립된 시온 특별 침례파 교회당 (호주, 멜버른)

청교도 중 장로파, 침례파와는 다른 유형의 교회 조직을 주장하는 그룹들이 생겨났습니다. 헨리 제이콥(Henry Jacob)과 윌리엄 브래드쇼(William Bradshaw) 등은 독립적이면서도 비분리주의적인 교회제도를 주창하였습니다. 이들은 영국교회로부터의 분리를 원한 것이 아니라 독립적인 회중교회의 전국적 연합체계를 구축하고자 하였습니다. 여기에서 오늘날의 회중주의(Congregationalism)교회가 유래합니다. 회중교회 교인들 가운데 일부는 점점 성인세례를 주장하며 회중교회로부터 분리하여 제2의 침례교회를 세웠습니다. 이들은 만인구원설을 주장하는 아르미니우스주의를 배격하고 그리스도 구원의 사역은 오직 선택된 자들에게만 해당된다고 주장하였습니다. 이러한 이유로 이들은 '특별 침례파'(Particular Baptists) 또는 칼빈주의적 침례파라고 불렸습니다. 이들은 1641년 이래로 '물에 담그는' 침례를 고수하였고, 이것을 영국의 모든 침례파가 수용하였습니다.

네덜란드의 라이덴에 있던 분열주의적 청교도들이 마침내 1620년 메이플라워호를 타고 대서양을 건너 신대륙 플리머스(Plymouth)에 도착함으로써 미국 개신교회 역사의 새 장을 열게 되었습니다. 이후 유럽의 각지에서 국가나 국가교회로부터 박해를 받던 수많은 반국가교회적 개신교인들이 신앙의 자유를 찾아 신대륙으로 이주하면서 미국에 다양한 교파교회의 씨앗이 뿌려지게 되었습니다.

　영국의 청교도들은 박해에도 불구하고 세력을 확장해 나아가 마침내 왕과 국가에 대한 공개적 저항을 감행하였습니다. 이것이 1642년에 시작된 청교도혁명입니다. 청교도가 다수를 점한 1643년에 열린 의회에서는 주교(감독)제가 폐지되었고, 같은 해에 소집된 웨스트민스터 총회(Westminster Assembly) 참가자들은 약간의 회중파를 제외하고 대부분이 장로파였습니다. 이들은 국교회의 공동기도서를 폐지하고, 마침내 장로제적 교회체제를 도입하였습니다. 웨스트민스터 총회에서는 유명한 웨스트민스터 신앙고백서(신조)(Westminster Confession)가 작성되었습니다. 칼빈주의 영향 아래에 있는 이 신조는 1647년 스코틀랜드 총회에서 수용되었고, 약간의 수정을 거쳐 이듬해 영국의회에 의해 승인되었습니다. 이 신앙고백서는 영국과 스코틀랜드를 넘어 미국 장로교회의 근본 신조가 되었습니다.

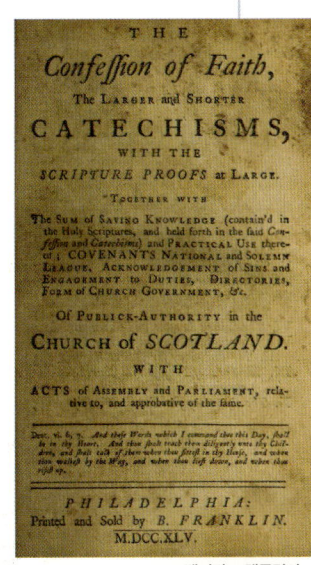

벤저민 프랭클린이 1745년 필라델피아에서 발행한 웨스트민스터 대/소요리문답 표지

　청교도 혁명을 이끈 올리버 크롬웰과 그의 맏아들 리처드 크롬웰이 죽은 후, 1660년 영국은 다시 왕정으로 복고되었습니다. 많은 청교도 성직자들은 복원된 '공동기도서'에 대하여 선서를 하지 않으면 안 되었습니다. 이와 더불어 왕에게 무기를 든 것은 적법하지 않은 것임을 인정할 수밖에 없었습니다.

이러한 복고성 조치들을 통하여 이를 거부하는 청교도들(Nonconformists)은 영국교회로부터 축출되었습니다. 그러나 이러한 모든 억압에도 불구하고 불복종자와 이견자(Dissenters)들의 교회는 계속되었습니다. 마침내 1689년 관용법이 공포됨으로써 영국 왕실에 충성서약을 하는 사람들에 대한 종교 자유가 허용되었습니다. 그러나 반삼위일체론자들이나 로마 가톨릭은 여기에서 제외되었습니다. 이런 점에서 진정한 종교적 자유와 관용은 아니었지만, 이로써 서로 다른 개신교회들은 서로 공존하게 되었습니다. 이를 통하여 자유가 주어진 비국교도들은 영국 국민의 약 10%에 이르렀으며 본질적으로 장로파, 회중파, 침례파가 대부분이었습니다.

상_ 조지 폭스(1624-91년)

하_ 윌리엄 펜(1644-1718년)과 조약을 맺는 인디언들

영국에서 일어난 자유교회 운동 가운데 독특한 것이 종교적 천재 조지 폭스(George Fox)에 의하여 시작된 퀘이커 운동입니다. 퀘이커 교도들 또는 '친구들의 모임'(Society of Friends)은 개인적인 신적 체험과 '내적인 빛'(Lux interna)을 추구합니다. 이들은 모든 형식과 제도를 벗어나 내면의 자유를 추구합니다. '퀘이커'란 말은 원래 성령을 체험할 때 '떠는 사람'이라는 조롱 어린 말에서 유래하였습니다. 이들은 자신들의 모임을 숨기지 않았기 때문에 더욱 대대적인 핍박을 받았으나, 왕정복고 시대(1660-1702)가 진행되는 시기인 1661~1689년에 오히려 확장되었습니다. 윌리엄 펜(William Penn)은 박해받는 퀘이커 교도들에게 종교의 자유를 주기 위하여 미국의 펜실베이니아에 식민지를 건설하고 그들을 그곳으로 이주시켰습

니다. 영국에서도 1689년에 관용법이 선포된 후 자유로운 공식적 예배가 허용되었습니다.

마지막으로 18세기 초반에 영국 국교회 사제인 존 웨슬리와 그의 동생 찰스 웨슬리에 의하여 시작되어 근세에 생긴 가장 큰 교단인 감리교에 대하여 언급하지 않을 수 없습니다. 감리교 운동은 비국교도들 사이에서 일어난 자유교회 운동이 아니라 영국 국교회 내에서 일어난 경건운동, 각성운동입니다. 존 웨슬리는 본래 독립적인 교단을 만들 생각이 없었지만 1784년 영국교회의 사제들과 함께 프랜시스 애즈베리(Francis Asbury)를 미국 선교를 위한 감리사(감독)로 안수함으로써 영국 국교회와는 돌이킬 수 없는 분리의 길을 걷게 되었습니다. 영국 감리교에서 탄생한 독특한 교단이 구세군(Salvation Army)입니다. 1865년 7월 2일 런던에서 당시 감리교 목사인 윌리엄 부스(William Booth)와 그의 부인 캐서린 부스(Catherine Booth)는 그리스도교 전도회(Christian Mission)라는 명칭으로 런던의 동부지역, 빈민가 등지를 찾아가 길거리 전도를 한 데에서 시작하였습니다. 이들은 1878년 구세군이라는 이름으로 개칭한 뒤 군대식 조직을 갖추고 사회사업을 통한 복음 전도에 주력하였습니다.

구세군의 창시자 윌리엄 부스(William Booth, 1829–1912년)

미국 교파교회의 성장 과정

미국은 교파교회 또는 자유교회의 나라입니다. 그러나 처음부터 정교 분리의 교파교회가 정착된 것은 아니었습니다. 콘스탄티누스 황제 이래 국가와 교회의 밀접한 관계를 당연시 하는 유럽인들은 종교가 국가의 영역에서 분리되는 것을 불안스럽게 볼 수밖에 없었습니다. 심지어 종교의 자유를 찾아 신대륙 미국으로 건너간 청교도 중에도 국가 내에 신앙의 동질성이 확보되지 않으면 국가의 존립이 어렵다고 생각하는 사람이 있을 정도였습니다. 그러나 미국이 독립하고, 미국식 자유민주주의가 정착되면서 국가와 교회의 분리는 달성되었습니다. 이런 점에서 정교 분리는 근대정신의 완성이었습니다.

제임스타운의 초창기 기틀을 마련한 John Smith 선장이 가지고 있던 1612년의 버지니아 지도를 본 뜬 Henricus Hondius의 「Nova Virginiae Tabula」 (1639년)

영국인이 줄이어 신대륙으로 건너가기 이전부터 신대륙에는 가톨릭 국가인 스페인과 프랑스인들이 자리를 잡고 있었습니다. 이들 국가와 교회의 전폭적인 지원 아래 파송된 사제와 수도사들은 자기 국가 이익과 가톨릭 확장을 위하여 진력하고 있었습니다. 처음 영국인들의 이주도 이들과 마찬가지로 국가와 국교회의 지원 아래 이루어졌습니다. 1607년 첫 번째 식민지인 버지니아의 제임스타운에는 영국 국교회 사제가 파송되었고, 1624년에 버지니아가 왕의 직속 주가 되었을 때 영국 국교회의 이식은 완성되었습니다. 1645년에 1만 5천 명 가량의 이주자 가운데 비국교도는 2백 명이 채 되지 않았습니다. 가톨릭 신자는 스페인과 내통한다는 이유로 이주가 거부되었습니다. 청교도와 퀘이커 교도를 반대하는 법률이 제정되기도 하였지만 1689년에 관용법이 발효된 이후에 비국교도에게도 신앙의 자유가 주어졌습니다. 그러나 이

때에도 가톨릭 교도에게는 신앙의 자유가 허용되지 않았습니다.

신대륙의 여타 지역에서는 영국 국교회가 소수인 지역도 많았습니다. 처음에 네덜란드의 식민지였던 뉴암스테르담(후에 뉴욕)에는 1664년까지 개혁교회가 정착하였습니다. 1620년 메이플라워호를 타고 신대륙에 온 사람들(Pilgrim fathers)은 대부분 회중주의자였습니다. 신대륙 식민지에 신앙의 자유 원칙을 확산시켜 나가는데 결정적인 역할을 한 사람은 1631년 보스턴에 온 로저 윌리엄스(Roger Williams)였습니다. 그는 치열한 투쟁 끝에 1644년 영국 왕실로부터 로드아일랜드(Rhode Island)에 대한 식민지 개척을 허가받아 그곳에 법적으로 양심과 신앙의 자유를 확실하게 보장하는 첫 번째 신앙공동체를 만들었습니다. 이 공동체는 1680년까지 대부분 침례파가 주도하였습니다. 윌리엄스는 처음에 영국 국교도에서 분리주의자, 그 다음에는 침례파가 되었으며 나중에는 퀘이커교로 기울어졌습니다. 퀘이커 교도였던 윌리엄 펜은 1682년에 펜실베이니아 주에 종교의 자유를 선언하고 모든 사람에게 자유로운 신앙생활을 하도록 법적으로 허용하였습니다. 이러한 분위기 속에서 신앙의 자유를 찾아 유럽에 있던 다양한 신앙의 그룹들이 신대륙으로 물밀듯이 밀려들었습니다.

그러나 신대륙의 모든 주가 법적으로 신앙의 자유를 보장한 것은 아니었습니다. 1776년 7월의 독립선언서에서조차 국가와 교회에 대한 일반적인 분리가 언급되지 않았습니다. 1787년 필라델피아에서 열린 제헌 회의(의장 조

로저 윌리엄스 기념 동상

1787년의 미국 제헌 회의 장면

지 워싱턴)에서도 종교적 문제는 거론되지 않았습니다. 왜냐하면 사람들의 의견이 일치하지 않았으며, 영국 국교회나 회중교회가 국가교회인 주들의 도움이 필요했기 때문이었습니다. 당연히 루터교회나 장로교회를 비롯한 교파교회 또는 자유교회의 대표자들은 이에 반대하였습니다. 마침내 2년 후인 1789년 국회에 의하여 헌법 1차 수정안이 발효되었습니다(1789년 초대 대통령 조지 워싱턴). 이 헌법의 조항에는 "의회는 종교를 정하거나 자유로운 신앙행위를 방해하는 것에 관한 어떠한 법률도 제정하여서는 안 된다"는 규정이 포함되었습니다. 이로써 국가가 종교적 일에 개입하는 것이 금지되었습니다. 그러나 이 법이 확정됨으로써 모든 주에서 국가교회가 폐지된 것은 아닙니다.

국가와 교회의 분리에 가장 모범적인 사례를 보여준 곳은 버지니아 주였습니다. 버지니아 주의 경우 근대적 이신론자인 토마스 제퍼슨의 주도로 1776년 12월 의회는 국가교회가 각 개인의 신앙을 강제할 수 없는 법을 통과

Rembrandt Peale이 그린 미국의 제3대 대통령 토머스 제퍼슨의 초상화(1805년)

시켰습니다. 이로써 국가교회 해체의 길이 열렸습니다. 1779년 버지니아 주는 영국 국교회 성직자들에게 주는 봉급을 공식적으로 중지시켰습니다. 1780년에는 비국교도 성직자들이 집례한 결혼도 유효하다고 선언하였습니다. 마침내 1785년 제퍼슨의 종교 자유에 대한 법률안이 대표자 회의에서 통과되었습니다. 1789년 영국 국교회(성공회)는 더 이상 버지니아 주의 국가교회가 아님이 선포되었습니다. 이로 인하여 버지니아 주에서의 영국 국교회는 '개신교 감독교회'(Protestant Episcopal Church)라는 이름으로 모교회의

신앙전통과 예전은 계승하되 조직은 미국의 형편에 맞게 유동적으로 변용되었습니다. 이로써 버지니아 주에서는 국가와 교회의 분리가 최종적으로 완성되었습니다. 이제 버지니아 주에 있는 모든 교회는 교파교회 또는 자유교회가 된 것입니다. 이후 다른 주들도 버지니아의 모범을 따르게 되었습니다. 미국 연방 내의 모든 주에서 실제적으로 국가와 교회의 분리가 이루어진 것은 1830년대에 이르러서입니다.

한국 개신교 주요 교파의 역사와 특징

한국의 개신교는 미국을 위시한 영국, 캐나다, 호주 등 영어권을 통하여 선교되었고, 이들 모교회의 교회 형태에 따라 교파교회로서 정착하게 되었습니다. 이들 중 최초의 주재 선교사인 장로교의 알렌이나 언더우드와 감리교의 아펜젤러나 스크랜턴의 경우에서 보듯이 단연 미국 교파교회의 영향이 압도적입니다. 심지어 노예문제로 남북으로 갈라진 미국교회의 그 분열된 교파가 그대로 한국에 이식되었습니다. 한국교회의 갈등과 분열은 신앙적, 신학적 이유도 있지만 교권을 둘러싼 학연과 지연과 혈연 문제가 있는 것도 사실입니다. 아이러니하게도 이러한 갈등과 분열이 교회의 외형적 성장의 동력이 되었음은 부인할 수 없습니다. 현재 한국의 개신교 교파는 100여 개에 이르는 것으로 알려지고 있습니다. 여기에서 이들을 다 다룰 수는 없고 대표적인 개신교 교파인 장로교, 감리교, 성결교에 대하여 개략적으로 살펴보고자 합니다. 이 중 장로교는 국내 개신교 가운데 가장 많은 성도와 교회를 가지고 있으며 이러한 이유로 스스로를 장자(長子)라고 여기는 교단이자 분열도 가장 심한 (그래서 그 계보를 알기 어려운) 교단이어서 장로교의 역사를 비교적 상세히 다루기로 하겠습니다.

장로교

장로교는 신학적으로는 칼빈주의와 개혁교회의 영향 아래 작성된 웨스트민스터 신앙고백서(신조)를 자신들의 신앙과 신학의 규범으로 삼고 있습니다. 정치제도적 면에서 장로교는 장로에 의하여 치리되는 교회 조직을 가지고 있습니다. 여기서 장로란 신약성경에서 사용되고 있는 감독, 목사, 장로를 포함합니다. 장로는 장로를 가르치는(설교하는) 장로와 치리만 하는 장로로 나뉘는데 전자는 목사이고, 후자는 교회 직제명인 장로입니다. 장로교는 감독제와 회중정치의 중간 형태인 민주적 의회정치제도를 중시합니다. 목사와 장로들로 구성된 당회(堂會)와 상위 조직인 노회(老會), 총회(總會)가 중요한 의사결정 기관입니다.

상_ 존 로스(John Ross) 목사 가족사진 (1880년대 중순)

하_ 1884년 6월 29일 황해도 장연에 세워진 한국 최초의 교회, 소래교회

한국 장로교회는 미국의 주재 선교사가 한국 땅을 밟기 이전에 만주에서 활동하던 존 로스(한국 이름은 나약한)와 함께 우리말 성경을 번역하고, 로스에게서 세례를 받은 서상륜 등에 의하여 시작되었습니다. 서상륜으로 말미암아 우리나라 최초의 교회인 소래(송천·松川) 교회가 황해도(1884년)에 세워지게 되었습니다. 그러나 제도적 교파교회로서의 시작은 1885년 부활절에 입국한 미국 북장로교 선교사인 언더우드(H. G. Underwood)에 의하여서입니다. 1892년에는 미국 남장로교회 소속의 선교사들이 들어와 호남지역을 중심으로 선교활동을 시작했고, 1898년에는 캐나다

장로교회 소속의 선교사들이 함경도와 간도지역을 중심으로 선교활동을 폈습니다. 이들 4개의 장로교 교파 선교사들은 장로교 공의회(Presbyterian Council)를 조직하여 협력방안을 구체화하다가 마침내 1901년에는 4개의 장로교회가 협동으로 연합장로교신학교(평양신학교)를 설립하게 되었습니다.

1920년대에 국내 전도활동, 농촌운동 등을 통하여 지속적인 성장을 해오던 장로교회는 1930년대로 들어서면서 신학적 갈등을 보이기 시작하였습니다. 외국에서 유학한 신학자들이 새로운 신학적 방법론을 소개하면서 50여 년간 아무런 이의 없이 유지되어 온 선교사 중심의 보수적 신학이 도전을 받게 된 것입니다. 이러한 갈등이 정치적 문제와 더불어 첨예화된 것은 신사참배 문제를 둘러싸고 서로 다른 입장을 표명하면서부터입니다. 보수주의자들이 주축이 된 평양신학교는 바로 이 문제 때문에 자진하여 무기 휴교에 들어간 반면에 자유주의 신학자들은 신사참배 문제와 상관없이 서울에 '조선신학원'(1940년)을 세워 신학 수업을 계속해 나갔습니다. 광복 이후에도 이 신학원이 총회의 인준 신학교였습니다.

광복 후 신사참배를 반대하여 옥에 갇혔다가 풀려난 한상동 목사 등이 중심이 되어 보수신학교를 새로 세워야할 필요성을 느끼고 부산에 고려신학교(오늘날의 고신대학교)를 설립하였습니다. 1952년 이들과 고려신학교 출신들로 새로운 총회를 구성하였는데, 이것이 대한예수교장로회 고신파의 시작입니다. 이 신학교의 교장으로 초빙된 박형룡 박사는 학교 운영과 신학 노선의 차이로 서울로 상경하여 1948년에 장로회신학교를 설립하였습니다. 이 무렵 조선신학교 재학생 51명이 김재준 목사의 자유주의 신학에 반대하여 총

난징 진링(金陵)대학 재학시절의 박형룡 박사 (1923년)

미국유학시절 송창근과 찍은 사진 속의 김재준 목사

회에 진정서를 제출하면서 보수와 진보가 충돌하게 되었습니다. 이러한 갈등이 지속되어 오다가 1953년 김재준 목사를 중심으로 하는 조선신학교(오늘날의 한신대학교) 출신 인사들에 의하여 한국기독교장로회가 설립되었습니다.

이후 장로교회는 WCC(World Council of Churches: 세계교회협의회) 문제로 다시 갈등에 휩싸이게 되었습니다. 1954년 미국 에번스턴에서 열린 WCC 대회에 대한 상이한 견해 차이가 드러나기 시작한 것입니다. WCC가 신학적으로 자유주의화 또는 용공(容共)화 되었기 때문에 탈퇴하여야 한다는 입장과 탈퇴하여서는 안 된다는 상반된 입장이 표면화하면서 총회는 결국 WCC를 지지하는 총회와 반대하는 총회로 갈라지게 되었습니다.(이 배후에는 박형룡 박사가 사기범에 걸려 날려버린 학교 재정 3천만 환 사건도 작용했습니다) 1959년 WCC를 지지하는 사람들은 연동교회에서 '통합총회' 를 개최하였습니다. 이것이 '대한예수교장로회 통합' 의 시작입니다. 다른 한편 WCC를 반대하는 사람들은 승동교회에서 '합동총회' 를 개최하였는데, 이것이 '대한예수교장로회 합동' 의 시작입니다. 통합측은 1959년 서울 광나루에 장로회 신학교(오늘날의 장로교신학대학교), 합동측은 총회의 결의에 의하여 1965년 서울 사당동에 총회신학교(오늘날의 총신대학교)를 각각 운영하게 되었습니다.

'승동측(현 대한예수교장로회 합동측)' 과 '연동측(현 대한예수교장로회 통합측)' 이 나뉘게 된 1959년 예장 제44회 총회 장면

감리교

감리교는 교리적으로 장로교처럼 규범적 신조에 얽매이지 않습니다. 존 웨슬리가 영국 국교회의 39개 신조를 수정한 27개의 신조와 존 웨슬리의 표준설교집과 성경주석 등이 감리교 가르침의 기준이 될 뿐입니다. 그리고 감리교 신앙과 신학의 특징은 일반적으로 성서, 전통, 이성, 체험이라는 4원리에 기초하고 있습니다. 감리교인은 종교개혁적 원리인 칭의(稱義)에 기초한 성화(聖化)와 하나님의 은총에 의한 그리스도인의 성장과 완전을 지향합니다. 일반적으로 감리교는 칼빈의 예정론 대신에 하나님의 사랑과 은총의 보편주의와 인간의 자유와 책임에 근거한 그리스도 안에서의 만인구원을 믿습니다. 감리교의 정치체제는 중앙집권적 감독제입니다. 현재 감리교는 다원감독제로 2년 임기의 10개 연회 감독이 있고, 감리교 전체를 대표하는 4년 임기의 감독회장이 있습니다. 각 연회 아래에는 각 지방을 관리하는 감리사가 있습니다.

한국의 감리교는 1885년 부활절에 내한한 미국 북감리교회 선교사 아펜젤러(Henry G. Appenzeller), 스크랜턴(William B. Scranton), 스크랜턴 대부인(大夫人) 등에 의하여 시작되었습니다. 이들은 주로 교육과 의료사업으로 선교활동을 시작하였습니다. 이들이 세운 배재학당과 이화학당은 한국 근대교육의 요람이 되었습니다. 남감리교 선교의 시작은 개화파 지도자 윤치호가 1887년 중국 상하이 망명 중에 세례를 받고 한국 최초의 남감리교인이 되면서부터입니다. 그는 미국 유학시 남감리교회 국외선교부에 한국 선교를 촉구하였습니다. 이에 따라 1895년 중국에 있던 헨드릭스(E. R. Hendrix) 감독과 리드(C. F. Reid) 선교사가 내한하였고, 이듬해 8월 리드 부부가 서울에 정착하여 선교활동을 시작하였습니다. 남감리교회는 선교 초기부터 신학교

남북감리교가 합동하여 1930년 12월 2일 서울에서 총회를 개최한 기독교조선감리회 제1회 총회 기념 촬영 사진

육에 있어서 북감리교회와 협력하여 1907년 서울에 협성신학교(오늘날의 감리교신학대학교)를 설립하였습니다. 그리고 한국 감리교 합동운동을 벌인 결과 1930년 남·북감리교회가 마침내 하나의 '기독교조선감리회'가 되어 '자치교회시대'가 열리게 되었습니다.

감리교 역시 신사참배 문제로 인한 갈등과 굴욕을 겪었으며, 광복 이후에는 지연과 학연 등으로 인한 교단 내 파벌 싸움이 끊이지 않았습니다. 이 결과 감리교도 광복 직후 재건파와 복흥파의 분열을 시작으로 1954년, 1970년, 1974년 잠시 교회 분열의 아픔을 겪었지만 오래지 않아 다시 합동함으로써 '하나 된 감리교회' 전통을 이어가고 있습니다. 현재 감리교 교단 신학교로는 감리교신학대학교, 목원대학교 신학부, 협성대학교 신학부가 있습니다.

성결교

선교 편지를 읽고 있는 카우먼 선교사 부부 사진

성결교는 성경적인 복음주의를 기초로 중생, 성결, 신유, 재림의 사중복음을 성결교의 기본 신앙으로 하고 있으며 감리교와 마찬가지로 교리를 규범적으로 고수하지 않습니다. 성결교의 조직은 성결교회를 대표하는 총회장과 각 지방회장으로 구성되어 있습니다. 장로교나 감리교와는 달리 순수하게 한국인의 선교활동으로 세워진 교파라는 특성을 지니고 있습니다. 그러나 그 뿌리를 거슬러 올라가면 미국인 카우먼(C. E. Cowman)과 킬본(E. A Kilbourne)이 웨슬리적인 복음적 신앙과 선교의 열정으로 동양선교회를 조직하고 일본에 전도자를 양성하기 위하여 세운 동경성서학원과 연관이 있습니다. 바로 이 학원을 졸업한 전도자 김상

준, 정빈이 귀국하여 1907년에 당시 경성부 종로 엄곡(현재의 서울 종로구 무교동)에 셋방을 얻고 '동양선교회 복음 전도관'이라는 이름으로 전도한 것이 성결교의 기원입니다. 1911년에 성서학원(오늘날의 서울신학대학교 전신)을 설립하였고, 1921년에 '조선야소교 동양선교회 성결교회로 교회'로 명칭을 변경하였습니다. 일제하에서 성결교회의 사중복음이 일본 국체에 위배된다는 이유로 교단이 강제 해산되었으며 수많은 교역자와 평신도가 옥고를 치렀습니다. 광복 후 1949년 '기독교대한성결교회'로 명칭을 변경하였으며, 1961년 NCC(기독교교회협의회)와 같은 연합기관 탈퇴 문제로 교단이 분열하게 되었습니다. 탈퇴를 주장하는 이명직, 김응조, 이성봉 목사가 주축이 되어 '예수교 대한성결교회'를 창립하게 되었습니다. 이들은 '기독교대한 성결교회'가 운영하는 서울신학대학교와는 별도로 성결신학교(오늘날의 성결대학교)를 설립하여 운영하여 오늘에 이르게 되었습니다.

오늘날 교회, 교파의 분열을 어떻게 볼 것인가

한국 개신교를 대표하는 장로교, 감리교, 성결교 이외에 침례교와 순복음교회로 알려진 하나님의성회를 들 수 있습니다. 침례교는 영국의 청교도 운동에서 살펴 본 바대로 회중 중심의 개교회주의를 지향합니다, 침례(물에 담그는 세례)와 성인세례를 주장하며, 성경에 대한 권위를 인정하면서 신학적으로는 특정한 교리를 고수하지 않습니다. 1970년대 이후 급성장한 하나님의성회는 19세기 말~20세기 초에 일어난 오순절 운동의 산물입니다. 따라서 성령의 은사와 체험을 특별히 강조합니다. 각개 교회는 치리나 정치에 있어

아주사 거리 선교회 (the Azusa Street Mission)의 지도자들 사진. 오순절 운동의 선구자인 W. J. Seymour의 모습이 보인다(앞 줄 오른쪽에서 두 번째).

서 완전히 독자적이지만 각 구역에는 노회가 있어 목사를 안수합니다.

왜 이처럼 교회 또는 교파는 다양한 모습을 띨 수밖에 없을까요? 우선 신앙의 신비와 이를 이해하고 해석하는 인간의 유한성에 기인한다고 볼 수 있습니다. 이것은 신약성경 자체와 초대 교회에 다양한, 때로는 상충하는 해석들이 존재하였다는 사실에서도 입증되는 것입니다. 기독교 교리의 형성 과정은 모래시계의 모습과 흡사합니다. 처음에 다양하던 기독교 신앙의 해석과 이해 방식이 점점 정통교리가 확립되면서 가운데 잘록하게 좁혀졌다가, 근대 이후 역사비평적 방법론이 부상하면서 교리적인 협소함을 넘어 다시금 해석의 다양성을 향해 가고 있습니다. 물론 여기에는 통일성이 전제되어 있습니다. 그것은 구세주 예수 그리스도에 대한 신앙고백입니다. 아무리 다양성이 존중된다고 하더라도 이러한 기독론적 고백이 빠진다면 그것을 기독교라고 할 수 없습니다.

교파가 분열되는 두 번째 이유로는 신앙의 속성인 절대적인 헌신과 열정으로 인한 것입니다. 인간의 인식에는 한계가 있지만, 일단 자기가 진리라고 확신하는 가운데에서는 목숨까지도 걸 수 있는 것이 신앙이기 때문입니다. 특별히 계시를 말하는 기독교에서, 이러한 계시에 대한 해석의 공동체성을 담보할 교황과 같은 권위를 가지는 기관이 없는 개신교에서 분열을 중재하기란 더욱 힘이 듭니다. 그 결과 분열된 교파를 통합하려다가 또 다른 제3의 교단이 생기는 경우가 발생하기도 합니다. 여기에 교권과 이해관계에 대한 인간적 욕망이 작용할 때 그 분열은 돌이킬 수 없습니다.

아직도 교파교회가 주종을 이루고 있지만 미래의 시대는 후기교파주의시대 또는 탈교파주의 시대가 도래할 것이라고 말하는 종교 사회학자들이 있습니다. 이미 미국에서 부흥하는 보수적 또는 복음적 교회는 대부분 비교파적인 교회(nondenominational church)입니다. 우리나라에도 잘 알려진 시카고의 윌로 크리크 교회, 캘리포니아의 새들백 교회와 크리스털 교회 등이 그러합니다. 또한 미국에서 유행하고 있는 TV 부흥사들도 교파를 넘어서 활동합니다. 이들의 메시지가 주로 반복음적 사회구조의 문제를 도외시 한 채 개인의 자본주의적 성공을 확신시키는 일에 초점이 맞추어져 있다는 한계가 있지만, 오늘날 미국의 탈교파주의적 흐름의 일면을 대변하고 있는 것이 사실입니다. 이러한 현상은 우리나라에도 마찬가지입니다.

오늘날 진보적 진영에서 주도하는 교회일치운동(에큐메니컬운동)도 다른 측면에서 탈교파주의적 흐름을 대변합니다. 이 운동은 주로 유럽에 뿌리를 두고 있는 국가교회 또는 주류교단이 주도하였습니다. 이 운동은 기존의 각국 국가교회나 교파교회의 독특성과 역사성을 무시하고 물리적으로 하나가 되게 하려는 운동이 아닙니다. 선교의 현장에서 제기되는 교파 분열로 인한 갈등과 비생산성을 극복하여야 한다는 강력한 요청에 의하여 추진된 것입니다. 1948년 네덜란드 암스테르담에서 첫 번째 총회를 연 세계교회협의회(WCC)가 그 구체적인 결실입니다. 이 기구는 교리가 아니라 복음의 실천과 선교의 장에서 그리스도의 제자직을 수행하는 데 협력하고 일치하는 것을 일차적 목표로 두고 있습니다.

우리는 종말론적 하나님 나라에서는 지상의 어떠한 교회나 교파도 더 이상 존재할 필요가 없다고 믿습니다. 사도 바울의 표현대로 "이제는 거울로 보는 것 같이 희미하나 그때에는 얼굴과 얼굴을 대하여 볼 것이요, 내가 부분적으로 아나 그때에는 나를 아신 것 같이 온전히 알게 되기"(고전 13:12)

때문에 하나님과 하나님의 자녀들 가운데에서 매개할 성직자나 교회가 더 이상 필요 없을 것입니다. 이미 하나님의 나라가 하나의 온전하고 참된 교회이기 때문입니다. 그때까지 인간은 제도에서 자유로울 수가 없고, 지상의 가시적 교회는 불완전할 수밖에 없을 것입니다. 따라서 각 교파는 각자의 개성으로 하나님이 지휘하시는 거대한 오케스트라의 일원이 되어, 교회로서 고유한 소리를 내는 '언제나 개혁하는 교회'(*ecclesia semper reformanda*)의 자세를 잃지 않는 자세가 중요하다고 생각합니다.

미주

1) 교회 분열은 초대 교회 때부터 있어 왔습니다. 규모에 있어 가장 큰 기독교회 분열은 1054년에 있었던 서방 로마 가톨릭교회와 동방정교회의 대분열이라고 할 수 있습니다. 그 다음이 종교개혁에 의하여 개신교회, 즉 프로테스탄트 교회가 탄생함으로써 생긴 서방교회의 분열입니다. 이 글에서는 한국교회의 분열 및 교파 탄생과 밀접한 관련이 있는 종교개혁 이후 시대에 대하여서만 다룰 것입니다.

이야기 교회사

| 펴낸날 | 초판 1쇄 2007년 8월 6일 |
| | 초판 7쇄 2023년 8월 31일 |

지은이 이서덕
옮긴이 김희진
펴낸이 심만수
펴낸곳 (주)살림출판사
출판등록 1989년 11월 1일 제9-210호

주소 경기도 파주시 광인사길 30
전화 031-955-1350 팩스 031-624-1356
홈페이지 http://www.sallimbooks.com
이메일 book@sallimbooks.com

ISBN 978-89-522-0652-7 03230

※ 값은 뒤표지에 있습니다.
※ 잘못 만들어진 책은 구입하신 서점에서 바꾸어 드립니다.